U0869946

"十二五"职业教育国家规划教材
经全国职业教育教材审定委员会审定

航空运输类专业系列教材
基于民航行业标准系列教材

值机业务与行李运输实务

（第3版）

綦琦　杨芳　主编

電子工業出版社
Publishing House of Electronics Industry
北京·BEIJING

内 容 简 介

本书依据民航客运员国家职业技能标准，提炼出民航乘机登记、旅客服务、行李运输三部分的工作内容和技能要求，同时依据 2021 年 3 月 15 日颁布的《公共航空运输旅客服务管理规定》（交通部令 2021 年第 3 号）的最新标准，并从全新的视角展现相关教学内容。本书共六章：第一章讲解民航客运员国家职业技能标准和业务发展趋势；第二章讲解民航乘机登记业务的各项工作内容；第三章讲解民航旅客服务业务的各项工作内容；第四章讲解民航行李运输业务的各项工作内容；第五章为职业技能综合训练；第六章为解析真情服务理论和弘扬当代民航精神。本书的特色是紧跟行业最新发展趋势，务求阐述权威、系统、全面的民航旅客服务知识。

本书可作为职业院校民航运输、空中乘务、机场运行等专业相关课程的教材，也可作为航空公司、民航机场、服务代理等民航相关单位的培训教材。

图书在版编目（CIP）数据

值机业务与行李运输实务/綦琦，杨芳主编. —3 版. —北京：电子工业出版社，2021. 6

ISBN 978 - 7 - 121 - 37989 - 5

Ⅰ. ①值… Ⅱ. ①綦… ②杨… Ⅲ. ①民航运输—旅客运输—高等学校—教材②民航运输—行李运输—高等学校—教材 Ⅳ. ①F560. 83

中国版本图书馆 CIP 数据核字（2019）第 263883 号

责任编辑：李　静

印　　刷：三河市鑫金马印装有限公司

装　　订：三河市鑫金马印装有限公司

出版发行：电子工业出版社

北京市海淀区万寿路 173 信箱　邮编：100036

开　　本：787×1092　1/16　印张：16. 75　字数：430 千字

版　　次：2012 年 6 月第 1 版

2021 年 6 月第 3 版

印　　次：2022 年 6 月第 2 次印刷

定　　价：52. 80 元

凡所购买电子工业出版社图书有缺损问题，请向购买书店调换。若书店售缺，请与本社发行部联系，联系及邮购电话：（010）88254888，88258888。

质量投诉请发邮件至 zlts@ phei. com. cn，盗版侵权举报请发邮件至 dbqq@ phei. com. cn。

本书咨询联系方式：（010）88254604，lijing@ phei. com. cn。

航空运输类专业系列教材
建设委员会

协助建设单位

国际航空运输协会
春秋航空股份有限公司
奥凯航空有限公司
香港快运航空公司
重庆机场集团
北京外航服务公司
北京临空国际技术研究院
郑州中原国际航空控股发展有限公司
杭州开元书局有限公司
三亚航空旅游职业学院
广州民航职业技术学院
浙江育英职业技术学院
西安航空职业技术学院
武汉职业技术学院
武汉城市职业学院
江西青年职业学院
长沙航空职业技术学院
成都航空职业技术学院
上海民航职业技术学院
南京旅游职业学院
西安交通大学
三峡航空学院
西安航空学院
北京理工大学
北京城市学院
烟台南山学院
青岛工学院
西安航空职工大学
南通科技职业学院
中国民航管理干部学院
郑州航空工业管理学院
长沙南方职业学院
长沙商贸旅游职业技术学院
长沙民政学院
南京航空航天大学
浙江旅游职业学院
潍坊工程职业学院
江苏工程职业技术学院
江苏安全技术职业学院
湖南生物机电职业技术学院
河南交通职业技术学院
浙江交通职业技术学院
新疆天山职业技术学院
正德职业技术学院
山东外贸职业学院
山东轻工职业学院
三峡旅游职业技术学院
郑州大学
滨州学院
九江学院
安阳学院
河南工学院
中国石油大学
厦门南洋学院
广州市交通技师学院
吉林经济管理干部学院
石家庄工程职业学院
陕西青年职业学院
廊坊职业技术学院
廊坊燕京职业技术学院
秦皇岛职业技术学院
广州珠江职业技术学院
广州涉外经济职业技术学院
武汉东湖光电学校
闽西职业技术学院
黄冈职业技术学院
衡水职业技术学院
山东海事职业学院
安徽建工技师学院
安徽国防科技职业学院
惠州市财经职业技术学院
黑龙江能源职业学院
北京经济技术管理学院
四川文化传媒职业学院
济宁职业技术学院
泉州海洋职业学院
辽源职业技术学院
江海职业技术学院
云南经济管理学院
江苏航空职业技术学院
山东德州科技职业学院
河南工业贸易职业学院
兰州航空工业职工大学
四川交通职业技术学院
烟台工程职业技术学院
重庆第二师范学院
南阳师范学院
成都文理学院
郑州工商学院
云南旅游职业学院
武汉外语外事职业学院
德阳川江职业学校
武汉外语外事职业学院
湖北交通职业技术学院

《值机业务与行李运输实务（第3版）》编委会

主　编　綦　琦　杨　芳

副主编　何　梅　智元媛

参　编　孙德富　温　俊　唐红光　郭珍梅

前言

本书是民航运输、空中乘务、机场运行等专业必修课程所使用的教材，同时也适合航空公司、民航机场、服务代理等民航旅客服务主体单位进行员工岗前培训使用。本书内容共六章，主要涉及民航行业标准解析、乘机登记业务、旅客服务业务、行李运输业务、职业技能综合训练、解析真情服务理论和弘扬当代民航精神。

本书是第一部专门为“值机业务与行李运输”课程教学编写的公开出版教材的修订版，同时也是基于民航运输服务行业标准系列和《公共航空运输旅客服务管理规定》（2021 年 3 月 15 日颁布）的民航业务课程教材，它的出版开启并实践了基于行业标准培养高技能人才的新型教学理念。在编写过程中注重理论与实践工作的紧密结合，理论叙述简明扼要，所举案例均来源于值机业务与行李运输的实际工作，具有真实性和可操作性。通过对本书的学习，读者能在了解民航客运员职业标准对值机和行李运输业务能力的要求下，有的放矢地深入学习民航值机与行李运输业务的基本知识，全面提升从事相关专业岗位的职业技能并达到相应职业标准的要求，把自己培养成为优秀的专业高技能人才。

本书作者来自广州民航职业技术学院、中国航空运输协会、浙江旅游职业学院、中国机场协会、三亚航空旅游职业学院、北京城市学院。其中，綦琦、杨芳为主编，何梅、智元媛为副主编，孙德富、温俊、唐红光、郭珍梅参编。綦琦编写了第三、四、五章，唐红光编写了第一、二章，郭珍梅编写了第六章。何梅参与了第一章第三节的编写工作，智元媛和温俊整理了附表，杨芳、孙德富参与并全程指导本书的编写。全书由綦琦统稿。

本书在编写过程中参考了《公共航空运输旅客服务管理规定》，以及航空公司的值机与行李运输业务操作和离港系统使用等多种内部资料，并得到中国航空运输协会、中国南方航空公司、首都国际机场等有关部门领导、专家和广州民航职业技术学院民航经营管理学院领导、同事的大力支持，在此一并致谢！最后，还要感谢我的妻子和女儿给予我编书工作的理解和鼓励。

如有老师需要教学资源，请和作者联系，QQ：228651816（邮箱：228651816@qq. com）。

编　者

2021年3月

目录

第一章
民航行业标准解析

学习目标

（1）了解民航客运员的职业概况；

（2）了解《民航客运员国家职业技能标准》中的知识和技能要求；

（3）掌握值机业务的基本理论知识；

（4）掌握行李运输业务的基本理论知识；

（5）了解值机和行李运输业务的发展趋势。

学习内容

（1）《民航客运员国家职业技能标准》中的知识和技能要求；

（2）值机业务与行李运输经典案例；

（3）值机业务的定义、重要性、新趋势；

（4）行李的定义、分类、限制条件；

（5）值机和行李运输业务的发展趋势。

第一节　民航客运员国家职业技能标准概述

一、民航客运员职业概况及基本要求

（一）民航客运员的职业概况

值机业务与行李运输是民航旅客运输服务岗位所必须掌握的专业知识和技能。这两项专业能力要求被划分在民航行业特有工种的民航客运员职业技能标准的范畴内。因此，在学习值机业务和行李运输专业知识前，有必要对民航客运员的职业概

况和基本要求有所了解，明确本书所涉及的民航行业标准要求，以此充分体现本书基于民航行业标准的主旨特点，以培养读者的核心职业能力。

2010年11月1日《民航客运员国家职业技能标准》出版（以下简称客运员国家标准，见图1-1），民航客运员的职业定义："从事乘机登记、旅客服务、航班配载、行李服务等工作的人员。"定义中提及的四项职业功能是民航客运员这一工种所涵盖的基本职业要求。民航客运员的职业环境条件是"室内、常温"。他们通常在机场航站楼内工作，个别工作（如远机位接送引导、递送配载平衡图等）会短时间内在室外停机坪上完成。民航客运员的职业能力特征："具有学习、计算能力；具有事物观察能力、分析和判断能力；具有语言表达、沟通能力；身体无残疾，无重听，无口吃，无色盲、色弱。"这也是客运员岗位对从业人员素质的最低要求。

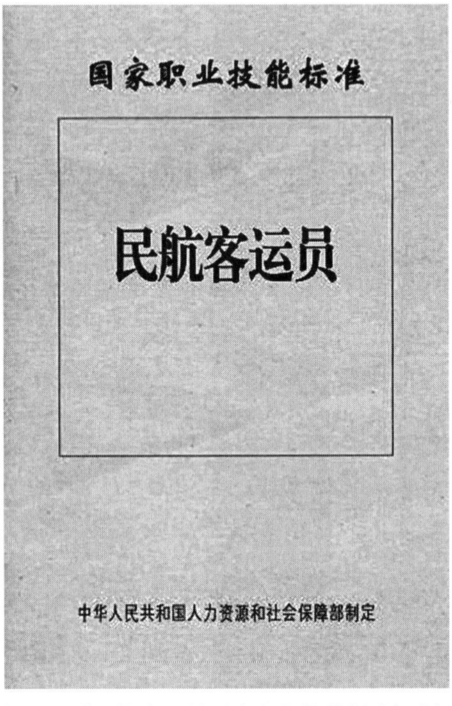

图1-1 《民航客运员国家职业技能标准》封面

民航客运员是从事民航旅客运输业务的最主要的工种之一，他们直接和旅客接触，为旅客提供各种服务。民航客运员工作的好坏直接影响民航旅客运输服务质量的高低。

（二）民航客运员的基本要求

按照国家职业技能鉴定工作规定，对民航客运员的基本要求包括职业道德和基础知识两部分。其中，职业道德要求是指从事本职业应具备的基本观念、意识、品质和行为，一般包括职业道德知识、职业态度、行为规范；基础知识要求是指本职业各等级从业人员所必须掌握的通用基础知识，主要是与本职业密切相关并贯穿于整个职业的基本理论知识、有关法律知识和安全卫生、环境保护知识。《民航客运员国家职业技能标准》具体规定如下。

1. 民航客运员的基本要求——职业道德

职业道德是民航客运员应学习的基本知识，这是对民航客运员职业操守的要求和规范。

民航客运员的职业守则：保证安全，优质服务；遵纪守法，诚实守信；爱岗敬业，忠于职守；钻研业务，提高技能；团结友爱，协作配合。

2. 民航客运员的基本要求——基础知识

民航客运员不仅要求具备现场工作的专业知识，还需要广泛的、宏观的、有助于服务工作开展的相关基础知识。按照客运员国家标准，民航客运员应了解和掌握以下知识。

（1）民用航空概况。包括中国民用航空概况、中国主要航空公司概况、国际民航组织概况、国际航空运输概况。

（2）地理知识。包括中国地理知识，中国各省、自治区、直辖市、特别行政区简介，世界地理知识，世界部分国家、城市简介，航空地理知识。

（3）航空运输知识。包括旅客运输的知识、客票知识、行李运输知识、航班运行知识、航空联盟知识、代码共享知识。

（4）民航服务心理学知识。包括旅客心理学知识、客运员心理学知识。

（5）世界三大宗教知识。包括基督教知识、佛教知识、伊斯兰教知识。

（6）各地礼俗。包括中国少数民族的风俗习惯、部分国家和地区的风俗习惯、部分国家和地区的饮食习惯、重要节日。

（7）礼仪知识。包括仪容、仪表、仪态，礼貌、礼节，文明用语及行为语言，着装要求。

（8）民航客运专业英语。包括民航客运专业常用词汇中英文对照、民航商务英语会话。

（9）安全知识。包括航空安全知识、生产安全知识。

（10）相关法律、法规知识。包括《中华人民共和国民用航空法》相关知识，

《中华人民共和国安全生产法》相关知识，《中华人民共和国劳动法》相关知识，《中华人民共和国劳动合同法》相关知识，《中华人民共和国治安管理处罚法》相关知识，《中华人民共和国消费者权益保护法》相关知识，《中华人民共和国民用航空安全保卫条例》相关知识，《中国民用航空旅客、行李国内运输规则》相关知识，《中国民用航空旅客、行李国际运输规则》相关知识，《残疾人航空运输管理办法》相关知识，《民用机场管理条例》相关知识。

由以上列出的基本要求内容可见：民航客运员需要具备较高的职业操守和广博的文化知识，并作为其从业的必备条件。关于职业道德和基础知识的具体内容，本书不做过多介绍。此处将它们简要阐述的目的是希望读者除了关注专业知识学习和职业技能培养，还应按照职业道德和基础知识要求丰富自己的相关知识，从而达到《民航客运员国家职业技能标准》的要求。需要特别说明的是，2021年3月15日交通部颁布了《公共航空运输旅客服务管理规定》，对客运员的具体业务工作制定了最新标准，本书将结合新标准具体阐释。

二、民航客运员工作要求

以客运员国家标准的职业功能为划分标准，将民航客运员各职业功能划分为乘机登记、旅客服务、行李服务、航班配载四个模块，对其工作内容和技能要求介绍如下。

（一）乘机登记工作内容及技能要求

1. 乘机登记准备

（1）能准备登机牌、行李牌等各类标识牌。

（2）能进入离港系统。

（3）能检查磅秤、转盘等设备运行状况是否正常。

（4）能掌握机型、订座人数等航班信息。

（5）能知道航班经停点及预计起飞时间等航班信息。

（6）能查看座位利用情况。

（7）能查看轮椅、无成人陪伴儿童、特殊餐食等特殊服务项目。

（8）能在离港系统中初始化航班。

（9）能为轮椅、无成人陪伴儿童等特殊旅客预留座位。

（10）能对超售航班选择处理预案。

（11）能在离港系统中建立、维护、变更航班离港控制静态信息。

（12）能在离港系统中建立工作号。

2. 接收旅客及托运行李

（1）能查验身份证、户口簿等旅行证件的有效性。

（2）能查验国内航班客票的有效性。

（3）能使用离港系统为旅客分配座位并打印登机牌。

（4）能使用离港系统为旅客办理行李托运手续。

（5）能识别登机牌及托运行李识别联上的信息。

（6）能对候机楼出发区的遗留物品进行安全处理。

（7）能查验护照、签证等旅行证件的有效性。

（8）能查验国际航班客票的有效性。

（9）能通过询问旅客判断其行李是否符合航空安全标准。

（10）能接收候补旅客。

（11）能为申请特殊餐食的旅客办理乘机登记手续。

（12）能为旅客办理逾重行李托运手续。

（13）能为轮椅、无成人陪伴儿童等特殊旅客办理乘机登记手续。

（14）能手工录入旅客信息预报。

（15）能为高端、遣返、担架等特殊旅客办理乘机登记手续。

（16）能为国际联程旅客办理乘机登记手续。

（17）能接收国际联程行李。

（18）能接收速运行李。

（19）能接收、填开飞行中断舱单。

（20）能手工办理乘机登记手续。

（21）能判断客票能否签转。

（22）能查询航班最短衔接时间。

（23）能接收旅费证。

（24）能查询《旅行信息手册》。

（25）能为旅客办理升、降舱等手续。

（26）能制定航班超售预案。

（27）能处理航班合并、备降、补班等问题。

（28）能处理离港系统与订座系统信息不符的问题。

（29）能处理旅客中转衔接错失的情况。

（30）能处理活体动物、占座行李等特殊行李。

（31）能接收担架旅客。

（32）能填开旅费证。

（33）能为旅客办理行李声明价值手续。

（34）能担负由航班延误故障引起的出发区域不安全征候的处置演练的工作人员的责任。

3. 截止乘机登记

（1）能清点、检查所接收的纸质票证。

（2）能复核所接收旅客人数与系统是否相符。

（3）能查看航班开启、关闭等状态。

（4）能修改航班开启、关闭等状态。

（5）能处理旅客误机的情况。

（6）能处理旅客漏乘、错乘的情况。

（7）能处理旅客遗失客票的情况。

（8）能制作总申报单、旅客名单等客运随机文件。

（9）能使用离港系统手动拍发旅客名单报、占座报等业务电报。

（10）能手动拍发过站报、特殊旅客服务报等业务电报。

4. 实施安全演练

能完成由离港系统故障引起的出发区域不安全征候的处置过程角色的演练。

（二）旅客服务工作内容及技能要求

1. 候机服务

（1）能使用登机航显、广播等系统通知旅客登机。

（2）能准备过站牌、手工行李牌等登机服务用品。

（3）能区分高端、轮椅等特殊旅客。

（4）能向旅客发布不正常航班信息。

（5）能查看航班预计登机人数。

（6）能为高端旅客提供候机服务。

（7）能处理停机位变更、旅客登机牌丢失等特殊情况。

（8）能为轮椅、无成人陪伴儿童等特殊旅客提供服务。

（9）能处理候机楼无人认领的物品。

（10）能回答旅客提出关于航班延误、取消等不正常情况的问询。

（11）能根据实际情况，对长时间延误的国内航班提出旅客后续安排方案。

（12）能对国内取消航班情况提出旅客后续安排方案。

（13）能根据实际情况，对长时间延误的国际航班提出旅客后续安排方案。

（14）能对国际取消航班情况提出旅客后续安排方案。

2. 登机服务

（1）能使用离港系统为旅客办理登机手续。

（2）能识别登机口超大行李。

（3）能清点登机人数与登机牌。

（4）能查看飞机停靠位置、动态。

（5）能为高端旅客提供登机服务。

（6）能处理登机口的超大行李。

（7）能用离港系统查找出未登机旅客信息。

（8）能填写登机业务文件。

（9）能为轮椅、无成人陪伴儿童等特殊旅客提供登机服务。

（10）能为行李较多的旅客提供登机服务。

（11）能准备出港随机业务文件并与机组交接。

（12）能为机组办理出境手续。

（13）能为担架、遣返等特殊旅客提供登机服务。

（14）能担负由更改登机口、航空器故障等引起的隔离区域不安全征候的处置演练的工作人员的责任。

3. 进港服务

（1）能获取到达旅客信息。

（2）能指示、引导旅客前往到达区。

（3）能获取中转旅客信息。

（4）能分流、引导过站旅客。

（5）能查询进港航班信息。

（6）能为中转旅客办理中转手续。

（7）能接收、安置备降到本站的国内航班。

（8）能为担架旅客提供进港服务。

（9）能为轮椅、无成人陪伴儿童等特殊旅客提供进港服务。

（10）能为遣返旅客提供进港服务。

（11）能为中转旅客提供进港服务。

（12）能为机组办理入境手续。

（13）能接收进港随机业务文件。

（14）能处理实际过站旅客人数与旅客舱单人数不符的情况。

（15）能处理旅客中断飞行的情况。

4. 实施安全演练

能完成由更改登机口、航空器故障等引起的隔离区域不安全征候的处置过程角色的演练。

（三）行李服务工作内容及技能要求

1. 行李交付

（1）能将国内行李交付给旅客。

（2）能将团队行李交付给旅客。

（3）能将国际航班行李交付给旅客。

（4）能将高端旅客、中转、遣返等特殊旅客的行李交付给旅客。

（5）能将超重、超长等特殊行李交付给旅客。

2. 不正常行李处理

（1）能对国内航班不正常行李进行登记。

（2）能对国内航班不正常行李进行查询。

（3）能对国内到达区遗留物品进行安全处理。

（4）能对国际航班不正常行李进行登记。

（5）能对国际航班不正常行李进行查询。

（6）能拍发不正常行李 SITA 电报。

（7）能对国际到达区遗留物品进行安全处理。

3. 特殊情况的行李交付及安全演练

（1）能处理国际备降航班的行李交付。

（2）能完成托运行李延误到达（分拣系统、传输系统等故障）的应急操作。

4. 行李赔偿与分摊

（1）能对到达航班不正常行李进行理赔。

（2）能完成本站航班不正常行李赔偿费用的分摊。

5. 安全演练

能在发生旅客托运行李延误到达（如行李分拣系统故障、离港系统数据传输故障等情况）时完成应急操作的员工工作分配。

6. 行李赔偿审核

能审核本航站不正常行李赔偿的分摊。

（四）航班配载工作内容及技能要求

1. 航班预配数据采集

（1）能安排行李使用的箱板数量。

（2）能修正机组数据。

（3）能修正飞机的基本重量和基本重量指数。

（4）能接收油量数据。

（5）能计算可利用业载。

（6）能准备载重表与载重电报、平衡图、装机指导单等业务文件。

（7）能安排旅客座位发放区域。

（8）能识读载重报、箱板报、占座报等业务电报。

2. 航班预配

（1）能为货舱的业载安排位置。

（2）能识读装、卸机指导单。

（3）能制作装、卸机指导单。

（4）能计算航班预计无油重量。

（5）能报送预计无油重量数据。

（6）能在离港系统中释放过站航班业载。

（7）能处理过站业载变化。

（8）能识别货邮中的危险品。

（9）能识别货邮中的活体动物、鲜活易腐等特殊物品。

（10）能为枪支弹药、活体动物等特殊行李安排装载位置。

（11）能处理航班业载、无油重量、起飞重量等限制情况。

（12）能根据过站装载情况，制订本站装载计划。

（13）能处理过站实际装载与载重平衡舱单不符等特殊情况。

（14）能为危险品安排装载位置。

3. 航班监控

（1）能监控航班实际重心变动情况。

（2）能监控航班实际业载变动情况。

（3）能监控航班无油重量变动情况。

（4）能调整航班装载计划。

（5）能处理航班超载。

（6）能分析波音、空客等常用机型的重心特点。

（7）能判断航班实际重心变化趋势。

4. 航班配载结算

（1）能确认航班实际重心在限定范围内。

（2）能确认实际业载小于航班最大允许业载。

（3）能确认航班实际无油重量与预计无油重量的差值在允许范围内。

（4）能复核载重平衡舱单数据。

（5）能在已形成的载重平衡舱单上进行最后一分钟修正。

（6）能使用离港系统制作电子载重平衡舱单。

（7）能手动填制载重表，绘制载重平衡图。

（8）能对比备降、补班航班业载变化情况。

（9）能使用离港系统拍发载重报、箱板位置分布报等配载业务电报。

（10）能使用飞机通信寻址与报告系统（ACARS）传递舱单、旅客名单等业务文件。

（11）能手动拍发载重报、箱板位置分布报等业务电报。

以上关于民航客运员的工作要求摘自客运员国家标准，在这里展示的目的是让读者对民航客运员岗位有完整的认识，为以下值机业务和行李运输业务专业知识的展开做宏观的介绍和引入。

三、值机业务与行李运输业务范畴

前面从民航客运员工作要求的角度简要介绍了客运员国家标准的具体工作内容及技能要求，其中涵盖了民航客运员初级、中级、高级、技师、高级技师五个级别的对业务层面的具体要求。但是，这些工作内容和技能要求不是轻而易举就能融会贯通在日常工作中的，工作人员需要将理论知识和工作实践深度结合才能达到民航客运员技师乃至高级技师的层次要求。本书涉及的业务要点的选取和技能标准的定位，基于客运员国家标准，从知识理解和掌握运用的逻辑来进行深入浅出地阐述和解读。

值机业务包括客运员国家标准工作要求中乘机登记和旅客服务两个职业功能。本书为什么用“值机业务”的称谓而不直接按照两个职业功能进行展开呢？客运员国家标准编写组对是否使用“值机”的定义主要有两种意见。

第一种意见是在新标准中沿用“值机”这种说法，其理由是“值机”已成为民航行业的一种默认专用术语。在现有民航运输培训教材和讲义中对值机的定义：为旅客办理乘机手续、接收旅客托运行李等旅客服务工作的总称。它是民航旅客地面服务的一个重要组成部分，民航运输生产的一个关键环节。其工作内容包括办理乘机手续、办理行李托运、查验旅客机票和身份证件、回答问询、特殊旅客保障服务、拍发业务电报等。

第二种意见是在新标准中使用更加清晰的业务界定来代替“值机”，其理由是“值机”定义的范围界定在各航空公司、各民航机场、各代理企业差异明显，很难统一。另外，“值机”的定义抽象且很难理解，特别是对于初学者而言，不利于今后岗前培训和业务提升工作的开展。最后，各位标准参编的专家综合各方意见和建议，权衡利弊后形成一致决定：放弃“值机”的定义重新界定，并在新标准中不使用“值机”一词，取而代之的是乘机登记、旅客服务、行李服务和航班配载。本书中仍然使用“值机业务”这种说法，出于如下三点考虑。

1. 业务传承性的需要

值机是民航行业延续多年的叫法，从院校教学到用人单位认知，目前均使用值机这种叫法，作为专业课程教材应该对这种传统有所体现和传承。放弃“值机”的惯用叫法需要过程，本课程在这种改变原有惯性的过程中做出了重大改进。

2. 认知特征性的需要

值机与行李运输业务是多年来形成的民航专业课程体系的重要组成部分，在体系没有做重大名称更新的情况下，换用新名称会给开设该门课程的教学部门和需要掌握该专业知识的人才的用人单位带来不便。

3. 知识结构性的需要

从职业标准制定的角度而言，它的前提就是面向特定的行业岗位，对其做出指导和规范。而作为教材，旅客服务、行李服务等部分容易与非民航行业的要求产生混淆，本书中的“值机业务”的叫法是知识范畴的明确界定。

行李运输业务涵盖了客运员国家标准工作要求中行李服务的职业功能。将行李运输业务从值机业务中划出，也是出于行业习惯的需要。旅客、行李、货物、邮件是民航运输的对象，依据其设计的工作流程，有必要将行李运输的专业知识单列。

值机业务主要是指以旅客为对象的服务过程，行李运输主要是指以行李为对象的服务过程。本书的编写遵循了这一行业惯例。航班配载的专业性较强，其知识结构和要求与另外三项存在显著差异，目前的航班配载专业知识的讲解通常被划出，由“飞机载重平衡”这门课程来完成各项知识和技能的培养，因此本书不涉及该方面的内容。

第二节 值机业务与行李运输业务概述

一、值机业务与行李运输业务经典案例

在讲解值机业务和行李运输业务前，先通过如下几个经典案例了解其具体工作内容和其中可能存在的问题。专业知识和技能提升的最终目标就是尽量避免问题和事故的发生，给旅客航空出行创造良好的出行体验，全面提升中国民航旅客服务的整体层次，为中国民航由世界民航大国向世界民航强国的跨越性升级贡献力量。

（一）经典案例之一：更换机型带来的困惑

案例呈现：黎小姐准备乘坐航班前往A地，购票时选择的是由B737机型（大飞机）执行的航班，但在她办理乘机手续时却被值机员告知其乘坐的机型更改为ERJ机型（小飞机）。黎小姐主观上认为小飞机的安全性能比不上大飞机，希望值机员为其更改航班。但经查询当日已无后续的前往A地的航班，而黎小姐又有公务在身，迫不得已怀着紧张的心情登机，加之飞行途中部分时间遇到气流引起飞机颠簸，她一路担惊受怕。飞机到达目的地后，黎小姐提出了投诉，要求航空公司给予其精神损失赔偿。经相关部门调查，因前一天始发站天气原因所有航班取消，导致次日的航班重新调整，因此航空公司临时调换了计划机型。

案例解析：根据国际航空运输协会（简称国际航协）有关规定，承运人可以无须事先通知旅客改换备用承运人或飞机，在必要时可以改变或取消客票上所列的经停地点，班期时刻可不事先通知旅客。从设计角度而言，保证飞行安全是民用飞机

设计的首要指标，与机型大小无关，其安全性能是一样的，客舱服务也是按同一标准提供的，唯一不同的只是小型飞机在旅途中的舒适性稍差。机型更改后，值机员应在旅客机票或行程单上注明情况，旅客可凭客票及登机牌到航空公司当地直属售票点退回由于机型变更而产生的机场建设税差额。本案例中，值机员应积极向旅客解释相关民航运输常识，打消旅客的安全顾虑，尽量缓解旅客的紧张情绪。

要点归纳：值机员应了解更多的相关知识为服务做好准备。

（二）经典案例之二：随便一说带来的不便

案例呈现：某日，一名肢体残疾旅客从A地乘航班飞往B地，他使用的是电动轮椅。由于经常坐飞机出行，旅客像往常一样准备将轮椅和电池分开包装后在柜台办理托运。在办理轮椅托运时值机员说："电池这么小，你自己带走吧，不用托运了。"于是旅客将电池放在包里，准备随身携带进入客舱。当他通过安检时，安检人员说不能将电池带上飞机。旅客解释说："电动轮椅离开电池将无法使用。"安检人员仍然坚持说电池不能带上飞机，无奈的旅客只能把电池寄存在A地机场安检处。由于没有轮椅出行十分不便，影响了其工作。于是，旅客向有关部门投诉相关业务部门的规定互相矛盾导致旅客的极大不便。

案例解析：本案例涉及值机服务和机场安检两个业务部门。依据《中华人民共和国民用航空安全保卫条例》第二十六条规定："乘坐民用航空器的旅客和其他人员及其携带的行李物品，必须接受安全检查；但是国务院规定免检的除外。"第四十九条规定："对违反《中华人民共和国民用航空安全保卫条例》第三十三条规定，携带《禁止旅客随身携带但可作为行李托运的物品》所列物品的，应当告诉旅客可作为行李托运或交给送行人员；如来不及办理托运，安检部门按规定办理手续后移交机组带到目的地后交还。不能按上述办法办理的，由安检部门代为保管。安检部门应当登记造册，妥善保管；对超过三十天无人领取的，及时交由民航公安机关处理。"为旅客办理乘机手续的值机员虽然不是安检人员，但对关键物品的托运规定应该十分熟悉，该值机员不应违反《中国民用航空安全检查规则》第四十九条规定，擅自让旅客随身携带电池；也不应违反《公共航空运输服务质量标准》中规定的："建立健全各类航空运输安全制度，并保证严格执行；运输服务工作应实行规范化、标准化、人性化管理；根据服务环境和服务对象的不同提供相应的特殊服务。"另根据《中华人民共和国消费者权益保护法》第四十条规定："消费者在购买、使用商品时，其合法权益受到损害的，可以向销售者要求赔偿。"本案例中，值机员由于缺乏安全检查和行李托运要求的业务知识致使该残疾旅客出行不便，应向旅客赔礼道歉并积极采取补救措施，如旅客提出赔偿，应该赔偿直接损失。本案例再一次提醒我们，民航运输是作为一个整体展现在旅客面前的，各相关业务部门需了解其上下游部门的相关规定，熟悉相应的业务知识，做到给旅客统一的答复，以免因信息混乱、标准不同给旅客出行带来不便。

要点归纳：值机员对特殊旅客及行李运输业务知识不熟悉。

（三）经典案例之三：旅客漏乘，谁之过?

案例呈现：某航班的一位旅客晚到，执行任务的飞机停靠在远机位。旅客办理手续后过安检来到登机口处，此时登机口刚刚关闭。旅客向地服人员询问是否能够赶上，地服人员之间确认可以后，随即安排旅客乘摆渡车去赶航班。但是，当旅客到达飞机下时，客梯车已经离开，飞机舱门已关闭，该旅客无法乘坐该航班从而造成漏乘。经有关部门调查，地服人员看到旅客到了，于是协调安排旅客乘摆渡车前往机位赶航班，却没有与机组人员联系确认航班状态，机组人员并不知道还有一位正在赶来乘机的旅客，因此按照原定的计划关闭舱门，造成该旅客漏乘。旅客认为，航空公司内部传递信息不畅通，且在办理乘机手续时，没有地服人员提醒说明，于是提出投诉。事后经与旅客联系沟通，为旅客办理了客票全退的手续。

案例解析：本案例说明地服人员在特殊情况发生时考虑不周。这种情况，只在地服人员之间进行确认是不够的。远机位登机有别于廊桥登机，不能够马上了解到登机状态，在起飞时间临近的情况下，再加上摆渡还需时间，变数就非常大。相关部门应制定并明确相关的特殊保障服务流程，地服人员应该认真学习理解并付诸实践，以避免此类事件再次发生。对于旅客而言，民航运输是一项整体工作，他们不会区分这是机场代理还是航空公司的责任，应注重相关部门之间的协调工作，各部门共同配合才能给旅客创造一个愉悦的旅行体验。

要点归纳：值机员对业务流程不熟悉，应对突发事件处理不当。

（四）经典案例之四："小失误"带来的大后果

案例呈现：两名旅客在A地乘坐某航班经迪拜转机至雅典，在A地机场办理行李托运时由于值机员缺乏责任心，误把两名旅客的行李总重量打印成90千克，而真实重量为58千克。到迪拜转机时，相关中转服务人员告诉旅客不能为其办理登机牌，因为他们的行李票上打印为90千克，属于超重行李，但是他们在中国未支付逾重行李费。根据相关规定，中转服务人员要求两名旅客支付超重费的3倍罚款，共计一万多元才可以为他们办理去雅典的登机牌。旅客与工作人员交涉，行李是否可以重新称重，机场不同意。最后旅客向中国驻希腊大使馆寻求帮助，大使馆工作人员和相关部门工作人员交涉后，同意两名旅客先搭乘此航班到雅典后再办理其他事宜。

案例解析：依据《中华人民共和国消费者权益保护法》第十一条规定："消费者因购买、使用商品或者接受服务受到人身、财产损害的，享有依法获得赔偿的权利。"本案例是当事值机员责任心不强，把旅客行李58千克错打成90千克，虽然旅客在力争之下没有受到经济损失，但客观上给旅客出行带来困扰，特别是事发在国外，给事件的解决带来难度，严重侵害了旅客的权利，应该向旅客赔礼道歉，如旅客提出合理赔偿要求，机场应尽量满足。值得注意的是，民航运输各部门工作人员在日常工作中应不断增强服务意识和责任心，避免工作过程中的"小失误"给旅客旅途带来不便的大后果。

要点归纳：值机员进行行李收运工作时要细致。

（五）经典案例之五：旅客不满行李丢失索求赔偿

案例呈现：旅客乘坐某航空公司飞机从A地飞往B地，提取行李时发现行李内丢失一件大衣，重量约为2.4千克。现场办理托运行李内物丢失登记手续后，按规定得到行李赔偿240元。旅客认为丢失的大衣价值3000元，对赔偿结果不满意，向有关部门提出投诉。

案例解析：航空公司或地面服务代理人在收运旅客行李时，应主动提醒旅客，如果行李每千克价值超过人民币100元，可以申请办理行李的声明价值或购买商业保险，否则只能按照《国内航空运输承运人赔偿责任限额规定》中第三条"对旅客托运的行李和对运输的货物的赔偿责任限额，为每千克人民币100元"的规定执行。本案例中，旅客在运输时没有按要求声明价值或购买保险，而是按一般行李交付运输。根据上述规定，投诉人丢失的托运行李重量为2.4千克，行李赔偿240元。此案例中，旅客虽然对承运人的赔偿数额有意见，但对现场地服人员的协助查找和耐心解释比较满意，这说明对不正常运输的行李处理不能只用简单的赔偿方法，耐心、细致的服务，争取得到旅客谅解也是地服人员应尽的责任。

要点归纳：值机员应严格执行规定，耐心解释争取旅客谅解。

二、值机业务基础知识

（一）值机业务的基本概念和意义

"值机"是中国民航运输长期工作实践中形成的特有专业术语，可以解读为

“值班飞机”或“值日飞机”等，其内涵是民航旅客地面运输环节中办理旅客乘机手续、接收旅客托运行李、特殊旅客服务等旅客运输工作的总称。值机业务是民航旅客地面服务的重要组成部分，是直接影响民航运输生产质量和旅客出行体验的关键环节。值机业务具体工作内容主要包括核查旅客乘机证件、核查旅客乘机信息、办理旅客登机牌、办理行李托运、告知重要信息并回答相关问询、特殊旅客保障服务、高端旅客服务、拍发业务电报等。具体内容在民航客运员乘机登记和旅客服务的工作内容及技能要求中有详细说明。

值机业务属于民航旅客运输的核心业务环节，它直接影响旅客对民航运输服务的优质体验，对中国民航整体服务水平的提升有着重大的现实意义。业内通常以航空旅客运输产品生产的流程为主线，将民航旅客运输业务工作划分为民航票务、地面服务、机上服务、行李运输、民航安检、衍生服务六个过程。民航票务主要涵盖了航空公司的区域市场开拓、航线航班规划、销售渠道管理、座位收益管理、区域市场营销等工作；地面服务主要涵盖了航空公司和民航机场为旅客便利出行所提供的必需服务，进出机场的交通、出发大厅服务、候机大厅服务、特殊旅客保障服务等工作；机上服务主要涵盖了航空公司为旅客提供的安全、优质、愉悦的客舱服务等工作；行李运输主要涵盖了航空公司和民航机场为确保旅客行李的安全运输、及时送达、方便查询等工作；民航安检主要涵盖了旅客人身检查、行李检查、机坪护卫、登机口控制等工作；衍生服务主要涵盖了日常旅客服务、旅客投诉管理、民航重要信息发表、重大事故处理等工作。值机业务是地面服务的重要组成部分，是民航服务环境由地面转为空中的重要节点，是民航旅客运输业务流程（见图1-2）的核心组成部分，是确保民航旅客运输整体服务质量的关键。

（二）值机工作的性质及重要性

民航旅客运输是指通过民用航空器把旅客自其购买机票上列明的始发地运往目的地的运输。“十三五”期间，我国民航新增运输飞机1253架、通用航空器940架，民航机队规模达到6747架，国产民机在支线机队中的比例达到33%。新增航路航线263条，全国航路航线总里程达到23.7万公里。基础设施建设总投资4608亿元，新建、迁建运输机场43个，全国颁证运输机场数量增加到241个，新增跑道41条、航站楼588万平方米、机位2300个、航油储备能力5.3万立方米，机场新增设计容量约4亿人次，总容量达14亿人次。2019年，全行业完成运输总周转量1292.7亿吨千米、旅客运输量6.6亿人次。2020年，在新冠肺炎疫情对全球民航业造成巨大

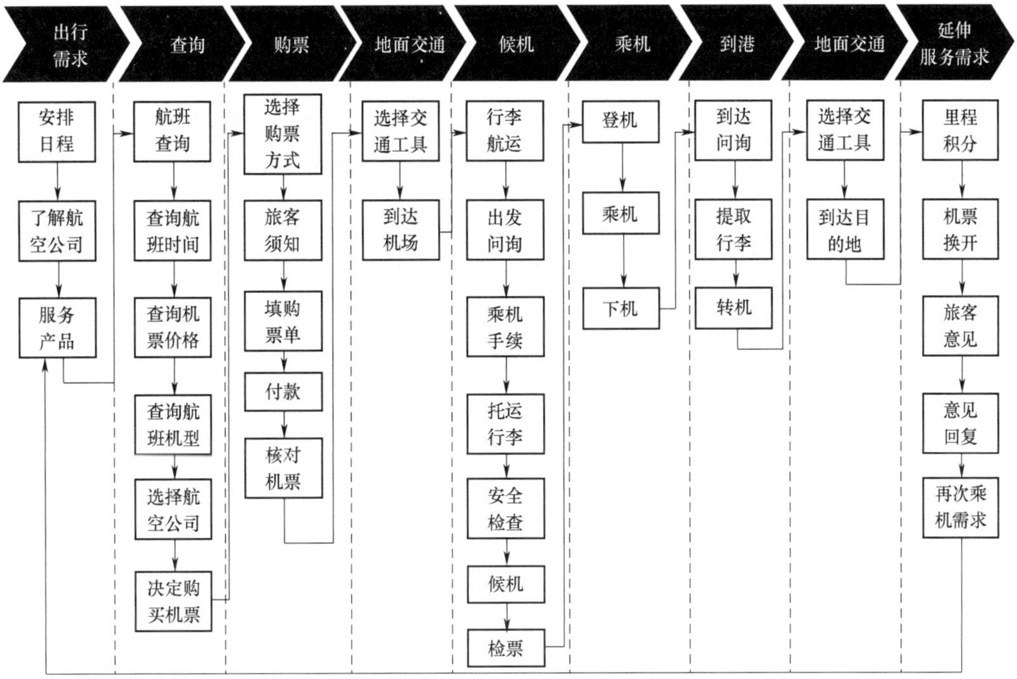

图 1-2　民航旅客运输业务流程图

冲击的情况下，由于我国疫情防控措施得力有效，中国民航在全球率先触底反弹。2020 年全年完成运输总周转量 798.5 亿吨千米，旅客运输量 4.7 亿人次。相对于中国庞大的人口基数，现有的民航旅客运输能力和服务水平仍然难以满足经济发展和提升运输质量的双重需求，民航旅客运输服务的“量”——可利用座位（吨位）数和航线条数，“质”——旅客（货主）对民航服务的满意程度的双重提升将在今后相当长时间内作为中国民航的发展重点。民航旅客运输属于第三产业服务业中的交通运输范畴，它承袭了服务业的三大特点，具体表现为：生产无形的服务产品——旅客的位移；产品生产过程与消费过程的同一性；产品的不可储存性。

值机作为民航旅客运输的一个重要业务门类，为生产旅客位移服务产品提供关键辅助性支持，值机业务的性质显然具备以上民航旅客运输的三大特点。除此之外，值机相对于航班配载、运行控制、座位管理等部门又是直接面对旅客提供服务的岗位，具有窗口性的特征。热情周到地为旅客服务，快速高效地为旅客办理乘机登记手续，最大可能地满足旅客各方面需求是值机业务的内在要求。学会值机业务知识只是开始，掌握值机业务技能是基础，运用知识并在服务中展现是要求，在值机过程中使旅客产生愉悦体验才是最高标准。

值机业务在民航旅客运输中的地位必然决定着其重要性。值机的重要性主要表现在以下三个方面。

1. 值机从业人员的素质影响旅客对航空公司服务的感知

值机从业人员自身的精神面貌、仪态仪表、业务水平、服务态度等直接影响航空公司的公众形象和商业信誉，影响旅客对航空公司服务的感知。由于电子客票的普及使用，旅客在民航票务环节中很难接触到民航服务主体的直接服务，那么值机就是旅客第一次接触到航空公司、民航机场等民航服务主体的直接服务。从业人员整洁大方的仪表、热情周到的服务态度会使旅客有如沐春风的感觉，对航空企业形成良好的第一印象。从业人员丰富的专业知识、娴熟的业务技能往往能增强旅客的信心，使其增加航空出行的安全感。在市场竞争日趋激烈的现代民航运输业，航空公司之间的竞争归根结底是服务的竞争，通过提供优质服务，增加旅客愉悦体验以赢得更多的市场份额。旅客对航空公司的感知和评价影响旅客对航空公司的忠诚度，进而直接影响航空公司的市场竞争能力。

2. 值机服务的质量影响航空运输的快速性

快速性是航空运输区别于其他运输方式的最大特点之一。航空运输的快速性除了要凭借飞机制造技术的不断提高，还要依靠航班准点起飞、及时中转、按期到达来保证。航班的准点率，已经成为旅客是否选择航空出行方式的重要影响因素，而这一切都依赖于优质的值机服务。如果值机环节发生差错，航班的准点率就会受到影响，就不能保证航空运输的快速性。例如，值机员在办理乘机登记时没有仔细检查旅客的客票，可能会导致旅客错乘，更严重者会导致飞机延误或返航；值机员错发登机牌或漏撕登机牌的登机联，也可能会造成航班延误。因此，优质值机服务是发挥航空运输快速性的前提条件。

3. 值机服务的质量影响飞行安全

值机服务的质量将从以下两个方面影响飞行安全。

一方面是值机报载的准确性影响配载的准确性，进而影响飞行安全。柜台值机员在结束航班乘机登记工作后，需要向配载部门报载。如果值机员对旅客的人数、行李的件数、重量统计不准确，就有可能造成航班配平时出现隐载，进而导致航班配载后的重心偏前或偏后，这样会对飞机的起降造成危险，升空以后影响飞机的操纵。如果航班超载，情况更是不堪设想。

另一方面是对乘机人员、行李把关不严从而影响航班安全。柜台值机是乘机人员和行李检查的第一道关口，在办理乘机手续时，应认真检查旅客的身份证件，防止假冒旅客特别是公安部门通缉的罪犯登机。

除此之外，还要注意观察旅客的言行举止，防止精神病患者、醉酒乘客登机。对于旅客的托运行李，值机员一方面应注意检查行李的包装是否符合要求，另一方面要配合安检人员对行李内物进行检查，防止旅客夹带危险品蒙混过关，进而危及飞行安全。

（三）值机业务发展的趋势

随着国际民航业竞争的加剧，航空公司开始在确保飞行安全的前提下将服务重心转向改善旅客出行体验。为了实现降低航空公司成本、方便旅客出行、提高航空服务自动化和准确、快速传输数据等目标，2004 年 11 月，国际航空运输协会在其新加坡年会上一致通过实施“简化商务”计划，它包括电子客票、通用自助值机、二维码登机牌、RFAD（射频 A/D 控制信息定时发送器）、电子货运。其中通用自助值机、二维码登机牌是值机业务发展趋势的指引。在我国，随着电子客票技术进入普及阶段，开放式值机、城市值机、机场自助值机、网上自助值机、手机自助值机等业务的新模式引发业内更多关注。

1. 开放式值机

开放式值机是相对专属值机柜台而言的，它不需要旅客等到飞机起飞前 90 分钟再到指定柜台办理乘机登记，可以随到随办。旅客到达候机厅后也不需要寻找所乘航班的特定柜台，可以在客票列明航空公司或机场代理柜台区域内任何一个柜台（见图 1-3）办理手续。目前，开放式值机已经在国内各大中型机场广泛采用，提高了旅客办理乘机登记的灵活性，缩短了旅客的等候时间。国内首家推行开放式值机业务的是中国国际航空公司（简称国航），早在 2001 年国航就已经开始试行开放式值机。在实行全开放柜台值机服务以前，首都国际机场每天因未及时赶到机场办理乘机手续最终延误航班的旅客仅国航一家就有 100 多人，提供开放式值机服务后，国航每天这样的晚到旅客人数下降到 3 至 5 人。

2. 城市值机

城市值机又称异地候机，是指无须在机场候机厅内办理乘机登记和行李托运手续，而是通过民航机场在市区或没有机场的城市开设的异地候机楼（见图 1-4）的值机柜台办理乘机登记手续和行李托运的业务模式。城市值机模式拓展了民航机场的服务半径，打破了原有机场的空间界限，将值机业务前移到客源地，在方便非空港城市旅客出行的同时拓展了机场的业务范围。东莞城市候机楼于 2005 年 9 月 6 日

图 1–3　开放式值机的柜台图片

正式对外开放，它开创了国内异地城市候机楼模式的先河，内设国际先进的航班查询系统、终端安全系统，与航空公司、民航机场实时相连，实现全方位的信息共享，专为客人提供办理乘机登记，实时查询航班，现场购买机票、候补购票，一站式巴士往返广州或深圳机场接送，各大航空公司的增值服务及航空货运等服务。

图 1–4　南京禄口国际机场的苏中城市候机楼

3. 机场自助值机

机场自助值机是国际航协“简化商务”计划的重要组成部分，即旅客无须到机场出发大厅的人工值机柜台排队办理乘机登记，而是到航空公司专属或民航机场通用的自助值机设备（见图 1–5）上自行办理选择机上座位、打印登机牌、常旅客积分录入等服务。机场自助值机为无须托运行李的旅客提供了便捷服务，避免了其在人工柜台排队的烦恼。电子客票的普及使机场自助值机成为可能。目前，国内各大中型机场均设置了机场自助值机设备。早在 2005 年，中国南方航空公司在广州白云机场首次推出机场自助值机服务，航空公司对机场自助值机的一般规定：航班起飞前 120 分钟开始办理乘机手续，航班起飞前 30 分钟停止办理。仅限无托运行李的旅客，重要旅客、有托运行李的旅客和特殊旅客还需到人工柜台办理。

图 1–5　机场自助值机设备

4. 网上自助值机

网上自助值机是指购买了电子客票的旅客，可以登录航空公司的官方网站进入自助值机页面，自行在线办理选择机上座位（见图 1–6）、常旅客积分录入等，如果旅客计算机连有打印机，也可自行打印纸质登机牌。目前，以国航、南航、东航为代表的国内航空公司均在自己的官方网站上开设了其基地始发航班的网上自助值机服务。航空公司对网上自助值机的一般规定是：航班起飞前 1 ~ 12 小时内登录航空公司网站办理乘机手续；网上不办理行李托运手续，旅客若有行李托运，必须提前 1 小时到机场人工值机柜台办理托运；没有行李托运的旅客需在飞机起飞前 30 分钟到达登机口。

5. 手机自助值机

手机自助值机（见图 1–7）是指购买了电子客票同时又是航空公司常旅客俱乐部会员且用手机号码登记的旅客，在航班起飞前可以根据航空公司发来的手机自助值机信息完成选择飞机座位等服务，系统会自动将手机登机牌以短信的形式发到旅客手机上，旅客到机场后可以在自助值机设备上自行打印相对应的纸质登机牌，或者直接凭借手机登机牌和有效身份证件到设置有手机登机牌识别设备的专属安检通道通过安全检查，由安检环节打印简易登机牌并盖安检章，最后凭此在登机口接收并登机。手机自助值机为无须托运行李的旅客提供了更为便捷的出行体验。随着智

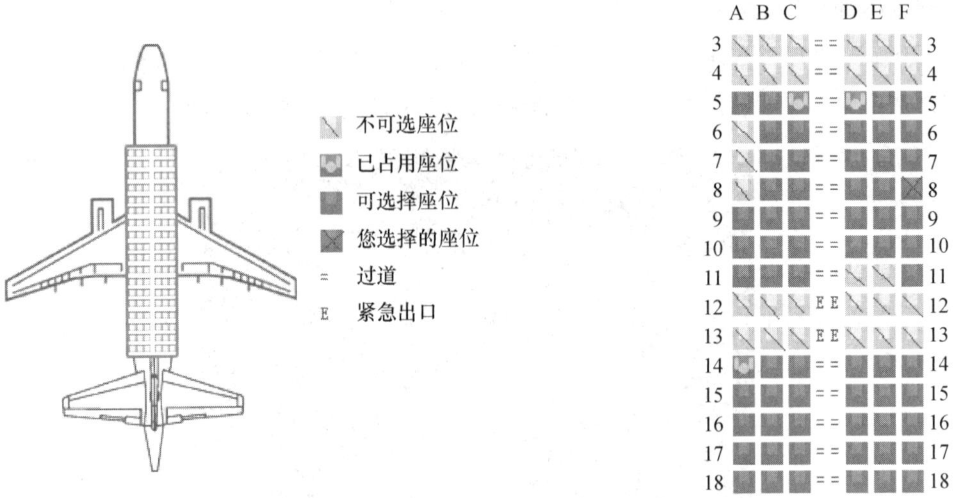

图 1-6　网上自助值机选定座位界面

能手机的日益普及和自助行李托运系统的应用，手机自助值机模式将成为旅客出行的首选方式。

图 1-7　手机自助值机界面及使用方法

三、行李运输业务基础知识

（一）行李的定义及分类

1. 行李的定义

在民航运输中，行李是旅客在旅行中为了穿着、使用、舒适或方便的需要而携带的物品和其他个人财物。目前，各航空公司在业务实践中对旅客行李的定义把握尺度相对宽泛，通常以是否影响航空飞行安全和其他旅客出行体验为标准来区别行李的可运性。

2. 行李的分类

不同国家、不同航空公司、不同航线对行李的分类标准都有所区别，本书参考《公共航空运输旅客服务管理规定》第三十六条规定，将行李根据运输责任分为托运行李、非托运行李。

（1）托运行李，其英文全称 CHECKED BAGGAGE，是旅客交由承运人负责照管和运输并填开行李票的行李。承运人在收运行李时，必须在客票的行李栏内填写行李的件数及重量，并发给旅客作为认领行李用的行李识别联。

（2）非托运行李，其英文全称 UNCHECKED BAGGAGE，是指经承运人同意，在不妨碍客舱服务和旅客活动的前提下，由旅客自行照管并带入客舱内的行李，包括自理行李和随身携带物品。非托运行李需与旅客同行，旅客的现金、珠宝、贵重金属、电脑、个人电子设备、可转让票据、有价证券和其他贵重物品、个人需定时服用的处方药、商业文件、护照和其他身份证件或样品等，应作为非托运行李携带。

根据《公共航空运输旅客服务管理规定》第六章行李运输的具体要求，承运人、地面服务代理人、机场管理机构应当建立托运行李监控制度，避免行李在运送过程中延误、破损、丢失等情况发生。承运人、机场管理机构应当积极探索行李跟踪等新技术的应用，建立旅客托运行李全流程跟踪机制。行业监管层面不再对行李运输设置具体数量指标，但是承运人应当在运输总条件中明确行李运输的相关规定，至少包括如下内容：托运行李和非托运行李的尺寸、重量及数量要求；免费行李额；超限行李费计算方法；是否提供行李声明价值服务，或者为旅客办理行李声明价值的相关要求；是否承运小动物，或者运输小动物的种类及相关要求；特殊行李的相关规定；行李损坏、丢失、延误的赔偿标准或所适用的国家有关规定、国际公约。

（二）行李运输业务的重要性

行李运输是旅客运输工作的组成部分，它是随着旅客运输的产生而产生的。行李运输在旅客运输中占据非常重要的地位，旅客出行体验是否圆满，往往取决于旅客所携带的行李物品（如资料、合同、样品等）运输的完好性和准时性。这是因为行李不仅本身有价值，更重要的是它还体现旅客旅行的目的，关系到旅客旅行任务的完成和生活的需要。

行李运输工作的好坏直接影响飞行安全、航班正常和服务质量。行李运输差错事故所引起的赔偿会给航空公司带来经济损失，也有损于航空公司的声誉，甚至造成严重的政治影响。随着客运量逐年上升，加强行李运输管理、预防行李运输差错事故的发生，已成为提高航空客运质量的重要环节。

因此，行李运输工作人员应以认真负责的工作态度，严格遵守行李运输规章制度，掌握行李运输专业知识，熟悉行李运输的规定，安全、迅速、优质地运输行李；正确处理行李的不正常运输，努力提高行李运输的质量。行李运输作业线长、面广、环节多。为了高质量地完成行李运输，需要值机、行李分拣、运输装卸、行李交付及行李查询等各部门共同努力。

第三节　值机业务与行李运输业务发展新趋势

一、值机业务发展新趋势概述

在移动信息时代，基于此技术的机场移动服务终端（Airport Mobile Service Terminal，AMST）或许将决定未来机场全新景象并再造出全新的基于旅客优越体验的机场服务流程。智能机场将是值机业务发展的必然趋势。

现在的航空旅行正被诸如拥挤的机场、长时间的排队、行李差错率高、航班延误时的恶劣服务、来自高铁的竞争等内忧外患所困扰，如何有效解决这些难题已迫在眉睫。针对旅客在航空旅行中遇到情况的多样性和获取信息的及时性，基于信息与通信技术的机场服务创新解决方案必将带给旅客全新的机场服务体验。电子客票技术的实践彻底改变了航空产品销售领域的业态模式，机场移动服务终端的应用也将会带来现有机场服务颠覆性的提升。

AMST（见图1-8）是基于信息与通信技术的机场服务综合解决方案。旅客、机场、航空公司、各服务商等航空旅行机场活动的各参与方可以使用AMST进行信息发布和交互，使整个机场活动更加精细化、个性化、高效化。每位到达机场准备开始旅行的旅客都将获得一个AMST并在其协助下完成在机场的各项活动。AMST的各项功能可以最大限度地引导旅客通过自助的方式以极高的效率完成其在机场想要做的一切活动。AMST能够实现以下五大功能，这些功能的实现也将彻底改善旅客现有的机场体验。

1. 无纸化乘机登记服务

旅客在AMST识读区扫描一下二代身份证，系统将自动识别并显示旅客自助值机界面。旅客可自行根据爱好选择或自动派发座位并在AMST中生成电子登机牌。

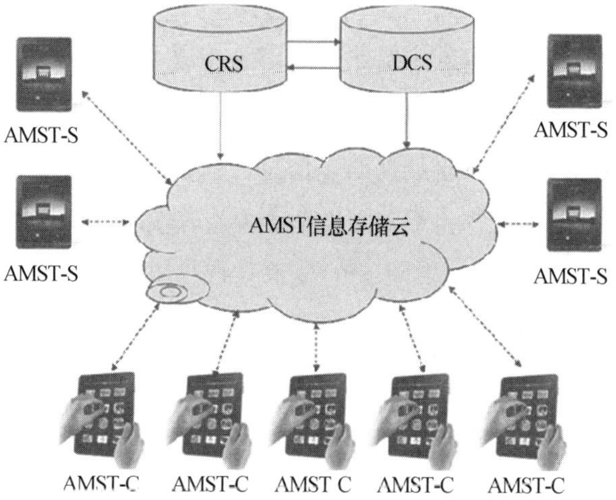

图 1-8 AMST 示意图

AMST 屏幕显示登机口、座位号、登机时间等关于乘机的重要信息。该功能将免去旅客在值机柜台前排队等待和登机牌丢失的烦恼。

2. 个性化机场导航服务

当旅客在机场不知道去哪儿安检最节省时间时，AMST 将给出准确答案。利用 AMST 排队实时监控系统可为旅客动态分配安检口并在 AMST 屏幕上生成电子地图引导旅客前往。该功能将有效缩短旅客在安检环节中的不可控时间。

3. 专属化旅客召集服务

当旅客要乘坐的航班开始登机时，AMST 会根据电子登机牌信息提醒旅客，根据 AMST 定位系统识别旅客现在的位置并为其指示快捷的登机路线。如遇到特殊情况，旅客可以通过 AMST 信息反馈系统及时和工作人员进行联络，工作人员按照程序为其提供最优解决方案，确保航班最大限度地不会因旅客迟到而延误。该功能将取代传统航站楼广播体系，在创造优美候机厅声音环境体验的同时，也能确保航班召集信息以最有效的渠道传递给需要的旅客。

4. 隔离区消费服务

旅客通过安检进入隔离区后会有餐饮、购物、休闲等消费需求，如何获得各种有效的机场供应商服务信息对旅客而言是必要的。AMST 服务信息系统可以根据旅客前往登机口的路径为旅客提供其途经的各机场消费产品供应商的促销信息，在满足旅客消费需求的同时，也为供应商创造销售机会。该功能在推送给旅客信息的同时，提升了其候机体验。

5. 航班延误应急服务

基于航班延误的恶劣服务的主要原因是信息传递不畅，延误的真实原因和有效解决办法无法及时、有效地传递到目标旅客处，AMST应急处置系统为航班延误提供了有效的信息传递渠道。延误航班动态信息、在线航班改签服务、无卡延误费用赔偿、等候期间娱乐等功能都将最大限度地改善旅客在航班延误期间的体验。

除此之外，AMST还将凭借其强大的技术支持将更多机场服务创新的想法变为现实。未来的AMST将实现业务流程在旅客自助完成环节中释放，在改善旅客机场服务体验的同时降低了工作人员的服务强度。AMST信息反馈系统强大的信息交互功能也为工作人员、为旅客提供更加优质、高效的服务。其实值机业务一直在创新，AMST离我们并不遥远。

二、行李运输业务发展新趋势概述

民航旅客运输量增加的直接结果是行李运输量直线上升，行李作为旅客不可分割的私有财产，其运输质量受到旅客、公众媒体的关注。多年来，国内外机场采用传送带机械传送的方式运输行李。随着科技的发展和航空运输水平的提高，越来越多的机场引入行李自动化处理系统，包括行李安全检查、行李牌自动分拣、行李传送自动导流和行李少收的自动查找，大大提高了行李运输的处理能力，使行李运输日趋标准化和规范化。行李运输的发展趋势将与科技发展紧密相连，行李自助服务会得到大力推广，未来行李牌与登机牌一样，均可以享受在家确认和打印。通过行李处理系统的改进，在满足不同行李物品形状多样化需求的同时，可提高行李传送的准确率。

未来的行李处理系统将是全面集成的全球化行李处理系统，无论旅客身在哪个机场，其托运的行李都能从位于世界上任何地方的端口进出该系统，在航空旅行的全链条中，整个行李的处理流程能够被追踪。该系统的配套服务还包括全部流程的可视化功能。航空公司、民航机场的工作人员在任何节点上都能对行李进行定位，甚至掌握行李在运送过程中的资源耗用情况。这套系统要求无论行李从哪个机场安检，只需一次性通过后，旅客在旅途中的其他站点和系统均能获得该行李的相关信息，避免多次安检给旅客造成的不便。旅客可以通过短信和计算机等轻松获得行李有关信息，这将极大方便更关心行李的中转旅客。

1. 行李自助服务

和旅客办理乘机登记手续一样，在家或办公室即可通过计算机自行办理行李托运手续，只需要在规定格式中填入旅客姓名、航程、航班和托运行李重量等信息，就可以打印出行李牌。旅客持打印的行李牌和行李，在登机前的规定时间内到机场的指定柜台交付行李即可，省去了排队和等待办理手续的时间。

2. 行李自动安检

拴挂了行李牌的行李通过自动传送带输送到后台，进入自动读码站后，通过 ATM（Automatic Teller Machine，自动柜员机）进行第一、二级安检（一级为机器自动判读，二级为工作人员判读），行李处理系统对行李依据安检结果进行可疑分流，可疑的行李将被分流到 CT（Computer Tomography，计算机断层扫描）机进行三、四级安检，安全行李直接进入全自动分拣转盘被正常分拣处理。可疑行李经过 CT 机再次进行安检，行李在明确被判为安全的情况下，被分流到分拣转盘，其他行李（包括被判为开包、超时没有结果的行李等）将被分流到开包输送线，经升降机传送到地面，交给安检站工作人员做进一步的处理。

3. 行李传送自动分检

行李传送自动分检系统是复杂的机电一体化控制系统，涉及机械设备与传动、自动检测与控制、编码与识别、信息处理与交换、计算机管理及系统集成等一系列高新技术。该系统同离港系统配合，可以实现开放式柜台办票，即旅客可在其航班截止办票之前的任何时间在任意柜台办理值机手续，在方便旅客之余可有效减少高峰时间的业务流量。该系统所采集的行李数据实现了物流与信息流的有机结合，是机场信息化管理的基础，同时支持机场间的数据共享，以提供行李丢失和少收的跟踪查询等增值服务。

4. 环球行李查询系统

环球行李查询（WORLD TRACER，WT）系统，是由国际电信集团开发的高级计算机行李档案查询及管理系统，其主机备份在美国 SITA 亚特兰大总部数据处理中心。该系统特点：在计算机上运行指令，实现查找核对功能，使行李查询网上运行达到操作无纸化；行李事故档案存储时间长，保存费用低；对于行李事故记录在案的已赔或待赔档案可以做到长期存储且存储量大；根据查询和赔偿工作需要，可随时查阅并打印相关档案；自动统计行李不正常运输数据，为行李运输服务提供帮助；对于已经录入的行李多收和少收信息可以自动查询追踪，并根据给出的条件自动核对和匹配行李信息并设置系统提示。旅客根据与该系统连接的网络，及时了解少收行李的查找情况和地面到达后的递送情况。

自我检测

（1）简要描述民航客运员的工作职责。

（2）简要描述乘机登记工作内容及技能要求。

（3）简要描述旅客服务工作内容及技能要求。

（4）简要描述行李服务工作内容及技能要求。

（5）通过各种方式搜集信息，分析值机业务发展的新趋势及其优劣势。

（6）简要描述行李的分类及各类型行李的运输规定。

第二章

乘机登记业务

学习目标

（1）了解国内值机工作岗位职责；

（2）掌握国内乘机登记办理的程序；

（3）了解国内值机操作异常情况的判别程序和简单处理方法；

（4）掌握常见航班不正常情况的处理程序；

（5）了解国际值机岗位的岗位职责；

（6）了解与国际值机工作相关的国际票证基本知识；

（7）掌握国际乘机登记办理的程序；

（8）了解离港系统的常见控制指令；

（9）能使用离港系统为旅客办理乘机登记和行李托运工作；

（10）能使用离港系统完成简单的修改乘机登记工作。

学习内容

（1）国内乘机登记办理的程序；

（2）国内值机操作异常情况的处理要求；

（3）航班不正常情况的处理程序；

（4）国际乘机登记办理的程序；

（5）国际票证基本知识；

（6）离港系统简介及操作指令；

（7）乘机登记操作指令。

第一节　国内值机业务

案例导入：

旅客高先生乘坐某航班，在机场国内值机A柜台办理乘机手续时被当值值机员告知离港系统显示他的登机牌已在国内值机B柜台办理过，并指示其到B柜台领取登机牌。高先生来到国内值机B柜台查询，又被告知已经处理好，可以再回到国内值机A柜台领取登机牌。返回A柜台后，高先生又被告知登机牌已经办理好，应到B柜台领取。高先生对有关部门将乘客推来推去的行为感到十分不满，因此投诉并要求妥善解决。

案例解析：

经有关部门调查，该航班上还有一名和高先生同名同姓的旅客，产生投诉的高先生是普通旅客，另外一位是贵宾旅客，他们分别需要在A柜台（普通）和B柜台（贵宾）办理值机手续。B柜台值机员在办理贵宾旅客高先生登机牌时仅用姓名调出记录，并没有仔细查看旅客的身份证件等信息，错将普通旅客高先生的登机牌办出并交付给贵宾旅客高先生。旅客投诉后，当日值班经理到现场处理，向旅客致歉并按旅客要求更换座位，旅客对航空公司后续处理程序表示满意。依据《中国民用航空旅客、行李国内运输规则》第三十二条规定："旅客应当在承运人规定的时限内到达机场，凭客票及本人有效身份证件按时办理客票查验、托运行李、领取登机牌等乘机手续。承运人应按时开放值机柜台，按规定接收旅客出具的客票，快速、准确地办理值机手续。"此投诉完全是A柜台和B柜台值机员都没有按章操作造成的后果，相关人员应承担全部责任。因此，采取相应的补救措施是必须的。相关部门应举一反三，告诫其工作人员需提高安全意识，严格按章操作。在办理乘机手续时，务必认真核对旅客证件，避免人为差错。在出现旅客不满时，应该提高安全和服务意识，积极查找原因，做好后续的弥补工作。

一、国内值机工作岗位职责

值机部门负责办理旅客的乘机手续，即检查旅客的乘机证件、发放登机牌、收取交运的行李等工作。值机部门的工作人员直接与旅客接触，面对面地为旅客提供服务。因此，值机柜台工作人员的思想品德和工作质量的优劣直接影响中国民航行业形象的好坏。值机部门工作人员应提高自身的职业道德水准和值机岗位工作能力，切实保证值机服务工作迅速、准确地开展。

值机柜台工作人员必须严格按照配载人员的要求，合理地安排旅客在飞机上的座位，与配载人员协调工作，共同为保障航班的安全、正常而提供高质量的服务。在有离港系统的机场，需采用离港系统办理乘机登记手续。在没有离港系统的机场，需采用手动方式。作为值机柜台工作人员，务必掌握通过手动方式接收旅客乘机登记，以保证当离港系统出现故障不能办理手续时，能手动处置。

国内值机工作是为满足航空公司、民航机场和代理公司的需求，办理或代办各航空公司的国内航班乘机登记手续，并收取相关费用。

（一）国内值机员的工作职责

参考国内航空公司的相关规定，国内值机员的工作职责如下所示。

（1）负责为旅客办理乘机登记手续，发放纸质登机牌。

（2）负责收运旅客交运的行李，计算逾重行李额并收取其他相关费用。

（3）为特殊旅客服务的工作内容：

① 负责查验国内航班特殊旅客的有效证明，确认其适宜乘机。

② 负责为特殊旅客办理乘机手续，按规定为其安排座位。

③ 负责指引已办手续旅客到特殊服务柜台办理特殊服务。

④ 负责核实航班无成人陪伴儿童的配额，指引未预约旅客到相关柜台申请。

⑤ 如旅客乘机手续不齐全，应耐心做好解释工作，遇特殊情况，及时通知值班主任并转交其处理。

⑥ 负责及时将旅客的特殊情况报告给相关值班领导。

（4）负责国内航班报载工作。

（5）负责查找未登机旅客姓名，核对及修正航班舱单。

（6）负责航班的签单放飞工作，包括与乘务员交接登机旅客人数，通知地勤工作人员撤登机桥或客梯等。

（二）值机各岗位的基本要求

各航空公司和各民航机场对值机岗位的划分有所区别，一般将值机岗位按照柜台进行划分。

（1）普通值机柜台。办理相应航空公司的航班上所有持有效客票及证件的旅客及其托运行李的乘机登记手续。

（2）无行李交运柜台。为乘坐当天相应航空公司的航班且不需要托运行李的旅客办理乘机登记手续。

（3）随到随办柜台。办理当天相应航空公司航班的乘机手续，旅客不需要等到飞机起飞前90分钟才开始办理乘机手续，而是可以在该柜台随到随办。一般在飞机起飞前30分钟或45分钟停止办理乘机手续。

（4）头等舱、公务舱柜台。办理乘坐相应航空公司头等舱、公务舱旅客及其行李，办理常旅客俱乐部会员（具体范围参见各航空公司规定）旅客及其托运行李。

（5）特殊服务柜台。办理乘坐当天相应航空公司的航班上无成人陪伴儿童、老人旅客、轮椅旅客、病残人士等需要特殊服务旅客的乘机登记手续。

（6）候补柜台。根据售票系统销售客票，负责相应航空公司公务票销售和候补旅客的乘机登记工作。

（7）召集柜台。为航班关闭前5分钟未办妥乘机登记手续的旅客办理手续。

（8）超大行李柜台。负责收运乘坐相关航空公司航班的旅客的超大超限行李及重要旅客行李。

（9）值班主任柜台。为晚到、误机、持错误填开的客票的旅客办理相关手续。组织航班候补客票的销售工作，处理航班剩余座位。及时传递航班动态信息，并协助值班主任做好当日航班的安排。航班不正常时，做好旅客的退票、签转和解释工作。

除此之外，航空公司、民航机场的职责和功能分配存在差异，值机柜台的名称和职能也存在一定区别，会有较个性化的柜台命名。

二、国内乘机登记办理

（一）乘机登记办理的准备工作

值机员在完成乘机登记准备时，一般需要完成如下工作：

（1）根据航班号了解需办理航班的到达站信息；

（2）根据飞机注册号了解需办理航班的机型信息；

（3）了解需办理航班的载量和配额；

（4）了解需办理航班的订座人数与航班飞机机型是否相符，如遇异常情况，需及时向相关部门报告；

（5）了解需办理航班的特殊服务项目，做好记录和预留座位；

(6) 准备头等舱/公务舱休息卡（见图 2-1）、航班行李牌和各种标识牌；

(7) 根据相关文件核对航班机型、到达站，填写《值机准备复核单》。

（二）乘机登记办理工作

1. 检查工作

在开始办理第一名旅客乘机登记前，需检查计算机、磅秤和传送带等设备是否运转正常。进入离港系统并输入工作号，检查离港系统中所建立航班的飞机号、座位布局是否与预报相符，如发现问题，及时向值班领导汇报。

图 2-1 天津航空头等舱/公务舱休息卡

检查旅客的身份证或其他旅行证件是否有效，并判断其状态是否适宜乘机。核对相关客票信息，判断是否有效。客票查验需注意如下几点。

(1) 对客票是否真实、合法、有效、正确进行查验。电子客票需认真核对客票信息，着重检查旅客购票证件的真伪及旅客信息是否与电子客票所显示的信息一致。

(2) 旅客姓名检查。客票上的旅客姓名应与订座记录和旅客旅行证件相符。可允许某些情况下因采用不同拼音方法拼写名字而造成的不相符，也应允许因姓名写法习惯不同而造成的姓、名前后颠倒的情况。

(3) 航段检查。某些有多个经停站的航班，个别出票人可能会把客票填开为同一天同一航班的不同航段互相衔接。

(4) 检查旅客订座记录中的座位等级是否与客票所列相符。

(5) 订座状态检查。如果客票订座状态栏显示为“OK”，但系统中却无记录，应设法弄清是工作人员的疏忽，还是旅客未证实。

(6) 每位旅客均应单独填开一本客票。每位成人旅客只能携带一名按成人票价 10% 付费的不占座婴儿旅客。

除此之外，值机员还需检查旅客的托运行李，其包装、形状、重量、体积是否符合航空运输规定，检查行李牌上的目的地是否准确。

国内乘机登记办理使用的旅行文件是购票使用的有效身份证件。值机员在为旅客办理乘机手续以前，首先要检查旅客的客票和身份证件是否真实、合法、有效，一般规定有如下几点。

① 旅客乘机须持本人有效居民身份证或公安机关出具的其他有效身份证件。尚未领取居民身份证或士兵证的，可使用当地公安机关或所在部队出具的临时身份证明。临时身份证明应贴有本人近期免冠一寸照片，写明姓名、性别、年龄、工作单位、有效日期并加盖公章。

② 港澳地区居民和台湾同胞旅行证件、外籍旅客的护照、旅行证、外交官证等是有效的。

③ 法定不予颁发或尚未领取居民身份证的，如人民解放军、人民武装警察、官兵及其文职干部、离退休干部，可以使用军官证、武警警官证、士兵证、军队文职干部证或军队离退休干部证明。

④ 16 周岁以下未成年人乘机，可使用身份证、学生证、户口簿或户口所在地公安机关出具的身份证明。12 周岁以下儿童乘机凭身份证、户口簿，婴儿应提供出生证。

⑤ 全国人民代表大会代表、全国政协委员可凭本届全国人民代表大会代表证、全国政协委员证乘机。

2. 接收旅客及行李的一般程序

（1）为旅客托运行李称重，并将托运行李件数、重量填入客票相应栏目内（目前可由离港系统自行完成）。

（2）在旅客的行李上正确拴挂行李牌。将旅客的行李牌领取联粘贴或附在旅客客票副页的空白处，如旅客行李上有旧的行李牌，应予以清除。

（3）询问旅客是否购买托运行李保险，如需要应填写保险单，收取保险费。

（4）在离港系统中提取旅客姓名，接收旅客，在规定的范围内，尽量按旅客的要求安排座位，输入旅客行李件数、重量，打印登机牌。

（5）将旅客的身份证件、逾重行李票的旅客联、行李牌领取联及旅客的登机牌交给旅客。

（6）在航班关闭后，与装卸部门核对该航班所办的托运行李件数。

3. 接收旅客及行李的特殊程序

除了正常接收旅客，还可能需要临时处理一些特殊情况，常见的接收旅客及行李的特殊情况处理程序如下。

（1）按照旅客享受的免费行李额计算旅客行李是否超重及超重的重量，向旅客说明，请旅客交付逾重行李费，收取逾重行李票的承运人联。

（2）旅客手提行李超过标准，应要求旅客托运该行李。托运行李不符合行李运输范围标准，应请旅客将行李按货物运输。

（3）旅客行李为以下情况时，如易碎物品、包装不符合要求物品、行李有破损、无锁或锁已失效、鲜活物品或动物等，应填写免除责任行李牌，请旅客签名后拴挂在旅客的行李上。

（4）如旅客为航空公司会员，请旅客出示会员卡，核对卡上的姓名是否与客票姓名相符，如系统中查无记录，应将会员卡号输入计算机或抄写在客票乘机联上，为会员旅客及时提供相应服务。

（5）如旅客因旅行证件问题被拒绝乘机，应根据回收的登机牌，将该旅客记录从系统中删除，如该旅客有托运行李，应将行李挑出并通知值班主任。

（6）旅客领取登机牌后，如提出补托运行李，应再检查旅客证件、客票、登机牌。为旅客托运行李后，将行李件数、重量输入系统，并在《值机准备复核单》上做好记录。

（7）对遗失登机牌的旅客，指引其到值班主任柜台补发登机牌，并根据值班主任的指示做好记录。

4. 航班结算报载工作

完成旅客接收工作后，每个柜台都要将接收旅客的相关数据上报给配载平衡部门，这一工作称为航班结算报载，其主要工作内容如下。

（1）根据计算机记录，清点并核对已办理旅客人数与发放的登机牌张数是否准确。

（2）准确填写《值机准备复核单》。

（3）航班报载后增减旅客或加减行李需及时上报调度部门，并核对总数。当航班临时增减旅客或加减行李重量超出规定限度时，需将变更情况输入离港系统，重新制作舱单，未超限的可根据结算配载部门指令手动修改舱单。

（4）回收有关的票证，行李牌交给保管员清点。

（5）打印头等舱、公务舱旅客名单和填写特殊服务交接单。

（6）向调度部门了解飞机到达时间、上客时间，并于航班离站前 20 分钟将有关单据送候机厅验票口。

（7）遇航班不正常时，由相关领导安排后续工作，如本航班需交由他人继续办理或送机，或者接管其他航班工作时，要核准已办理旅客人数、行李数、乘机联数、计算机记录及有关特殊情况，确保交接准确无误。

5. 航班放飞工作

（1）抵达登机口后，应与服务人员确认时间。

（2）如航班办理登记手续后更改机型，要按更改后的机型重新为旅客安排座位。在航班开始登机时，在登机口把新的登机牌发给旅客，通知旅客按新的座位就座。

（3）查出未登机旅客的姓名及托运行李情况并告知登机口服务人员。

（4）与送机员核对登机人数。

（5）通过广播提醒未上机旅客。

（6）如未登机旅客有托运行李，根据外场生产调度人员指示，把未登机旅客的行李牌号码交装卸人员并挑出行李。行李挑出后，值机员负责核对行李牌号码是否与记录相符。

（7）根据外场生产调度人员的指示加（减）旅客，正确更改舱单，并把情况通知机长。

（8）与乘务员交接头等舱、公务舱旅客名单和特殊服务通知单，并请乘务员在《值机准备复核单》上签航班放飞时间。

（9）请送机员在《值机准备复核单》上填写登机旅客人数。

（10）通知撤梯、撤桥，放行飞机。

6. 航班放飞后的工作

（1）值机员送机后，应在《值机送机登记表》上登记航班实际离站时间，如航班不正常，要备注原因，以便了解情况。

（2）向调度员汇报航班增（减）旅客和加（减）行李情况。

（3）送机后，根据实际登机旅客人数填写统计表。

（4）如航班有未登机的旅客，值机员送机后要告知值班柜台主任并签字交接。

（三）登机牌的识读

登机牌的作用是记录和告知旅客的登机信息，它是旅客登机的主要凭证，在旅客办理乘机登记时由值机员交给旅客或由旅客从自助值机 ATM 上打印。登机牌有普通纸质版、电子版等多种形式。

常见的普通纸质登机牌是由一张正联和一张副联组成的。目前，普通纸质登机牌往往是在离港系统中接收旅客后由打印机直接打印出来的，系统自定义统一格式并打印，简单、快捷、准确。如遇离港系统出现问题或航班不正常情况时，需要手动填写登机牌。目前，有很多新技术应用在登机牌上。例如，二维码技术应用能将登机牌上的数据自动统计、记录，从而提高登机速度，有的内置芯片登机牌还有自动跟踪功能，旅客只要在机场范围内，就能根据登机牌准确定位旅客等。

登机牌是航空公司地面服务组织过程的必需的业务文件，在工作流程中起到重要作用，因为其不参加运价的结算且不在整个运输环节中出现，所以登机牌不是有价证券，遗失可以补发。

1. 登机牌的分类和格式

不同的航空公司或民航机场使用的登机牌的格式不尽相同，在同一民航机场出发的旅客甚至同一航班的旅客都可能持有不同的登机牌。登机牌按照印制的部门，可分为民航机场登机牌和航空公司登机牌，分别如图 2-2、图 2-3 所示。

TBIA 天津滨海国际机场 TIANJIN BINHAI INTERNATIONAL AIRPORT 登机牌 BOARDING PASS

姓名 Name
航班号 Flight
到达站 Dest
日期 Date

座位号 Seat
舱位 Class
登机口 Gate
登机时间 Bd Time

航班号 Flight
座位号 Seat
日期 Date
登机号 Bd NO.

登机闸口于起飞前15分钟关闭
GATES CLOSE 15 MINUTES BEFORE DEPARTURE

图 2-2 大津滨海国际机场登机牌

登机牌样式不同，其所包含的内容也不完全一样。一般登机牌正联包括航班（FLIGHT）、日期（DATE）、姓名（NAME）、登机时间（BOARDING TIME）、到达站（DEST）、登机口（GATE）、舱位等级（CLASS）、前舱座位（FRONT SEAT）、后舱座位（REAR SEAT）、序号（NO.）、登机闸口于起飞前 15 分钟关闭（GATES CLOSE 15 MINUTES BEFORE DEPARTURE）的字样。副联包括航班（FLIGHT）、姓名（NAME）、日期（DATE）、到达站（DESTN.）、座位（SEAT）、序号（NO.）等。

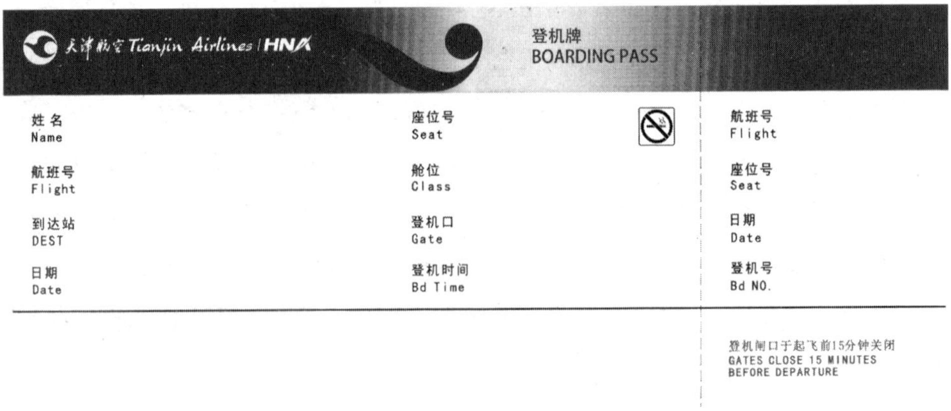

图2-3　天津航空公司登机牌

2. 登机牌的识读

（1）航班。填写航班号，它由承运人两字代码和航班编号组成。国内航班编号一般是由执行航班任务的航空公司两字英文代码和四个阿拉伯数字组成的。通常，第一个数字表示执行该航班任务的航空公司的数字代码，第二个数字表示该航班的终点站所属的管理局或航空公司所在地的数字代码，第三、四个数字表示该航班的具体编号，第四个数字为奇数表示去程航班，为偶数表示回程航班。例如，MU5101航班为上海虹桥国际机场—北京首都国际机场，MU5102航班为北京首都国际机场—上海虹桥国际机场。国际和地区航班编号一般是由执行该航班任务的航空公司两字英文代码和三个阿拉伯数字组成的。第一个数字表示执行该航班任务的航空公司的数字代码，国航使用9代表国际或地区航班，第二、三个数字表示该航班的具体编号，第三个数字为奇数表示去程航班，为偶数表示回程航班。例如，CA949航班为北京首都国际机场—马尔彭萨机场，CA950航班为马尔彭萨机场—北京首都国际机场。

（2）到达站。正联“到达站”用汉字填写到达站地名全称，加上汉语拼音全称，例如，重庆CHONGQING。副联“到达站”填写三字代码，例如，CKG。

（3）舱位等级。填写舱位等级代号，如F代表头等舱，C代表公务舱，Y代表经济舱。如果实行多等级舱位，必须按照旅客所定舱位打印此栏内容，如特种票价舱位T、K、H、M、G、S、L、Q等。

（4）前舱（后舱）座位。按飞机机型的座位布局，填写相应的座位号，用阿拉伯数字表示行号，英文字母表示座号。例如，5E表示第5排E座。离港系统会自动辨别该座位属于前舱座位还是后舱座位，打印在相应的空格处。

（5）日期。填写乘机日期，由日与月的英文拼写的前三位字母组成。例如，2月 14 日写为 14FEB。

（6）姓名。填写旅客名字的汉语拼音全称与汉字，例如，ZHANGXIAOMING 张小明。外国旅客应先打印姓，然后画上一斜线，斜线之后打印名的字首及适当的称呼，例如，Smith/Jack MR。

（7）登机口。由登机口所在区域加上两三个阿拉伯数字组成，例如，B118 表示 B 区第 118 号登机口。

（8）登机时间。填写旅客开始登机的时间，用 24 小时制表示，始发站采用当地时间，一般是预计离港时间的前 30 分钟。例如，航班预计离港时间为 12∶00，则登机时间为 11∶30。

（9）序号。由三位阿拉伯数字组成，例如，100 代表该航班第 100 个来办理乘机手续的旅客。

已经填写完整的登机牌样式如图 2–4 所示。

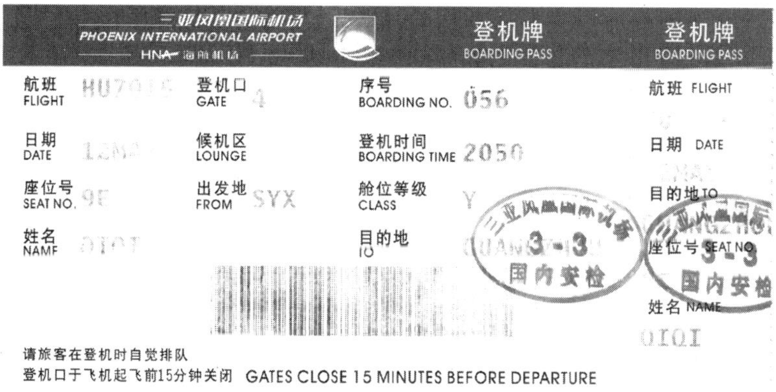

图 2–4　已填写完整的三亚凤凰国际机场登机牌样式

（四）分配机上座位工作

不同航空公司分配机上座位的规定有细微差异。客舱的座位安排要符合载重平衡要求，尽量按照旅客提出的要求安排座位，包括一般性座位规则和紧急出口座位规则两项。

1. 一般性座位安排应遵循的规则

（1）航班旅客不满时，值机员应充分考虑机舱各区对飞机平衡的影响，尽量安排旅客平均分布。

（2）同行旅客、家庭旅客应尽量安排在相邻座位上。

（3）重要旅客座位尽量靠前安排或在允许范围内尽量满足其要求。

（4）病残旅客、孕妇、无人陪伴儿童、盲人等需要特殊照顾的旅客应安排在靠近乘务员或方便出入的座位，但不应该安排在紧急出口旁边的座位上。

（5）在航班旅客不满的情况下，应将携带不占座婴儿的旅客安排在相邻座位无人占座的座位上；如果旅客在订座时已预订了机上摇篮，应把旅客安排在安装机上摇篮的座位上。

（6）需拆卸机上座位的担架旅客应本着避免影响其他旅客的原则，一般安排在客舱尾部，避免其他旅客在进出客舱时引起注意，所拆的座椅位置不能在紧急出口旁边。

（7）犯人旅客应安排在远离一般旅客、不靠近紧急出口和不靠窗的座位，其押送人员必须安排在犯人旅客旁边的座位上。

（8）紧急出口旁边的座位要安排身体健全、懂中英文、有良好表达能力、遇到紧急情况愿意帮助他人的旅客，军人和警察等职业人员优先。

（9）因超售而非自愿提高舱位等级的旅客的座位，应与该等级的付费旅客分开。非自愿降低等级的旅客应安排在降低等级后较舒适的座位上。

2. 紧急出口座位安排应遵循的规则

紧急出口是飞机发生特殊情况旅客撤离机舱的重要通道。航空公司要求所有安排在紧急出口座位的旅客在发生紧急情况时需履行如下职责：

（1）能够协助机组处理应急事件。

（2）能正确理解紧急出口开启指令。

（3）找到并开启紧急出口装置。

（4）正确判断当开启紧急出口时是否会给其他旅客造成伤害。

（5）执行机组给予的口头指令或手势。

（6）判断救生设备状况，放下滑梯，固定救生梯并协助他人迅速撤离飞机。

因此，为了能顺利履行以上重要职责，根据民航有关规定，航空公司禁止在任何航班上安排紧急出口座位给以下旅客：

（1）残疾旅客。

（2）两臂、双手和双腿缺乏足够的运动能力、体力或灵活性的年迈或体弱旅客。

（3）缺乏操作紧急出口能力的旅客。

（4）儿童和婴儿。

（5）行为被限制的旅客、遣返旅客、被押运的刑事犯人。

（6）过于肥胖的旅客。

（7）飞行中需要他人帮助的旅客。

（8）在没有隐形眼镜或普通眼镜以外的视觉辅助器材帮助时，缺乏足够的视觉能力的旅客。

（9）在没有助听器以外的听觉辅助器材帮助时，缺乏足够的听觉能力从而听不到客舱乘务员大声指示的旅客。

（10）缺乏阅读和理解能力的旅客。

（11）不愿意履行紧急出口座位职责的旅客。

3. 紧急出口座位发放规定

值机员在向需要占用紧急出口座位的旅客发放座位时，必须由旅客本人持证在值机柜台办理，并且在发放紧急出口座位时必须得到旅客明确答复同意履行紧急出口座位相应职责后，方可发放座位。

值机员在发放满客航班旅客座位时，应提前将紧急出口座位发放给有能力和愿意履行紧急出口座位职责的旅客。对预计不满座的航班，值机员原则上不发放紧急出口座位。如旅客主动要求，应在旅客符合紧急出口座位要求，并愿意履行紧急出口座位职责的前提下发放座位。禁止值机员将紧急出口座位发放给任何需要特殊照顾的旅客。

三、国内值机操作异常情况处理

（一）国内值机操作常见差错分析

1. 发出登机牌数与办理手续旅客人数不符的原因

（1）值机员未将已办妥中转联程手续的旅客计算在内。

（2）值机员因工作疏忽，向旅客重复发放登机牌。

2. 记录的行李件数与装运行李件数不符的原因

（1）值机员在离港系统中多输入或少输入行李件数。

（2）装卸员失误，漏装了行李。

（3）行李牌无故脱落而造成漏装或漏卸，从而未收到行李。

（4）值机员或装卸员粗心，统计出现错误。

3. 行李重量与常规不符的原因

（1）值机员在离港系统中录入错误信息，常见情况是重复按下数字键，使数字位数增加。

（2）磅秤机械故障，导致行李重量显示不准确。

（二）已登记旅客提出取消行程

如果已经办理乘机登记手续的旅客提出取消行程，根据各种不同情况，其处理程序有如下步骤。

1. 旅客在停办乘机登记手续前提出取消行程的处理程序

（1）首先查看旅客是否有托运行李，如有，则马上找出并交付给旅客。

（2）收回已发放给旅客的登机牌，在离港系统中删除相应的旅客记录。

2. 旅客在停办乘机登记手续后提出取消行程的处理程序

（1）把旅客办理手续的情况或有关特殊情况及时报告调度部门，例如，托运行李情况、行李牌号、登机牌序号等，由调度员通知有关部门修改数据，找到旅客已托运的行李。

（2）如旅客已托运行李，告知旅客取回行李的时间。交还旅客行李时，应核对旅客的行李领取凭证与行李上的行李牌号码是否一致。

（3）收回旅客的登机牌。

3. 旅客在登机后提出取消行程的处理程序

（1）及时与相关业务部门取得联系。

（2）旅客下飞机时，要提醒旅客清点好带上飞机的物品。

（3）做好旅客信息的记录工作（如旅客有关证件等资料）。

（4）查看旅客是否有托运行李，如有，则马上找出并交付给旅客。

（5）收回已发放给旅客的登机牌，在离港系统中删除相应的旅客记录。

（三）旅客登机牌遗失处理

如果旅客登机牌办理后又遗失，一般的处理程序如下。

（1）旅客办理好乘机手续后，发生登机牌遗失情况，在证实该旅客的登机牌确实无法找到时，可重新补发登机牌。

（2）补发工作要求。

① 手动操作程序。根据客票信息和旅客名单报上原登机牌的座位号或登机序号重新补发登机牌，同时在旅客名单报及补发的登机牌上注明“补发”字样。

② 计算机打印程序。根据客票信息，在计算机中提取该旅客姓名或 PNR（Passenger Name Record，旅客订座记录），输入指令，重新打印登机牌，补发给旅客。在未查明旅客登机牌遗漏的情况下，补发的登机牌应有明显标志，以区别于正

常登机牌，提醒送机的服务人员注意。

③ 登机前，将补发登机牌的座位号或登机序号通知送机的服务人员，以防遗失的登机牌被冒用。

（3）持补发登机牌的旅客应最后登机，避免已报失登机牌被其他人重复使用的情况，并可及时核查原因。

（四）接触危险物品的应急处理

危险物品应急处理的一般程序如下：

（1）在怀疑是危险物品的第一时间通知值班主任；

（2）在确认安全的情况下，根据相关知识确定危险品的种类；

（3）在确认安全的情况下，将其他货物和财物搬离可能发生事故的包装；

（4）避免与该包装接触；

（5）如果疑似危险物品与身体或衣服接触，应先用足量的水彻底冲洗身体，再寻求医疗帮助，并做好相关记录工作。

第二节　国际值机业务

案例导入：

某旅行团乘坐由北京至伦敦的航班，到达伦敦后该团有一位旅客没有取到行李。他在伦敦机场行李查询处填写了《行李不正常运输记录》，当地机场的查询部门向北京查询后得知，这位旅客的行李因为行李识别标签脱落，在分拣系统中无法识别，导致该行李未能装上该旅客的航班，航班公司的行李查询部门积极协调处置，第一时间安排后续航班运抵伦敦。第二天，伦敦机场的行李查询将延误的行李直接送到了旅客入住的宾馆，但旅客提出，由于行李晚到影响了他在国外旅游的心情，精神上受到刺激，所以要求赔偿精神损失费。

案例解析：

本案例中，因行李上的行李识别标签在分拣过程中脱落，导致系统无法识别，从而造成行李延误，承运人应当承担由此造成的旅客损失，但承运人对行李延误所承担的责任是有限的，且承运人对旅客行李延误后的赔偿仅限于直接经济损失，不包括间接损失和精神损失。根据《中华人民共和国民用航空法》第一百三十一条：“有关航空运输中发生的损失的诉讼，无论其根据如何，只能依照本法规的条件和赔偿限额提出，但是不妨碍谁有权提起诉讼以及他们各自的权利。”行李运输延误既不是侵犯人格权，又不属于人身伤害。承运人造成的损失中不存在精神损失的问题，法院基本不会受理，因此，行李的延误、丢失和破损难以得到精神损害赔偿的法律支持。

一、国际值机工作岗位职责

国际值机工作同第一节中所介绍的国内值机工作岗位职责类似，同样是负责办理旅客的乘机手续，即检查旅客乘机证件、发放登机牌、收取交运的行李等工作。由于国际值机涉及检查旅客乘坐国际航班和出入境的有效证件等重要工作，因此国际值机工作相对烦琐和复杂，同时对工作人员的英语表达能力要求较高，有些航空公司在其执行的主要非英语国家航线上还安排了当地语言值机服务。

国际值机工作是按照民航旅客国际运输规则的要求，航空公司、民航机场和代理公司办理或代办执飞国际航班的航空公司已购票旅客的乘机登记手续。

（一）国际值机员的工作职责

国际值机员的主要工作职责如下。

（1）负责检查国际航班旅客使用的护照、签证等旅行证件的真实性和有效性，最大限度地减小旅客偷渡的概率，减小航空公司的损失。

（2）负责为国际航班旅客办理乘机登记手续，发放纸质登机牌。

（3）负责收运国际航空旅客交运的行李，计算逾重行李额并指引其到相关柜台补交逾重行李费等相关服务。

（4）为特殊旅客服务的工作内容：

① 负责查验国际航班特殊旅客的有效证明，确认其适宜乘机。

② 负责为特殊旅客办理乘机手续，按规定为其安排座位。

③ 负责指引已办手续旅客到特殊服务柜台办理特殊服务。

④ 负责核实航班无成人陪伴儿童的配额，指引未预约旅客到相关柜台办理手续。

⑤ 如旅客乘机手续不齐全，耐心做好解释工作，遇特殊情况，及时通知并转交值班主任处理。

⑥ 负责及时将旅客的特殊情况报告给相关值班领导。

（5）负责国际航班报载工作。

（6）负责查找未登机旅客的姓名，核对及修正航班舱单。

（7）负责航班的签单放飞工作，包括与乘务员交接登机旅客人数，通知地勤工作人员撤登机桥或客梯等。

（8）负责和机场海关、边防、卫生检验检疫等联检单位沟通协调，确保国际航班旅客出行顺畅。

（二）值机各岗位的基本要求

与国内值机岗位划分类似，国际值机也分为如下岗位，其基本要求如下。

（1）普通值机柜台。办理相应航空公司的航班上所有持有效客票及证件的旅客及其托运行李的乘机登记手续。

（2）无行李交运柜台。为乘坐当天相应航空公司的航班且不需要托运行李的旅客办理航班的乘机登记手续。

（3）随到随办柜台。办理当天相应航空公司航班的乘机手续，可以在该柜台随到随办。

（4）头等舱、公务舱柜台。办理乘坐相应航空公司头等舱、公务舱旅客及其行李的手续，办理本公司和所在航空联盟的常旅客俱乐部会员（具体内容参见各航空公司规定）旅客及其托运行李的手续。

（5）特殊服务柜台。办理乘坐当天相应航空公司的航班上无成人陪伴儿童、老人、轮椅、病残等需要特殊服务旅客的乘机登记手续。

（6）候补柜台。根据售票系统销售客票，负责相应航空公司公务票和候补旅客乘机登记工作。

（7）值班主任柜台。为晚到、误机、持错误填开的客票的旅客办理相关手续。组织航班候补客票的销售工作，处理航班剩余座位。及时传递航班动态信息，并协助值班主任做好当日航班的安排。航班不正常时，做好旅客的退票、签转和解释工作。

二、国际票证基础知识

（一）国际客票的识读

客票及行李票是承运人与旅客之间就运输行为所订立的运输合同。客票及行李票简称客票，指由承运人或代表承运人单位所填开的被称为“客票及行李票”的凭证，包括运输合同条件声明，以及乘机联和票务联等内容。它是旅客乘机、交运行李和报销运费的凭证，也是承运人和销售代理人之间及航空公司内部进行财务结算和业务管理的票证。

客票为记名式。纸质客票由会计联、出票人联、乘机联和旅客联组成。其中，会计联由航空公司的销售部门或销售代理人保存，作为内部业务处理的票证；出票人联由出票人留存；乘机联是旅客办理乘机手续的凭证，具有乘机联和旅客联的客票方为有效客票，使用过的乘机联由承运人保存，是承运人和销售代理人之间进行财务结算的凭证；旅客联则始终由旅客持有，是旅客报销运费的凭证。电子客票为存储在出票航空公司系统中的电子影像，通过电子客票状态码的变换来识别旅客的运输状态，国内电子客票报销行程单和国际电子客票专用销售发票是旅客报销运费的凭证。

国际客票的号码一般由12位数字组成，前3位为航空公司代码，第4位为客票联数，第5至11位为序号，最后1位为检查数字。例如，999-210932980航空公司票证号码，999表示中国国际航空公司，2表示两联客票，1093298为顺序号，0为检查数字。

目前，在国内外航空运输中已出现的国际客票的类型包括：手动填写的客票；过渡性自助打印客票（TAT）；磁条登机牌（ATB）；开账及结算计划（BSP）的中性标准运输凭证；电子客票（E-TKT）。

1. 国际纸质客票（见图2-5）各栏信息识读

Facsimile of 4-coupon Transitional Automated Ticket
Resolution 722

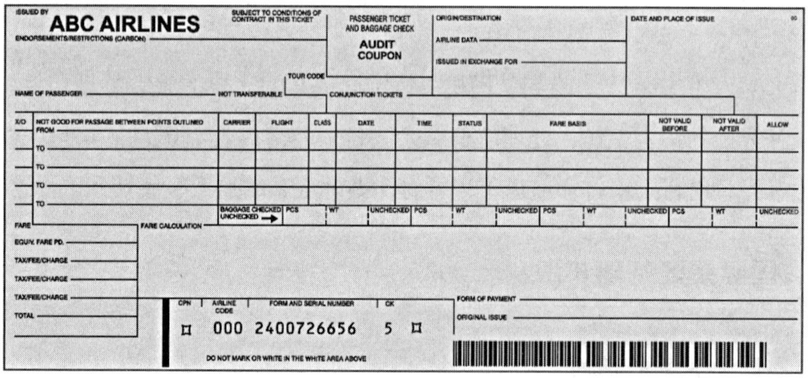

图2-5　国际纸质客票样式

（1）“旅客姓名（NAME OF PASSENGER）”栏。

旅客姓氏后画一斜线，其后是名字和称谓（称谓可不填写）。另外，需要时按如下方法正确填写表明特殊用途的代号。

① CBBG：行李放入客舱内自行照看，并占用座位的付费旅客。

② COUR：商业信使。

③ DEPA：有押送人员随机同行的不符合入境规定而被遣返的旅客。

④ DEPU：没有押送人员随机同行的不符合入境规定而被遣返的旅客。

⑤ DIPL：外交信使。

⑥ EXST：占用一个座位以上的付费旅客。

⑦ INAD：没有办理签证手续或护照失效而被有关国家拒绝入境的旅客。

⑧ UM：无成人陪伴、年龄在 12 周岁以下的儿童。UM 后填写儿童的年龄。

⑨ INF 或 INFANT：在按照婴儿折扣票价出售的票证上的旅客姓名后填写。

⑩ CHD 或 CHILD：在按照儿童折扣票价出售的票证上的旅客姓名后填写，后面可填写旅客的年龄。

⑪ SP（可不填）：加在旅客姓名之后，以说明其无自理能力，需给予帮助。

⑫ STCR：使用担架的旅客。

（2）“票价（FARE）”栏。

此栏显示扣除税金的全航程实际所付的总票价或显示有关会计和运输管理部门确认的这类航空票价的适当代号。

（3）“实付等值货币（EQUIVALENT FARE PAID）”栏。

当付款货币为非“票价”栏内所填写的货币，或者当付款货币为非销售国货币时，此栏显示实际所付货币的三字货币代号与实际收取的票价。

（4）“合计（TOTAL）”栏。

如果“实付等值货币”栏内无内容，此栏显示的是“票价栏”和“税款栏”金额的总数；如果“实付等值货币”栏内有内容，此栏显示的是“实付等值货币”栏和“税款栏”金额的总数。

（5）“付款方式（FORM OF PAYMENT）”栏。

① 以现金或旅行支票形式支付：CASH。

② 以信用卡支付：信用卡的两字代号，其后是信用卡号。

③ 以支票（非旅行支票）支付：CHECK 或 CHEQUE。

④ 以预付票款通知单支付：PT，其后是通知单中要求的付款方式，当付款方式是信用卡时，仅填写信用卡代号，如“PT/AX”“PT/VI”；当无票价收入款项时，可填写委托数号码或其他相关数据。

如以以上任一种方式付款，此栏分别注明每种付款方式的代号，后面可填写每种付款方式的相应数额。

（6）“连续客票（CONTINUOUS TICKET）”栏。

当旅客持有一本以上的客票时，连续客票的号码显示在此栏中。连续客票以数字顺序填开。在每本客票的“连续客票”栏内，首先显示第一张机票的票证号，然后显示所有票联的最后两位数字，以使乘机联显示旅客的航程。

（7）“换开凭证（EXCHANGE VOUCHER）”栏。

当一本客票是根据另一本客票或财务凭证换开时，此栏显示的是换开的客票或财务凭证的票证号码。

（8）“原始出票（ORIGINAL TICKET）”栏。

如果原客票的此栏没有内容，此栏显示原客票号码、填开日期及地点和代理人数字代码。如果原客票已有内容，显示原客票内容。

（9）“签注/限制（ENDORSEMENT/RESTRICTIONS）”栏。

本栏用来表示使用特殊客票或客票的特殊票联时需特别注明的事项。

① 将运输权签转给另一承运人。

② 签注对客票使用者的限定，如 NON-REFUNDABLE、NON-ENDORSABLE、REFUNDABLE ONLY TO……

③ 签注有效范围或旅行限制，如最短停留期限、淡季运输、承运人中转限定等。

④ 签注税款、手续费或收费金额的明细项目。填写“XT”后，再以付款货币形式填写每个单项数额，并于此数额之前或之后注明相应的两字代号。所填写的货币代号应紧随“XT”填写。

⑤ 签注对承运人、航程、等级的非自愿变更。

⑥ 签注团体旅客行李的合并计算。

（10）“在……之前无效（NOT VALID BEFORE）”和“在……之后无效（NOT VALID AFTER）”。

①“在……之前无效（NOT VALID BEFORE）”是指如果票价不允许旅客在某一日前开始或结束旅行时，在有关乘机联的此栏中显示相应的日期。

②“在……之后无效（NOT VALID AFTER）”是指根据票价规定，在所使用的每个票联（包括连续客票）栏中显示相应的截止日期。当客票具有正常的一年有效期限，并且不以连续客票形式填写，也不与另一客票换开时，此栏无须填写。

（11）“票价等级（FARE BASIS）”栏。

显示提供票价类型、旅客类型、等级限定、最短或最长有效期限、订座限定、旅行的季节限定和天数限定信息的代号。

（12）“订座（RESERVATION）”栏。

①“承运人（CARRIER）”栏：显示承运人的二字代码。

②“航班/等级（FLIGHT/CLASS）”栏：显示航班号及订座等级的代号。当不允许预订座位时，此栏没有内容显示。

③“日期（DATE）”栏：用两位数字表示的指定登机日期，后加表示月份的英文字母缩写。

④“订座情况（STATUS）”栏。此栏按照以下方式注明旅客订座情况：OK 表示座位已订妥；RQ 表示已经申请订座但未获证实或列入候补；SA 表示视座位利用情况而定（当票价规定不允许预先订座时使用）；NS 表示不单独占用座位的婴儿（应横贯“订座记录”各栏，填入“INF NO SEAT”“INFANT”“NO SEAT”字样）。

此外，当座位未被申请或被拒绝时，在“订座记录”各栏中横贯填写“OPEN”字样；如乘机联已作废，须在相应乘机联“订座记录”各栏中填写“VOID”字样。

（13）国际客票其他各栏的释读。

①“税款（TAX/FEE/CHARGE）”栏：显示从购票人处收取的税款金额。如果旅客豁免征收某项税金，应注明 EXEMPT（豁免）字样，在其前或其后填写征税国家的代号。

②“始发地/目的地（ORIGIN/DESTINATION）”栏：当航空运输需要开出两本或以上的连续客票或换开客票时，必须填写有关出发地和目的地的内容；始发地和最后目的地的城市三字代码都显示在每本客票上；在此栏右边填写国际客票销售代号，此代号须转填至换开的客票上。

③“填开日期与地点（DATE AND PLACE OF ISSUE）”栏：必须使用带有承运人/代理人姓名、代理人代号、出票日期与地点的金属或塑料压模客票生效印章，不得使用手写“生效”字样。生效印章必须盖在此栏内，并且所有票联上的“生效”字样必须清晰，易于辨认。大多数航空公司还要求在此栏内签署出票人的姓名。未盖有正确生效印章的客票一律无效。

④“免费行李额（FREE BAGGAGE ALLOWANCE）”栏：以千克的缩写字母“KG”或“K”，或者以磅的缩写字母“LB”或“L”显示相应的免费行李额。

⑤“交运/非交运行李（CHECKED/UNDELIVERED BAGGAGE）”：此栏于办理行李交运手续时使用。

⑥“自……（FROM...）”和“至……（TO...）”栏：在“自……”栏中填写

始发城市名称；在“至……”栏中填写每个连续的中途分程点、衔接点或目的地点；如有必要，在客票中的城市名称前的“X/O”栏中，填写特殊作用的代号。“X”表示在票价计算中，该城市只被视为一个中转点；“O”（可不填）表示允许有一个中途分程点。

⑦“旅游代号（TOURIST CODE）”栏：当客票以个人或团体旅游折扣票价填开时，此栏显示旅游手册中获得的旅行代号。

⑧“票价计算（FARE CALCULATION）”栏：一般票价构成以中介货币单位开列。

⑨“航空公司记录（AIRLINE RECORDS）”栏：显示旅客的订座记录。

2. 国际电子客票（见图2-6）各栏信息识读

```
CAN—TG86(0846 1AUG)—BKK---SQ076(1023 6AUG)----SIN
QIQI    C
                              WETR*T0122291438182<<
ELECTRONIC TICKET RECORD
INV:                      CUST:CUST00                    PNR:BNXEDB
TKT:0123456789            ISSUED:21JUL07    PCC:04D9     IATA:69500104
NAME:QI/QI MR.
NAME  REF:                               TOUR  ID:B1
FOP :VI8967980
 CPN    A/L   FLT   CLS   DATE   BRDOFF    TIME   ST      F/B        STAT
  1      TG   086    C    1AUG   CANBKK    0846   OK       C          OPEN
  2      SQ   076    C    6AUG    BKKSIN   1023   OK       C          OPEN

                  NON ENDORSABLE BUS
FARE    CNY5410    TAX    160YQ    TAX  120CN    TAX
TOTAL  CNY5690                         EQUIV FARE PD CNY5410
21JUL07 CAN TG BKK SQ SIN M653.59 NUC6535.59END ROE 8.2777280
```

图2-6　国际电子客票样式

电子客票和纸质客票涵盖的信息基本类似，表示方式也相差无几，但电子客票是以数字的形态、以图像的形式进行呈现的，而纸质客票是以实物的形态、以印刷品的形式进行呈现的。国际电子客票各栏信息的识读可以参考国际纸质客票各栏信息识读。

（二）国际航班乘机证件介绍

国际航班旅客的证件主要是指护照和签证。如旅客在证件不符合相关要求的情况下出境，一旦被入境国移民局发现或认定旅客为非法入境人士，就将对其进行遣返，并对送出航空公司进行罚款。航空公司不仅要支付罚款，还要支付旅客回程的机票票款，甚至可能承担回程押送的费用。因此，值机员对国际航班乘机证件知识的掌握至关重要。

1. 护照知识介绍

护照，英文全称为PASSPORT，它是主权国家发给本国公民出入本国国境及到国外旅行、居留的合法身份证明和国籍证明。在我国，原则上护照只能发给16周岁以上的中国公民，不满16周岁者则需随其父母或监护人合用一本联合护照。在必要时，也可为16周岁以下的公民单独颁发相应的护照。

在我国，护照根据使用的用途分为外交护照、公务护照、普通护照（见图2–7）和港澳特别行政区护照。普通护照又分为“因公普通护照”和“因私普通护照”，而中华人民共和国旅行证为中华人民共和国护照的代用证件。

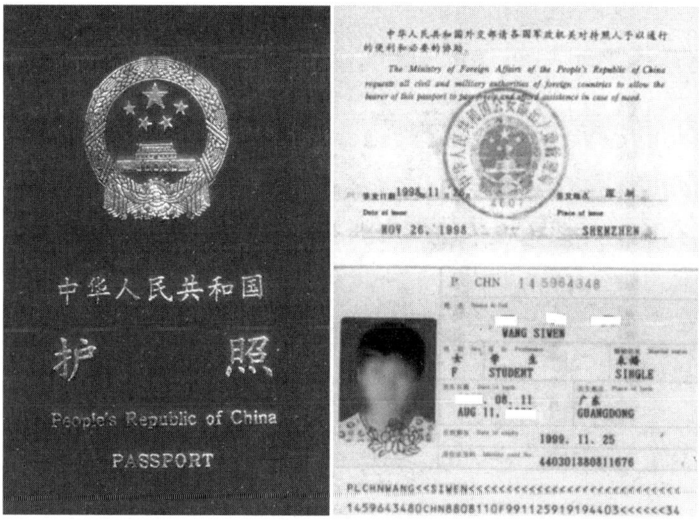

图2–7　中华人民共和国护照封面和内页

外交护照主要颁发给中国党、政、军高级官员，中华人民共和国全国人民代表大会、中国人民政治协商会议和各民主党派的主要领导人，外交官员、领事官员及其随行配偶、未成年子女和外交信使等。

公务护照主要颁发给中国各级政府部门的工作人员、驻国外的外交代表机关、领事机关和驻联合国组织系统及其专门机构的工作人员和他们的随行配偶、未成年子女等。

因公普通护照主要颁发给国有企事业单位出国从事经济、贸易、文化、体育、卫生、科技交流等公务活动的人员。

因私普通护照主要颁发给因定居、探亲、访友、继承财产、自费留学、就业、旅游等私人事务出国和在国外定居的中国公民。香港特别行政区护照主要颁发给持有香港永久性居民身份证的中国公民。澳门特别行政区护照主要颁发给持有澳门永久性居民身份证的中国公民。

2. 签证知识介绍

签证英文全称VISA，它是主权国家准许外国公民或本国公民出入境或经过国境的许可证明（见图2-8）。具体来说，签证是一个国家的出入境管理机构（如移民局或其驻外使领馆）在本国或外国公民所持的护照或其他旅行证件上的签注、盖章或粘贴的标签，以表示初步允许其出入本国国境或经过国境，是颁发给他们的一项签注式的证明。盖章或标签带有清晰的说明文字，指明持证人进入该国的事由、允许停留的时间或通过其领土前往其他国家的许可。通常情况下，一个国家发给外国人的签证是以外国给其本国国民的待遇是否平等互惠为原则，为两国国民彼此往来给予同等的优惠和便利。

图2-8　赴美签证内页

签证制度是一个主权国家为维护本国主权、尊严、安全和利益而采取的一项措施，是一个主权国家实施出入本国国境管理的一项重要手段。一个国家的公民如果希望到其他国家旅行、定居、经商、留学等，除必须持有本人的有效护照或旅行证件外，还必须获得前往国家的签证，否则就不能前往该国。

各国签证种类有所不同，根据不同的分类标准有不同的签证种类：依据出入境性质可分为入境签证、过境签证、出境签证、再入境签证等；依据入境目的可分为移民签证和非移民签证；依据入境次数可分为一次入境和多次入境签证；依据使用人数可分为个人签证和团体签证；依据为持有人提供的方便，有反签证、另纸签证、落地签证、过境免签证、互免签证等。下面简要介绍几种常见签证。

（1）入境签证。入境签证是指进入目的地国境时需要持有的签证。依据入境目的的不同可以分为移民签证和非移民签证。

（2）过境签证。过境签证是指当一国公民在国际间旅行，除直接到达目的地外，往往需要途经其他国家才能最终进入目的地国境，这时不仅需要取得前往国家的入境许可，而且还必须取得途经国家的过境许可。关于过境签证的规定，各国不尽相同。不少国家规定：凡取道该国进入第三国的外国人，不论停留时间长短，一律需要办理签证，而有些国家则规定 24 小时内过境可以免过境签证。按照国际惯例，如无特殊限制，一国公民只要持有有效护照、前往国入境签证或联程机票，途经国家均应发给过境签证。

（3）移民签证。获得该签证就意味着取得了该国的永久居留权，居住一定时间后可转为该国公民。

（4）非移民签证。获得该签证只能在国外停留一定期限，签证到期必须出境。根据入境目的不同又分为外交签证、公务签证、礼遇签证、旅游签证、居留签证、商务签证、留学签证、劳务签证、医疗签证等。因签证种类不同，申办时要求提供材料也不一样。一般对以短期居留为目的的申请该签证限制较少，等待批准的时间也较短。对以长期居留为目的的，申请限制较多，待批的时间也较长。

（5）落地签证。落地签证是指在前往国的入境口岸办理的签证。这是仅次于免签证的优惠待遇。有时也需要邀请人预先在本国内提出申请，并将批准证明副本寄给出访人员。后者凭该证明出境，抵达前往国的口岸时获得签证。

（6）过境免签证。过境免签证是指一些国家之间互相签订协议，允许其他国家的公民可以在该国过境或转机，而不需要办理过境签证。关于过境免签的有效期限（一国公民被允许在多长时间内过境免签证）和有效次数（有几次机会可以免签证过境该国），可以查阅旅游信息手册中相关规定。

（三）旅费证的识读

1. 旅费证的定义及分类

旅费证，英文全称 MISCELLANEOUS CHARGES ORDER，简称 MCO，它是国际航空运输和旅行消费的一种支付凭证。根据载体不同分为纸质旅费证（见图 2-9）和电子旅费证（E-MCO）。其中，纸质旅费证由财务联、出票人联、承兑联（换取服务联）和旅客联组成，除财务联、出票人联和旅客联以外，承运人使用的旅费证，分别有一、二、三或四张换取服务联的版式；代理人使用的旅费证有一张或两张换取服务联的版式。旅费证的使用要求应为每项服务和每个接收人填开单独的换取服务联。

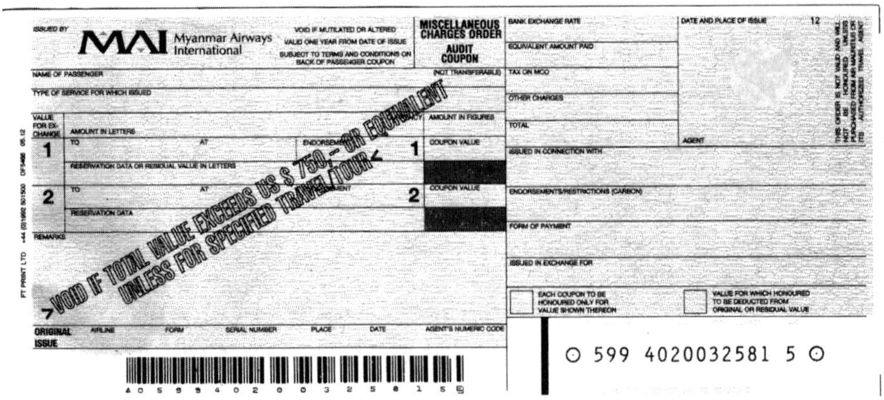

图2-9　纸质旅费证版式

承运人可为指定或非指定运输填开旅费证；代理人不得为非指定运输填开旅费证，只能为指定运输填开旅费证。

（1）指定运输（SPECIFIED TRANSPORTATION）。

当指定运输符合如下情况时，填开的旅费证可被用作指定运输用途。比如：

① 旅费证是用于指定的承运人并限于一种类型的服务。

② 应填写始发地、目的地、等级、票价/费用和票价计算点，但有关订座的信息可不填。

③ 应填写服务类型，如 AIR TRANSPORTATION，PTA，EXCESS BAGGAGE，DOWN PAYMENT FOR，DEPOSIT FOR，ADDITIONAL COLLECTION FOR，TAXES ON，SLEEPER/BERTH，STATEROOM 等。

④ 除预付票款通知（PTA）规定允许的情况外，应填写旅客姓名；除 PTA 规定允许的情况外，不得为超过一人以上的旅客填开一张旅费证。

（2）非指定运输（UNSPECIFIED TRANSPORTATION）。

当旅费证用于上述指定运输以外的其他目的时，如果涉及费用变更，需要原出票航空公司退还应退还的差额，并在“TYPE OF SERVICE FOR WHICH ISSUED”栏内注明“FURTHER TRANSPORTATION AND/OR EXCESS BAGGAGE”，未能确定将用于何种用途的旅费证属于非指定运输范畴。

旅费证主要用于支付以下费用：航空和地面运输费、逾重行李费、综合旅游的地面安排费用、额外收费、退票款、旅馆膳宿、雇用/租用汽车费用、可以退还的余额、提高等级的附加费或降低等级的退款、病残旅客的服务费（如氧气瓶、救护车、特殊设备等）、卧铺旅客的附加费、预先交付的款项或 PTA 的收费、各类杂项收费（如订座或改变航程等）。值得注意的是，旅费证不可以用于支付通信费用。

由于旅费证是有价证券，其价值限额随着使用用途不同而有所限制。为指定运输填开的旅费证的价值不能超过要求提供航空运输或地面服务的实际价值；为非指定运输填开的旅费证，价值不能超过750美元或与之等值的货币。

2. 旅费证的识读

（1）“NAME OF PASSENGER”旅客姓名栏。

姓在前，名在后，中间用斜线分隔。在旅客的姓名后面可填写称谓，也可以不填。如果用一本MCO为多位旅客填写，可在该栏内填入所有旅客的姓名。

（2）“TYPE OF SERVICE FOR WHICH ISSUED”服务项目栏。

在此栏目内注明这本MCO所提供的服务类别。如果该服务费还包括应支付税款，可在后面填写“TAXES PAYABLE”；如果这本MCO是为旅行社的某一全包综合旅游项目所填写的，可在此栏内填写该服务项目的名称，总之这一栏目绝对不能空白。

（3）“PAY AMOUNT COLUMN”票面金额栏。

从这一栏目左边最顶头开始用英文大写字母填写，在词与词之间、数字与货币代号之间，间隙要尽量缩小，在未填写完的空格部分画一条横线，以防涂改。MCO的票面金额可用以下两种方法来表示。方法一，AMOUNT IN LETTERS用文字表示，用英文大写字母表示票面金额，在此栏内只能填写一行文字；方法二，AMOUNT IN FIGURES用数字表示，CURRENCY栏内填写IATA货币代号，必须填写提供服务国家的货币代号。AMOUNT IN FIGURES栏中填写与文字栏相等的金额数，用阿拉伯数字表示。

（4）“RATE OF EXCHANGE”货币兑换率栏。

如果旅客所支付的货币与票面金额的货币不同需填写此栏。可填写旅客实际支付的货币与票面货币之兑换率，用当天的银行卖出价。未填满的空余部分可用横线划去。

（5）“EQUIVALENT AMOUNT PAID”实付等值栏。

填写实际支付货币的货币代号和数字。假如此栏无须填写，可用横线划去。

（6）“TAX ON MCO”税款栏。

在此栏内填写由当地政府指定需征收的税款。此栏仅填写不包含在机票内的税款，如果此栏不需填写，可用横线划去。所有其他的税款，应填写在票面金额栏内，并填写以下内容：在“TYPE OF SERVICE FOR WHICH ISSUED”栏内填写“TAXES

PAYABLE”；在“REMARKS”栏内填写用始发国货币和付款国货币表示的税款。在税款的后面填写征税国的两字代码。

（7）“OTHER CHARGES”其他的费用栏。

在此栏内填写其他的一些费用，例如，PTA 的服务费、增收的税款等。请注明该费用的服务项目及其费用的金额数，并在数字前面填写货币代号。如果此栏无须填写，可用横线划去。

（8）“TOTAL”总金额栏。

在此栏内填写总金额数，并在其前面填写 IATA 的三字货币代号。总金额栏的数字应该是：在无税也无其他费用的情况下，与票面金额栏数字相同；在有税和其他费用的情况下，并且是在提供服务的国家内付款，用票面金额加上税金；在有税和其他费用的情况下，支付的货币不是提供服务国家的货币，用实付等值栏的金额加上税款栏的数字。

（9）“TO/AT”承兑人名称及提供服务的地点。

在此栏内填写承兑人的名称及承兑地点。

（10）“ENDORSEMENT”签注栏（两联票才有此栏目）。

此栏不必填写。

（11）“COUPON VALUE”本联价值栏。

注明旅费证价值。

（12）“PRESERVATION RECORD”订座记录栏。

填写旅客的订座情况，使用航协规定的标准代号。

（13）“REMARKS”备注栏。

在此栏填写一些需要说明的内容。例如，该服务费用的计算过程及税收的详细情况。

（14）“DATE AND PLACE OF ISSUE”签发日期和地区。

此栏的填写方法与机票一样，在此栏内加盖公章方能生效。出票日期、地点、代理人的名称、代号等均应加盖公章。出票员还应在此栏内签名。加盖的公章在每一联都能看得很清楚，否则不能生效。有的 MCO 有单独一栏，用于填写出票日期。

（15）“ISSUED IN CONNECTION WITH”相关凭证栏。

此栏填入与这本 MCO 有关联的机票号码，这对综合旅游、航运、海运中税的豁免尤为重要。

（16）“FORM OF PAYMENT”付款方式栏。

此栏用标准的付款方式代号填写，如果一本客票有一种以上的付款方式，可在此栏内分别填写对应付款方式的代号。

（17）“ENDORSEMENT/RESTRICTION”签注栏。

在此栏填写有关签转或限制条件等内容，包括有关退款的限制条件。如果某一种限制条件仅针对某一张乘机联，可仅在这一张乘机联上填写。换开客票时，应将原客票上所有的限制条件转抄至新的客票上。

（四）《旅游信息手册》的查询方法

《旅游信息手册》（见图2-10）的英文全称 Travel Information Manual，简称 TIM，由全球多家国际航空运输协会成员在内的航空公司联合出版。这些航空公司及它们的代理人均以 TIM 作为有关航空旅行方面政府规定的正式资料，且 TIM 被全球各大航空公司定为有关旅行规则的正式参考资料。发行 TIM 的主要目的是给航空公司、销售代理人和从事旅游行业的企业提供有关乘机到世界 200 多个国家的最新的官方旅行的规定、程序和限制条件。

图2-10 《旅游信息手册》封面

在日常工作中查阅 TIM 应使用最新版本，过期或错误的信息会导致很多问题出现，旅客可能会遇到以下情况，即被拒绝入境、送回始发国、扣押或留审、由于证件不合要求而影响旅行安排、补办手续而支付一定的费用等。

1. TIM 的编排方式

《旅游信息手册》中各国的有关规定（如越南信息部分见图2-11，摩洛哥信息部分见图2-12）是按照国家英文名称的首位字母排序的，每个国家规定按六个部分加以说明：护照（PASSPORT）、签证（VISA）、健康信息（HEALTH）、机场税（AIRPORT TAX）、海关（CUSTOMS）和货币（CURRENCY）。

■ **Vietnam (VN)**

Geographical Information: Capital - Hanoi (HAN).

1. Passport: Passport required.

Passport Exemptions:

1. Nationals of Vietnam residing in the U.S.A. and holding Permanent Resident/Resident Alien Card (Form I-551) or a U.S. "Permit to Re-Enter" (Form I-327), provided holding a "Certificate of Visa Exemption". NOTE: ADIT stamp evidencing the process of a Form I-551 is also accepted provided accompanied by a Certificate of Visa Exemption.
2. Nationals of Vietnam residing in any country (excluding U.S.A.) and holding an Alien Resident Card, provided holding a "Certificate of Visa Exemption".
3. Holders of a "Laissez-Passer" issued to stateless persons and refugees.
4. Holders of Hong Kong (SAR China) Document of Identity.

Document Validity: Passport and/or passport replacing documents must be valid for 6 months after the date of arrival.

a. However, if holding a visa for entry into Vietnam, passports are required to be valid at least one month after the expiry date of the visa.
b. Passports issued to nationals of Brunei, Denmark, Finland, Japan, Korea (Rep.), Norway and Sweden, must be valid for 3 months after the date of arrival.
c. Nationals of Vietnam may enter with passports valid on arrival.
d. Those residing in Vietnam may enter with travel documents valid on arrival.

Crew Members: Same regulations as for passengers apply.

Military: Same regulations as for passengers apply.

2. Visa: Visa required.

Visa Exemptions:

1. Nationals of Vietnam.
2. Nationals of Indonesia, Malaysia, Singapore and Thailand, for a max. stay of 30 days.
3. Holders a "Certificate of Visa Exemption"[25] issued to former nationals of Vietnam residing abroad, or those nationals of Vietnam not holding a Vietnamese passport but only holding a foreign permanent resident card.
4. Nationals of Denmark, Finland, Korea (Rep.), Norway and Sweden, for a max. stay of 15 days.
5. Nationals of Brunei for a max. stay of 14 days.
6. Nationals of Bulgaria, Cuba, Korea (Democratic People's Republic of), Romania, provided holding:
   6.1. diplomatic or service passports;
   6.2. normal passports and coming for specific purposes [21].
7. Nationals of China (People's Rep.)[22] and Mongolia (also if passport stamped AC or AO) holding:
   7.1. normal passports stamped AB and coming for specific purposes [21];
   7.2. diplomatic or service passports.
8. Nationals of Japan holding:
   8.1. normal passports, for a max. stay of 15 days;
   8.2. diplomatic or service passports and travelling on official business;
   8.3. diplomatic or service passports and travelling on any other business for a max. stay of 90 days.
9. Nationals of Laos holding:
   9.1. normal passports for a max. stay of 30 days;
   9.2. government duty passports for duration of stay.
10. Nationals of Philippines holding:
    10.1. normal passports for a max. stay of 21 days;
    10.2. diplomatic or service passports for a max. stay of 30 days.
11. Nationals of Russian Fed. holding:
    11.1. normal passports and being on a mission [21], in which case a visa can be obtained after 7 days;
    11.2. diplomatic or service passports.
12. Holders of diplomatic or service passports.
    12.1. being nationals of Afghanistan, Albania, Algeria, Cambodia, Czech Rep., Hungary, India, Iran, Nicaragua, Slovak Rep.;
    12.2. being national of Belarus [23];
    12.3. being nationals of Argentina, Bangladesh, Mexico, Montenegro (Rep. of), Morocco, Serbia (Rep. of), South Africa and Ukraine for a max. stay of 90 days;
    12.4. being nationals of Myanmar, for a max. stay of 15 days;
13. Nationals of Brazil and France holding diplomatic passports for a max. stay of 90 days.
14. Nationals of Chile holding diplomatic or official passports.
15. Nationals of Peru holding diplomatic or official passports for a max. stay of 90 days.
16. Nationals of Turkey holding diplomatic, official, service or special passports for a max. stay of 90 days.
17. Holders of a Vietnamese Permanent Residence Card.
18. Holders of an APEC Business Travel Card (ABTC) which is valid for travel to Vietnam (with "VNM" on the back of the card), together with a passport.

TWOV (Transit Without Visa): Those continuing their journey on the same day and provided holding confirmed return or onward tickets. Leaving the airport transit area is not allowed[24].

Merchant Seamen:

1. Visa is not required for Merchant Seaman being nationals of Cuba, Ukraine or Vietnam.
2. Merchant Seamen arriving by air in order to board a ship, or if arriving by ship in order to board an aircraft must travel on duty and

图2-11 《旅游信息手册》越南信息部分

hold a Seaman Book together with a passport and hold a Letter of Guarantee from the shipping company.
Crew Members: Same regulations as for passengers apply.
Military: Same regulations as for passengers apply.
Visa Issuance:
1. **Prior to arrival:** if required, a visa can be obtained at diplomatic representations of Vietnam in Algeria (Algiers), Angola (Luanda), Argentina (Buenos Aires) Australia, (Canberra and Sydney), Austria (Vienna), Bangladesh (Dhaka), Belarus (Minsk), Belgium (Brussels), Brazil (Brasilia), Brunei (Jalan Gadong), Bulgaria (Sofia), Cambodia (Batambang, Phnom Penh and Sihanouk Ville), Canada (Ottawa), Chile (Santiago), China (People's Rep) (Beijing, Guangzhou, Kunming and Nanning), Cuba (Havana), Czech Rep. (Prague), Denmark (Copenhagen), Egypt (Cairo), France (Paris), Germany (Berlin), Hong Kong (SAR China), Hungary (Budapest), India (Mumbai and New Delhi), Indonesia (Jakarta), Iran (Tehran), Iraq (Baghdad), Italy (Rome), Japan (Osaka, Tokyo), Korea (Democratic People's Republic of) (Pyongyang), Korea (Rep.)(Seoul), Kuwait (Dasman), Laos (Champassak, Savanakhet and Vientiane), Libya (Tripoli), Malaysia (Kuala Lumpur), Mexico (Mexico City), Mongolia (Ulaan Baatar), Myanmar (Yangoon), Netherlands (The Hague), New Zealand (Wellington), Panama (Panama City), Philippines (Manila), Poland (Warsaw), Romania (Bucarest), Russian Fed. (Moscow and Vladivostok), Singapore, South Africa (Pretoria), Spain (Madrid), Sweden (Stockholm), Switzerland (Bern), Tanzania (Dar es Salaam), Thailand (Bangkok and Khonkaen), Turkey (Ankara), Ukraine (Kiev), United Arab Emirates (Dubai), United Kingdom (London), U.S.A. (San Francisco and Washington) and Uzbekistan (Tashkent).
2. **On arrival:** if required, provided holding a letter from Vietnamese Immigration confirming that a visa will be issued on arrival. Passports should be valid 1 month after expiration date of the visa.
3. **On arrival:** if required, a **transit** visa when arriving by Vietnam Airlines **only**, provided holding a letter from Vietnamese Immigration confirming that a visa will be issued on arrival. Fee: USD 25.-.

Additional Information:
1. Nationals of Nigeria holding Category 'D' visas issued by Vietnam will be refused entry, regardless of the visa validity and even if complying with all other entry requirements.
2. All visitors must hold:
   a. documents required for next destination; and
   b. sufficient funds for the duration of their stay; and
   c. return/onward ticket, when not requiring a visa to enter Vietnam.

Notes:
21 Passenger must hold an invitation in the language of the inviting representation.
22 Officials with the position of at least vice-minister or general and holders of diplomatic passports who are entering Vietnam without a visa must inform the embassy or consulate of Vietnam about the purpose of their visit.
23 Minors are visa exempt if mentioned in the passport of the parents or accompanying persons. Minors under the age of 7 do not need photo in passport of parents or accompanying persons.
24 Certain international flights operated by Vietnam Airlines with final destinations of Hanoi (HAN) or Ho Chi Minh City (SGN) make an intermediate stop in Vietnam before arrival at the final destination, where it is required to clear customs and change aircraft. In these cases, entry requirements into Vietnam will need to be observed at the intermediate stop. However, see "Visa Issuance" section for the possibility of obtaining a transit visa on arrival.
25 The Certificate of Visa Exemption can only be used for the purpose of entry for a temporary stay in Vietnam and is issued in two formats, a self adhesive sticker for those holding a foreign passport and the second which is a 16 page booklet, issued to those who only hold a foreign permanent resident card.

3. **Health: Yellow Fever** vaccination required, if arriving within 6 days after leaving or transiting infected areas.
   Exempt from Yellow Fever vaccination:
   1. Children under 1 year.
   2. Transit passengers not leaving the airport.
   3. Those not leaving the airport in the areas concerned.

   Recommended: Malaria prophylaxis. Malaria risk - mainly due to P. falciparum - exists in the whole country excluding urban centres, the Red River Delta and the coastal plain areas of central Vietnam. High risk areas are the highland areas below 1500 m. south of 18 degrees N., notably the three central highlands provinces of Dak Lak, Gia Lai and Kon Tum, as well as the southern provinces of Ca Mau, Bac Lieu and Tay Ninh. Resistance to chloroquine, sulfadoxine-pyrimethamine and mefloquine reported. *Recommended prevention in risk areas:* IV.
4. **Airport Tax:** No airport tax is levied on passengers upon embarkation at the airport.
5. **Customs: Import:** Free import:
   1. for passengers 18 years of age and older:
   - 400 cigarettes, 100 cigars or 500 grams of tobacco;
   - liquor at 22dgr and above: 1,5 litres; below 22dgr: 2 litres; other alcoholic beverages: 3 litres;
   - tea, max. 5 kg; coffee, max. 3 kg;
   2. a reasonable quantity of perfume and personal belongings;
   3. other goods, total value of which is not exceeding five million VND (Vietnamese Dong).

Additional Information: Vietnam is a member of the CITES Treaty.
Pets: Dogs and cats need both a good health and a rabies certificate.
Baggage Clearance: Baggage is cleared at the first airport of entry in Vietnam.

Currency: Import: Foreign currencies, up to USD 7,000.- or equivalent. Amounts exceeding USD 7,000.- must be declared on arrival. Prohibited: local currency (Vietnamese Dong-VND).
Export: Foreign currencies, up to the amount imported and declared. Proof of expenses is required. Prohibited: local currency (Vietnamese Dong-VND).

图 2-11 《旅游信息手册》越南信息部分（续）

2. TIM 中常见术语及定义辨析

（1）CITIZEN 公民。具有某一国国籍，并根据该国法律规定享有权利和承担义务的人，通过三种途径取得国籍：自然国籍、出生取得国籍、归化取得国籍。

（2）ALIEN OR FOREIGNER 外侨。在保留本国国籍的情况下，在国外居住，具有居住权。

（3）TOURIST 旅游者。至少在该国家停留 24 小时以上。

（4）BUSINESS TRAVELER 商务旅客。以商务活动为目的进行旅行的乘客。

（5）TRANSFER PASSENGER 中转旅客。为转机而经过某国的旅客，不能离开机场的中转区域。

（6）IMMIGRANT 移民。为定居而来的某国外侨。移民需得到所在国的特别许可和该国政府开具的有关证件或文件。移民不是短暂的访问，TIM 中没有这方面的信息。如果要了解移民信息，可咨询有关国家的大使馆或领事馆。

Morocco (MA)
Geographical Information: Capital - Rabat (RBA).
Morocco consists of former French Morocco, former Spanish Morocco including Tangier and political Moroccan Sahara. For entry into or transit through the Spanish enclaves Ceuta and Melilla, government regulations of Spain must be consulted. For entry into or transit through present Moroccan Sahara the government regulations of Morocco must be consulted.
1. Passport: Passport required.
Passport Exemptions:
1. Holders of a "Laissez-Passer", whilst travelling on duty, issued by the United Nations.
2. Holders of a "Laissez-Passer" issued or validated by a diplomatic representation of Morocco abroad.
3. Holders of a Seaman Book, provided travelling on duty. However, if entering Morocco by air either via Casablanca or Tangier a passport is required.
4. Holders of a National Identity Card issued by Austria, Belgium, Bulgaria, Finland, France, Germany, Iceland, Italy, Luxembourg, Montenegro (Rep. of), Netherlands, Norway, Portugal, Serbia (Rep. of), Slovak Rep., Slovenia, Spain, Sweden and Switzerland provided travelling on a tour organized by a travel agency and holding hotel voucher. Acceptance of National Identity Cards in case of individual travel by nationals from above countries is possible, however, is at the discretion of Immigration Authorities.
5. Holders of Alliance passports issued to stateless persons and refugees.
Document Validity: Passport and/or passport replacing documents must be valid on arrival.
Crew Members: Same regulations as for passengers apply.
Military: Same regulations as for passengers apply.
Minors:
1. Minors up to/incl. 16 years old, travelling together with parent(s), who are registered in parent(s)' passport, do not need a separate passport. If the passport does not include a photo of the minor, a Birth Certificate of the minor is also required.
2. Minors who are either travelling unaccompanied or are over 16 years of age must hold their own, separate passport.
2. Visa: Visa required.
Visa Exemptions:
1. Nationals of Morocco.
2. A max. stay of 3 months to holders of British passports endorsed "British Citizen" or "British National (Overseas)".
3. A max. stay of 3 months to "British Subject", provided the holder also has the "right of abode in the U.K.".
4. A max. stay of 3 months to nationals of: Algeria, Andorra, Argentina, Australia, Austria, Bahrain, Belgium, Brazil, Bulgaria, Canada, Chile, Congo (Brazzaville), Cote d'Ivoire, Croatia, Cyprus, Czech Rep., Denmark, Estonia, Finland, France, Germany, Greece, Guinea (Rep.), Iceland, Indonesia, Ireland (Rep. of), Italy, Japan, Korea (Rep.), Kuwait, Latvia, Libya, Liechtenstein, Lithuania, Luxembourg, Mali, Malta, Mexico, Monaco, Netherlands, New Zealand, Niger, Norway, Oman, Peru, Philippines, Poland, Portugal, Qatar, Romania, Russian Fed., Saudi Arabia, Senegal, Singapore, Slovak Rep., Slovenia, Spain, Sweden, Switzerland, Tunisia, Turkey, United Arab Emirates, U.S.A. and Venezuela.
5. A max. stay of 30 days to nationals of Hungary.
6. A max. stay of 30 days to holders of Hong Kong (SAR China) passports.
7. Holders of a "Laissez-Passer", whilst travelling on duty, issued by United Nations.
8. Holders of a Residence Permit.
9. Children under 17 years of age of any nationality, providing having Moroccan parent(s) and being registered in parent(s)'s passport.
10. Nationals of Jordan provided holding diplomatic or official passports.
11. Nationals of Mauritania holding diplomatic passports.
12. Government officials accredited to Morocco holding a Residence Permit.
If not meeting condition(s) above, TWOV (Transit Without Visa):
1. Those continuing their journey to a third country on the same day by the same or first connecting aircraft and holding confirmed onward tickets and staying in the airport.
2. Not applicable to stateless persons and refugees.

图 2-12 《旅游信息手册》摩洛哥信息部分

Merchant Seamen:
1. Visa is not required only if the Merchant Seaman is a national of Ghana, Iran, Pakistan or Syria.
2. They will get a special permission to travel port/airport and vice versa and must hold a proof that they will embark a ship that will leave Morocco.
3. Merchant Seaman arriving by air in order to board a ship, or if arriving by ship in order to board an aircraft, must travel on duty and hold a Letter of Guarantee from the shipping company.
Crew Members: Visa not required.
Military: Same regulations as for passengers apply.
Visa Issuance:
1. Prior to arrival: visas can be issued by diplomatic representations of Morocco abroad.
2. On arrival: to nationals of Israel born in Morocco.
Additional Information:
TIM March 2008 **Morocco (MA)** 31
1. All visitors should hold sufficient funds for maintenance during their stay in Morocco.
2. All passengers who wish to stay for a longer period than their visa exemption allows must report to the nearest Police station within 21 days of arrival.
Warning: *Non-compliance with entry regulations will result in deportation of passengers.*
3. Health: No vaccinations are required to enter Morocco from any country.
Recommended: Malaria risk - Very limited risk exclusively in the benign - (P. vivax) - form exists from May to October in certain rural areas of Chefchaouen Province. Recommended prevention: *I*.
4. Airport Tax: No airport tax is levied on passengers upon embarkation at the airport.
5. Customs: Import: Free import by adults only of:
- 200 cigarettes (or cigarillos) or 50 cigars or 400 grammes of tobacco;
- 1 litre of spirits and 1 litre of wine;
- approx. 5 grammes of perfume;
- sporting guns and ammunition: special permit, obtainable upon arrival from the Police Authorities. Passenger must hold a permit issued in the country of origin.

Additional Information: Morocco is a member of the CITES Treaty.
Crew Members: Same regulations as for passengers apply.
Pets: Cats and dogs must be accompanied by veterinarian good health certificate issued at point of origin. Birds of all kinds can be imported without any documents.
Baggage Clearance: Baggage is cleared at the airport of final destination in Morocco. Exempt: baggage of transit passengers with a destination outside of Morocco.
6. Currency: Import: Foreign currencies: must be declared if exceeding an equivalent of MAD 15,000.-. Prohibited: local currency (Moroccan Dirham-MAD).
Export: Foreign currencies: up to the equivalent of MAD 15,000.-. Any amount in excess: provided declared on arrival.
Prohibited: local currency (Moroccan Dirham-MAD). Unused MAD may be re-exchanged into foreign currency up to a maximum of: - 50% of total amount exchanged on arrival if stay in Morocco has been longer than 48 hours; - 100% of total amount exchanged on arrival if stay in Morocco has been less than 48 hours.

图 2-12　《旅游信息手册》摩洛哥信息部分（续）

3. TIM 部分重要信息简介

（1）护照信息简介。

护照的有效期限为自签发日起 10 年，但有些国家护照的期限有所不同。因此，检查护照可使用的最后期限是非常重要的。护照不仅是进入他国旅行的证件，同时常作为身份的证明，因此护照应妥善保管。尽管大多数人只要持护照就可旅行，但有些旅客还必须同时持有其他的一些证件或文件，如有关身份的证明、难民旅行文件、身份证、旅行证明、军事人员身份证、海员任务书等。

（2）签证信息简介。

国际值机人员应重点检查签证的有效期和生效日期（一次性签证一经使用不再有效）。值得注意的是，在过期护照上的所有签证是无效的。每个国家都可以要求旅客持有足够的资金来维持他们的开销。

（3）健康信息简介。

介绍传染性疾病在世界各国的流行情况、发病症状和各种疾病的预防、治疗措施。

三、国际旅客运输基础知识

1. 国际旅客运输规则

国际旅客运输往往是来回程，在目的地城市停留时间相对较长。因此，乘坐国际航班的旅客往往需要办理座位再证实手续。不同的航空公司规定的再证实时限有所差异，一般有如下规定。

（1）旅客持有订妥座位的联程或来回程客票，除承运人另有规定外，如在该联程或回程地点停留 72 小时以上，需在联程或回程航班离站时间 72 小时以前办理座位再证实手续，否则原定座位不予保留。

（2）旅客到达联程或回程地点的时间距航班离站时间不超过 72 小时，则不需办理座位再证实手续。

（3）旅客在异地购买订妥座位的单程客票，或者旅客订座记录（PNR）未显示到达情况，都需在航班出发地点办理座位再证实手续，否则原订座位不予保留；若旅客的订座时间离航班离站时间不足 72 小时，则可根据情况予以保留座位。

2. 中转航班最短衔接时间（MCT）的规定

国际航班由于航程相对复杂，很多时候不能做到点到点的直飞，而需要旅客在第三地进行中转，由一个航班中转到其续程航班所需的最短时间称为最短衔接时间，英文全称 MINIMUM CONNECTING TIME，简称 MCT。在实际应用中，每个机场的标准最短衔接时间是由 IATA 监管，并由它代为向旅客公布的。MCT 一般在官方航空指南（OFFICIAL AIRLINE GUIDES）中公布并按字母顺序排列各城市标准的最短衔接时间。

在实际工作中，为旅客填开客票及办理乘机手续时，如旅客有续程航班，应检查旅客在中转地点的衔接时间是否足够，以便使旅客及其行李能衔接上续程航班。

3. 代码共享的一般知识

航空公司之间代码共享最基本的概念是，旅客在全程旅行中有一段航程或全程乘坐的是出票航空公司的航班号，但并非出票航空公司承运的航班。代码共享英文全称 CODE-SHARING，它是指一家航空公司的航班号（代码）可以用在另一家航空公司的航班上。对航空公司而言，不仅可以在不投入成本的情况下完善航线网络、扩大市场份额，而且越过了某些相对封闭的航空市场的壁垒。对旅客而言，则可以享受到更加便捷、丰富的服务，如众多的航班和时刻选择，一体化的转机服务、优惠的环球票价、共享的休息厅及常旅客计划等。

代码共享的种类分为完全代码共享和包座代码共享两种。完全代码共享，是指共享航空公司和承运航空公司用各自的航班号共同销售同一航班，而不限制各自的座位数。包座代码共享，是指共享航空公司和承运航空公司达成合作协议，购买承运航空公司某一航班的固定座位数，共享航空公司只能在此范围内，用自己的航班号进行销售。包座代码共享又根据所包座位能否在一定期限之前归还承运航空公司，分为锁定包座代码共享和灵活包座代码共享。根据代码共享的深度和广度来分，又可分为战略性的网式共享和战术性的航线共享。

代码共享对航空公司特别是国际航线网络相对不健全的航空公司有着重大的现实意义。在当今国际航空界的各种战略合作形式中，最流行也最成功的无疑就是代码共享，其核心价值主要体现在以下四点：

（1）代码共享可以使航空公司利用合作伙伴现成的航线、飞机，绕过国家间市场准入的限制，使自身的航线结构快速全球化。

（2）利用代码共享的安排，航空公司可能既满足了航线扩张的需要，又不用投入巨额资金。

（3）即使是在对飞的航空市场上，代码共享也可使航空公司在不增加新的运力的情况下，增加航班班次，提高航线质量，降低单位营运成本，提高市场占有率并使原有的竞争对手变成合作伙伴，优化经营环境。

（4）代码共享可以使旅客越来越喜欢某一航空公司，邀请其参加常旅客奖励计划，提高客户黏性。

4. 国际航空联盟的一般知识

航空联盟，指两家或多家航空公司在独自运营的前提下，通过相互参股、合作、支援等多种方式结成联盟，相互协调行动以追求航空运输资源的有效配置，扩大市场占有率，获得最佳经济效益。计算机订座系统的实现和全球互联网络的建立是国际航空联盟化的技术基础，代码共享是国际航空联盟化的操作手段。

目前，国际航空联盟的主要形式包括如下六种。

（1）一家航空公司的股权被两家或多家公司所有，即股权多级化的联盟模式。

（2）代码共享方式。

（3）交叉结盟，某些航空公司可能以代码共享协议结盟，也可能以合并航线、常旅客计划等更紧密形式结盟。

（4）巨型航空公司以出售特许专营权的方式结盟。

（5）航空公司与当地机场结盟。

（6）两家或多家航空公司间的“全球性结盟”，并称“超级联盟”。

“寰宇一家”（见图2-13）、“天合联盟”（见图2-14）、“星空联盟”（见图2-15）是全球极具影响力的三大国际航空联盟。

图2-13 “寰宇一家”标志及其主要成员

图2-14 “天合联盟”标志及其主要成员

图2-15 “星空联盟”标志及其主要成员

5. “寰宇一家”联盟概况及其成员简介

截至2020年年底，“寰宇一家”联盟包括正式成员航空公司13家，每天有超过4000架次飞机、1200个机场和700个贵宾休息室供旅客选择。它是全球首个在成员航空公司之间引入联营票务的全球性航空联盟，这意味着旅客可在整个网络中享受顺畅的转机服务，并具有更强的灵活性。此外，作为“寰宇一家”的合作伙伴航空公司的常旅客会员，还可以通过乘坐具有资质的“寰宇一家”航班获得或兑换积分，并将奖励及特惠扩展到整个联盟。

“寰宇一家”于1999年由联盟创始成员美国航空、英国航空、国泰航空和澳洲航空共同创建。此后该联盟不断发展壮大，加入了许多新的航空公司，包括芬兰航空公司、西班牙国家航空公司、日本航空公司、马来西亚航空公司、卡塔尔航空公司、摩洛哥皇家航空公司、皇家约旦航空公司、斯里兰卡航空公司、斐济航空公司及S7航空公司等。

（1）美国航空公司。

美国航空公司是“寰宇一家”的创始成员之一，其主要的航空枢纽遍布美国各地，主要包括达拉斯沃斯堡机场、芝加哥奥黑尔机场、洛杉矶国际机场、迈阿密国际机场、纽约肯尼迪机场和拉瓜迪亚机场，为旅客提供飞往众多国内和国际目的地的航班。

（2）英国航空公司。

英国航空公司是全球著名的航空公司之一，也是“寰宇一家”联盟的创始成员。该公司与其同盟公司共同连接着欧洲、北美洲、南美洲、亚洲、非洲和澳洲近90个国家的250多个目的地，主要枢纽为伦敦希思罗机场。

（3）国泰航空有限公司。

国泰航空有限公司成立于1946年，是中国香港最主要的航空公司，也是“寰宇一家”联盟的创始成员之一。该航空公司服务范围遍布亚洲、太平洋、欧洲、北美洲、中东和非洲约35个国家的超过90个目的地。

（4）芬兰航空公司。

芬兰航空公司成立于1923年，是芬兰的国家航空公司。它于1999年加入“寰宇一家”联盟。其位于赫尔辛基的枢纽由于地理位置优越可作为各大洲之间旅行时的门户和中途停留地。该航空公司提供飞往全球近50个国家约150个目的地的航班，其中往返亚洲的长途国际航班正在不断增加。

（5）西班牙国家航空公司。

西班牙国家航空公司是西班牙的国有航空公司，也是欧洲与拉丁美洲之间航线的领先承运商。该航空公司于 1999 年加入“寰宇一家”，其位于马德里的航空枢纽通航近 135 个航班目的地，遍及欧洲、非洲、亚洲、中东和美洲的 47 个国家。

（6）日本航空公司。

日本航空公司成立于 1951 年，是全球首屈一指的承运商之一。它于 2007 年加入“寰宇一家”联盟。该航空公司的主要枢纽设在东京、大阪、名古屋和冲绳，每天提供近 900 架次航班，飞往 20 多个国家的约 80 个目的地。

（7）澳洲航空公司。

澳洲航空公司是世界上首屈一指的航空公司之一，也是“寰宇一家”联盟的创始公司之一，其服务网络覆盖 20 个国家的近 80 个目的地。作为全球唯一一家加入国际性航空联盟的澳大利亚航空公司，澳洲航空公司拥有庞大的国内航班网络，同时面向亚洲、南太平洋、欧洲、北美洲、南美洲和非洲提供航线服务。

（8）皇家约旦航空公司。

皇家约旦航空公司是约旦王国的国家航空公司，于 2007 年加入“寰宇一家”联盟，其提供的航班覆盖约 30 个国家近 45 个目的地，航空网络遍布中东、欧洲、亚洲、非洲和北美各地，规模在世界上首屈一指。

（9）S7 航空公司。

S7 航空公司是俄罗斯规模最大的国内承运商。它于 2010 年加入“寰宇一家”联盟。该航空公司以莫斯科多莫杰多沃机场为基地，提供飞往欧洲、中东和亚洲 35 个国家的约 150 个目的地（包括俄罗斯境内的 45 个目的地）的航班。

6. “天合联盟”概况及其成员简介

“天合联盟”每日航班 15445 架次，航线目的地达 1036 个，通达 170 个国家和地区。“天合联盟”的会员包括 19 家航空公司，为旅客在世界各地的旅行提供无限便利。无论是个人旅行还是出国公差，旅客都可以尽享天合联盟公司提供的更多便利与灵活性，众多航线任旅客选择。“天合联盟”将齐心协力，把工作重点放在为旅客提供更优质的服务上。值得一提的是，中国南方航空集团有限公司于 2007 年加入“天合联盟”，成为首家加入国际航空联盟的中国内地航空公司。2018 年中国南方航空集团有限公司宣布，从 2020 年 1 月起正式退出“天合联盟”。联盟成员概况介绍如下。

（1）俄罗斯国际航空公司。

俄罗斯国际航空公司是俄罗斯主要的国家级承运商，也是其国内最大的航空公司。该公司于 1923 年 3 月 17 日成立，位居世界上历史最悠久的航空公司之列，也是俄罗斯最知名的品牌之一。该公司是俄罗斯第一家加入国际航空运输协会（IATA）的航空公司，加入时间为 1989 年。如今俄罗斯国际航空公司拥有出色的安全飞行记录和运营可靠性，并以一流的客户服务著称。该公司的枢纽机场是莫斯科谢列梅捷沃国际机场，目前开通了飞往 56 个国家、163 个目的地的航线。俄罗斯国际航空公司机队是欧洲最现代化、最年轻且增长最快的机队之一，共有 250 架飞机，主要机型包括现代化的空中客车 A320、A330 和波音 737、777 客机。

俄罗斯国际航空公司的重要运营数据如下：其枢纽机场为莫斯科谢列梅捷沃国际机场，运营通往 122 个目的地的定期航线，每日出发航班数为 220 个，每年乘客数为 1420 万人次，拥有 120 架各型飞机，主要机型有空中客车 A320、A330，波音 B767，伊柳辛 IL96，公司有约 15000 名员工。该公司于 2006 年 4 月加入“天合联盟”。

（2）阿根廷航空公司。

阿根廷航空公司成立于 1950 年，是南美洲领先的承运商之一。阿根廷航空公司的航班从其国内基地布宜诺斯艾利斯出发，飞往美洲和欧洲地区的 20 个国际目的地。通过与 Austral Líneas Aéreas（奥斯特拉航空公司）合作，阿根廷航空公司运营到达阿根廷国内 35 个目的地的航班，航班网络覆盖的阿根廷城市超过其他任何航空公司。阿根廷航空公司通过其枢纽机场（Buenos Aires Aeroparque Jorge Newbery），将阿根廷和其他区域动态连接起来。

阿根廷航空公司的重要运营数据如下：其枢纽机场所在城市为布宜诺斯艾利斯，运营通往 57 个目的地的定期航线，每日出发航班数为 372 个，每年乘客数为 1290 万人次，拥有飞机 49 架，主要机型有空中客车 A340-300、A330-200、A340-200，波音 737-700、737-800，公司有约 11000 名员工。该公司于 2012 年 8 月加入“天合联盟”。

（3）西班牙欧洲航空公司。

西班牙欧洲航空公司成立于 1986 年，是格罗巴利亚集团（Globalia Corporation）旗下航空公司，现已成为最现代化的航空公司之一。该公司的航线网络覆盖西班牙大部分地区，并开通了飞往欧洲、北非和美洲的航线。2011 年，公司运送乘客人次达到 9 百万，在西班牙国内航空公司中位列第二。公司秉承环保承诺并采用最先进的技术，拥有最高的服务质量和安全标准。

西班牙欧洲航空公司的重要运营数据如下：其枢纽机场为马德里巴拉哈斯国际机场，运营通往 59 个目的地的定期航线，每日出发航班数为 267 个，每年乘客数为 1180 万人次，拥有飞机 59 架，主要机型有空中客车 A320-232、A321-231，波音 717-2K9，麦道 MD-81，公司有约 2800 名员工。该公司于 2007 年加入“天合联盟”。

（4）法国航空公司。

法国航空公司每日在法国、欧洲和全球运营1500架次航班。自2004年起，法国航空公司和荷兰皇家航空公司合并，成为欧洲领先的航空运输集团之一。这两家航空公司的枢纽机场分别位于巴黎夏尔·戴高乐机场和阿姆斯特丹史基浦机场，目前客运网络覆盖116个国家和地区的312个目的地。法国航空公司、荷兰皇家航空公司及其合作伙伴达美航空公司和意大利航空公司组成了最大的跨太平洋航空联盟，每日起降跨大西洋航班超过250架次。在激烈的竞争环境中，法国航空公司的主要优势有：以欧洲最具影响力的巴黎夏尔·戴高乐机场为中心的均衡运输网络、配备现代化机队、拥有创新的服务产品，以及以客户作为其战略——让蓝天成为地球上最舒适的地方中心。

法国航空公司的重要运营数据如下：其枢纽机场为巴黎夏尔·戴高乐机场、里昂国际机场，运营通往195个目的地的定期航线，每日出发航班数为1500个，每年乘客数为1.014亿人次，拥有飞机302架，主要机型有空中客车A318、A319、A320、A321、A330-200、A340-300、A380，波音B777-200ER、B777-300ER、B777F、B747-400、B747-400F，AVRO RJ85，安博威E135、E145、E170、E190，Canadair Jet900，公司有约70000名员工。该公司是“天合联盟”创始成员之一。

（5）意大利航空公司。

意大利航空公司在收购了Alitalia-Linee Aeree Italiane和Air One的资产后，于2009年1月开始运营。如今，作为国内航空界的佼佼者，意大利航空公司的乘客人数已逾2500万，每周航班超过4500架次，通达意大利和全球各地的93个目的地。该公司运输网络设有多个基地，7个机场所在的城市分别是：罗马、米兰利纳特、米兰马尔彭萨、都灵、威尼斯、那不勒斯和卡塔尼亚。

意大利航空公司与法国航空公司、达美航空公司一起组成了最大的跨太平洋航空联盟。2010年，该公司将Air One定位为低票价但服务质量高的承运商，运营基地设在米兰马尔彭萨机场。凭借其丰富的产品和优质服务、公司员工的高素质和热情温馨的服务，意大利航空公司力求成为意大利在全世界的形象大使。

意大利航空公司的重要运营数据如下：其枢纽机场为罗马菲乌米奇诺国际机场，运营通往100个目的地的定期航线，每日出发航班数为570个，每年乘客数为2150万人次，拥有飞机117架，主要机型有波音B777-200ER、B767-300ER，空中客车A330、A321、A320、A319，麦克唐纳-道格拉斯MD80、MD82，安博威E170LR、E175、E190，庞巴迪CRJ 900，公司有约14000名员工。该公司于2001年加入“天合联盟”。

（6）中华航空股份有限公司。

自1959年创建以来，中华航空股份有限公司一直是中国台湾最大的航空公司及亚洲领先的承运商之一。中华航空股份有限公司总部位于中国台湾桃园国际机场，该区域被称为“科技之岛”的经济龙头区。中华航空股份有限公司拥有世界上最先进的飞机机队，服务于全球100多个目的地，连接亚洲、欧洲、北美洲和大洋洲，提供卓越、舒适和安全的服务。中华航空股份有限公司的核心价值观包括环境保护和可持续发展。作为中国台湾环保服务的一流品牌，中华航空股份有限公司立下了“符合环保法规、节约地球资源、提升生态效益、善尽社会责任”四项环境能源管理理念。除客货运输外，中华航空股份有限公司还提供如旅行预订、餐饮、洗衣和货运快递等综合性服务，同时还分别在夏威夷和中国台湾经营着两家精品酒店。中华航空股份有限公司无疑是连接大中华区的最大航空公司，缩短了中国大陆与中国台湾之间的地理距离。加入“天合联盟”后，中华航空股份有限公司将连接世界上更多地方的更多旅客，继续发挥其重要作用。

中华航空股份有限公司的重要运营数据如下：其枢纽机场所在城市为中国台湾台北市，运营通往160个目的地的定期航线，每日出发航班数为116个，每年乘客数为1560万人次，拥有飞机88架，主要机型有波音B747-400、B747-400F、B737-800，空中客车A340-300、A300-600、A330-300，公司有约11000名员工。该公司于2011年加入“天合联盟”。

（7）中国东方航空集团有限公司。

中国东方航空集团有限公司是中国三大航空公司之一，掌管50个海外办事处和11家国内分公司。此外，它还拥有24家控股子公司。中国东方航空集团有限公司总部位于上海，与子公司上海航空公司共同运营一支平均机龄不到7年的现代化机组。其航空网络覆盖中国、日本、韩国、东南亚、欧洲、美洲和大洋洲。中国东方航空集团有限公司致力于为乘客及承运人提供优质的服务。

中国东方航空集团有限公司的重要运营数据如下：其枢纽机场所在城市为上海、西安、南京、昆明，运营通往272个目的地的定期航线，每日出发航班数为2382个，每年乘客数为1.129亿人次，拥有飞机640架，主要机型有空中客车A320、A319、A330-300、A340-600，波音B737-300、B767，公司有约60000名员工。该公司于2011年6月加入“天合联盟”。

（8）捷克航空公司。

捷克航空公司是捷克共和国的国家航运公司，提供从布拉格（或从布拉格中转）飞往欧洲、中亚、高加索和中东等目的地的航班。捷克航空公司是欧洲历史最悠久的五家航空公司之一。经过多年的运营，捷克航空公司已发展成为一家现代化的航空公司，荣获多项优质服务奖。捷克航空公司通过了ISO14001标准认证，证明公司对环保的承诺，并获得了国际航空运输协会运行安全审计（IOSA）认证，这是航空运输领域最高级别的安全标准。捷克航空控股集团将被布拉格机场公司兼并。

捷克航空公司的重要运营数据如下：其枢纽机场所在城市为布拉格，运营通往31个目的地的定期航线，每日出发航班为87个，每年乘客数为260万人次，拥有飞机14架，主要机型有空中客车A319、A320、A321，波音B737-500，ATR42、ATR72，公司有约1200员工。公司于2001年加入“天合联盟”。

（9）达美航空公司。

达美航空公司年运送乘客超过1亿9千万人次。达美航空公司曾被《旅游周报》（*Travel Weekly*）杂志读者评为美国“年度航空公司”，凭借其科技创新被PCWorld杂志评为“最佳人本科技美国籍航空公司”。凭借无可匹敌的全球网络，达美航空公司及其旗下Delta Connection航空公司提供飞往六大洲的52个国家和地区的304个目的地的航空服务。该公司总部位于亚特兰大，全球员工人数达90000名，主线机队拥有飞机超过800架。达美航空公司是“天合联盟”的创始成员之一，与法航-荷航集团和意大利航空公司共同加入了业界领先的跨大西洋航空联盟。达美航空公司与其全球联盟合作伙伴合作，每日提供逾13000架次航班，其枢纽机场有阿姆斯特丹机场、亚特兰大机场、辛辛那提机场、底特律机场、孟菲斯机场、明尼阿波利斯圣保罗机场、纽约拉瓜迪亚机场、纽约肯尼迪机场、巴黎夏尔·戴高乐机场、盐湖城机场和成田国际机场。

达美航空公司的重要运营数据如下：其枢纽机场所在城市有亚特兰大、辛辛那提、底特律、孟菲斯、明尼阿波利斯、纽约、盐湖城、巴黎、东京，运营通往304个目的地的定期航线，每日出发航班为5000个，每年乘客数为1.9亿人次，拥有飞机800多架，主要机型有波音B777-200LR、B777-200ER、B767-400ER、B767-300ER、B767-300、B757-300、B757-200、B747-400、B737-800、B737-700，空中客车A330-300、A330-200、A320、A319，麦克唐纳-道格拉斯MD90、MD88、DC9-50，安博威E175LR、E145，CRJ900，萨伯340B，有约90000名员工。该公司是“天合联盟”创始成员之一。

（10）肯尼亚航空公司。

肯尼亚航空公司是非洲领先的航空公司，航线覆盖的非洲目的地多于其他任何航空公司。此外，令其引以为傲的是，肯尼亚航空公司在通过枢纽内罗毕乔莫·肯雅塔国际机场提供往返非洲和全球各地的航班方面处于领先、核心地位。1995 年，肯尼亚航空公司与荷兰承运商荷兰航空公司组成了联盟，荷兰航空公司拥有肯尼亚航空公司 26.73% 的所有权。肯尼亚航空公司始终保持着非洲最佳航空公司的地位。

肯尼亚航空公司的重要运营数据如下：其枢纽机场为内罗毕乔莫·肯雅塔国际机场，运营通往 56 个目的地的定期航线，每日出发航班数为 158 个，每年乘客数为 480 万人次，拥有飞机 4 架，主要机型有安博威 E190、E170，波音 B737-300、B737-700、B737-800、B767-300ER、B777-200ER，有约 4800 名员工。该公司于 2007 年加入“天合联盟”。

（11）荷兰皇家航空公司。

荷兰皇家航空公司成立于 1919 年，是世界上运营时间最久的航空公司，并且还以其最初的名字运营。2004 年，被法国航空收购，并组成了法国航空-荷兰皇家航空集团。这次合并以两大品牌和两大枢纽机场（阿姆斯特丹史基浦机场和巴黎夏尔·戴高乐机场）为基础，造就了欧洲竞争力最强的航空集团。两家航空公司在三个核心领域（客运、货运和飞机维修保养）开展协作，同时仍保持各自的品牌独立性。荷兰皇家航空公司是航空业界的佼佼者，凭借倡导热情和持续革新的政策提供可靠的运营和客户导向型产品服务。荷兰皇家航空公司、法国航空公司、达美航空公司和意大利航空公司一起，组成了行业内领先的跨太平洋航空联盟，航空联盟每日起降约 250 架次航班，机队规模约 150 架，为客户提供众多航线选择、更多的跨太平洋航班、有竞争力的票价和舒适的乘机服务。

荷兰皇家航空公司的重要运营数据如下：其枢纽机场为阿姆斯特丹史基浦机场，运营通往 164 个目的地的定期航线，每日出发航班数为 357 个，每年乘客数为 3270 万人次，拥有飞机 204 架，主要机型有福克 70、100，安博威 E190，波音 B737-300、B737-400、B737-700、B737-800、B737-900、B747-400、B747-400ER、B777-200ER、B777-300ER，空中客车 A330-200，有约 33700 名员工。该公司于 2005 年加入“天合联盟”。

（12）大韩航空公司。

大韩航空公司作为“天合联盟”的创始成员之一，大韩航空公司位居世界 20 大航空公司之列，每日起降航班超过 400 架次，目的地覆盖 41 个国家/地区的 121 个城市。自从 1969 年实行私有化以来，公司无论在服务质量还是运力方面都有大幅增长。凭借其先进的管理系统和创新的客户满意度政策，大韩航空公司取得了卓越的业绩。大韩航空公司是通航美洲最大的亚洲航空公司，从美洲飞往亚洲的航线数超过其他任何航空公司。该公司还是世界上最成功的机上产品零售商。根据国际航空运输协会发布的统计数据，大韩航空公司自2004年起成为全球最大的商业航空货运运营商之一。

大韩航空公司的重要运营数据如下：其枢纽机场为首尔仁川国际机场，运营通往121个目的地的定期航线，每日出发航班数为415个，每年乘客数为2330万人次，拥有飞机148架，主要机型有波音B747-400、B777-200ER、B777-300、B777-300ER、B737-800、B737-900、B737-900ER，空中客车A330-200、A330-300、A300-600、A380，有约21000名员工。该公司是“天合联盟”创始成员之一。

（13）中东航空公司。

中东航空公司是黎巴嫩的国有航空公司，也是中东地区领先的承运商之一。总部位于贝鲁特的拉菲克·哈里里国际机场的中东航空公司提供从该机场飞往欧洲、中东和西非30个目的地的航班。无论是在地面上，还是在飞机上，中东航空公司均向乘客提供极为优质的服务，体现了黎巴嫩的民族文化和待客之道。

中东航空公司的重要运营数据如下：其枢纽机场所在城市为贝鲁特，运营通往30个目的地的定期航线，每日出发航班数为57个，每年乘客数为205万人次，拥有飞机17架，主要机型有空中客车A330、A321、A320，有约1940名员工。该公司于2012年加入“天合联盟”。

（14）沙特阿拉伯航空公司。

自1945年成立以来，沙特阿拉伯航空公司如今已可为乘客提供26个国内目的地至52个国际目的地之间的航班服务。目前，该航空公司每年运送乘客2100万人以上。过去五年内，沙特阿拉伯航空公司依据战略发展计划开展了一系列发展活动，其中包括对行政、技术和财务部门技术基础设施的现代化改造措施。与此同时，该公司还利用现代化技术提升客户服务。因此，公司的电话中心服务和自动化服务（例如，通过机场和销售处的设备发放机票和登机牌等）取得了质的突破。公司还升级了互联网服务，可提供预订、购票、座位选择和签发登机牌等服务。沙特阿拉伯航空公司不断更新机队，已购买了88架新飞机，其中包括35架空中客车A320、15架A321、8架A330、12架波音777，以及8架波音梦想飞机。

沙特阿拉伯航空公司的重要运营数据如下：其枢纽机场所在城市为吉达、达曼和利雅得，运营通往78个目的地的定期航线，每日出发航班数为379个，每年乘客数为2100万人次，拥有飞机100架，有约14000名员工。该公司于2012年加入“天合联盟”。

（15）罗马尼亚航空公司。

罗马尼亚航空公司创立于 1954 年，经过多年的发展，现已成为一流的航空承运商，客运网络覆盖欧洲大部分国家及其他地区。罗马尼亚航空公司的国内基地位于布加勒斯特，开设了通往欧洲、北非和中东 49 个目的地的航线。作为罗马尼亚的旗舰航空承运商，公司目前拥有的机队由波音 737、空中客车 310/318 和 ATR42/72 机型组成，是全欧洲最年轻的机队之一。罗马尼亚航空公司是一家以未来为导向的现代化航空公司，关注环保问题，通过实施革新性措施降低二氧化碳的排放量。成立半个多世纪以来，服务质量和专业水平一直是罗马尼亚航空公司的导向标。

罗马尼亚航空公司的重要运营数据如下：其枢纽机场为布加勒斯特-亨利康达机场，运营通往 37 个目的地的定期航线，每日出发航班数为 98 个，每年乘客数为 210 万人次，拥有飞机 23 架，主要机型有波音 B737-800、B737-700、B737-300，空中客车 A318、A310，ATR42-500、ATR72-500，有约 2100 名员工。该公司于 2010 年加入“天合联盟”。

（16）越南航空公司。

让越南航空公司引以为豪的是，公司拥有一支年轻的现代化机队，可将您的空中旅行体验提升到一个新的水平。作为越南传统文化精华的窗口，公司提供新颖的客户服务，连通亚太地区、欧洲和美国约 50 个目的地。鉴于便利的重要性，越南航空公司通过广泛的跨中印网络提供服务，该网络将此地区的所有联合国教科文组织世界遗产城市连通到一起。越南航空公司作为越南的国家级旗舰航空承运商加入“天合联盟”，成为东南亚地区第一家合作伙伴。

越南航空公司的重要运营数据如下：其枢纽机场所在城市为河内、胡志明市，运营通往 47 个目的地的定期航线，每日出发航班数为 286 个，每年乘客数为 1350 万人次，拥有飞机 73 架，主要机型有波音 777-200，空中客车 A330、A321、A320，福克 70，ATR72-500，约有 11000 名员工。该公司于 2010 年加入“天合联盟”。

四、国际乘机登记办理

国际乘机登记办理的业务和国内值机业务的相关内容类似，但由于国际航空运输的复杂性，部分业务流程存在差异，国际旅行文件的检查和国际航班随机业务文件的处理是国际乘机登记所特有的。

（一）国际旅行文件的检查

国际航班旅客的证件主要是指护照和签证。如旅客在证件不符合相关要求的情况下出入境，一旦被入境国发现将对旅客进行遣返，并对送出航空公司进行罚款。航空公司不仅要支付罚款，还要支付旅客回程的机票，甚至可能承担回程押送的费用。

1. 护照的查验

通常，国际值机员应帮助旅客查验护照是否真实、合法、有效。如果发现旅客持有假的护照，必要时可拒绝其乘机，或者将证件交机组保管。除此之外，值机员还必须时刻查询 TIM 中各国政府关于护照的最新规定，通常包括享有护照豁免权的国家、自入境之日起护照的剩余有效期（许多国家规定剩余有效期必须在六个月以上）、入境或过境的限制规定等。一般来说，当旅客打算在某国经停，值机员必须帮旅客查询经停国和入境国的护照规定，检查护照是否被旅行中的有关国家和政府承认。这是因为一些国家发出的护照可能不被某些国家承认，或者证件中有到达国不予承认的签证或印章。护照检查的具体项目包括如下内容。

（1）检查有效日期。一些国家要求旅客所持的护照或其他旅行证件自入境之日起的规定时限内保持有效，否则旅客将被拒绝入境。

（2）一些国家发出的护照或旅行证件可能不被某些国家承认，或者证件中有到达国或过境国政府不予承认的签证或印章。因此，必须检查旅行证件是否被旅程中有关国家或政府承认。

（3）为防止偷渡人员乘坐值机员服务的航空公司航班，应特别仔细查验旅行证件的真实性。必要时，给予拒乘或将旅行文件交由机组保管，直至旅客被同意入境为止。

（4）检查客票上的姓名是否与护照上的姓名一致。

（5）检查护照上的照片是否与旅客本人相符。

（6）对于联合护照，检查护照中所列的人是否都是旅行目的。

（7）检查是否有本站的入境印章。

（8）检查在护照上是否有可疑的记号，包括是否有偷换照片的痕迹、是否更改了护照上的有关信息等。

2. 签证的查验

值机员必须仔细检查签证的有效期、停留期及有效次数，并查阅 TIM 中关于该国签证的规定，一旦旅客因为违反入境国或过境国签证规定而被遣返，送出的航空公司要承担遣返费用甚至罚款。

一个国家的入境签证或过境签证并不一定保证该旅客能够进入该国，最终决定由该国入境口岸权力部门做出。必须仔细查阅旅客到达国、出发国（如旅客仍需回到出发国）及过境国政府对签证的规定。特别在过境的情况下，即使只是经停，也须查验过境签证；旅客在过境国必须出示其将在规定期限内继续旅行的证据。这些证据可能是一张续程或回程机票或有足以购买续程或回程机票的费用。另外，旅客还应持有在到达国入境和旅程途中过境所需的文件。签证检查的具体项目包括：

（1）检查有效期、在目的地国家停留时间、签证的使用期限、入境次数。

（2）检查是否单次、多次旅行签证。

（3）检查是何种类型的签证。

（4）如果是单次入境签证，检查是否已使用过。

（5）如果持有联合护照，检查旅行人数是否与签证注明的人数相符。

（6）检查签证的备注栏内是否注明携带儿童的人数及限定出入境的区域。

3. 过境免签程序

过境免签简称 TWOV，是入境国为促进旅客选择在其国际机场转机的签证优惠政策项目，一般规定如下。

（1）旅客需持有已订妥的到最终目的地的机票，故过境免签程序不适用于航空公司职员或任何持候补座位的客票的旅客。

（2）必须持有到目的地的有效证件。

（3）转机时间必须满足该转机点（国家）要求的转机时间的限制条件。

（4）旅客不能离开候机大厅或机场。

（5）仔细阅读 TIM 中有关的信息，注意特殊条款的处理程序。

4. 可疑旅客的识别

如何准确识别可疑旅客是国际值机员应掌握的一项技能，一般应从以下几个方面着重观察。

（1）旅客一人或几人成行，但分开办理手续，持同时间、同地点开的客票却称不认识。

（2）旅客无托运行李或所托运的行李与旅行目的不符。

（3）客票在旅行当天购买或在旅行的前几天购买。

（4）旅客在不发达国家购买机票。

（5）客票以现金支付。

（6）旅客在办理值机手续时，出示的证件与登机前、边防检查时出示的证件不符。

（7）没有明确的旅行目的。

（8）旅客出示过期的、伪造的居留证。

（9）警惕敏感航线的航班。

（10）当旅客是回程旅客时，却不能出示入境的客票及相关信息。

（11）旅客本人的资料与护照上的信息不符。

（二）国际航班随机业务文件

国际航班的出港，不仅需要民航各有关部门全力保障，还需要联检部门，如海关、卫生检疫、动植物检疫、边防检查部门的通力合作。国际航班涉及不同的国家，为了处理业务方便，其业务文件一律要求用英文填写，并且尽可能使用打印机打印。国际航班运输业务文件包括旅客舱单、货邮舱单、货运单、载重表和平衡图、总申报单、交通运输工具出境卫生检疫证书等。其中，旅客舱单、总申报单由值机人员在办理乘机手续时填制，在航班关闭后把总申报单交给海关办理结关手续，在其上面加盖放行章；交通运输工具出境卫生检疫证书由卫生检疫部门填制，在航班关闭后由值机人员到卫生检疫部门领取；货邮舱单及货运单由货运部门填制；载重表和平衡图由配载人员填制。下面主要介绍旅客舱单和总申报单的识读。

1. 旅客舱单的识读

旅客舱单英文全称PASSENGER MANIFEST，它是国际航班所载运旅客情况的记录，是配载人员及有关部门统计出港国际旅客的依据，是联检单位例行检查国际航班旅客的依据，也便于对旅客登机的管理。在国际航班上，有些国家相互约定改用旅客名单报代替旅客舱单。旅客舱单上的姓名应与飞机上所载旅客姓名完全一致。

如下是旅客舱单内容和填写方法。

（1）经营者（OWNER OR OPERATOR）。填写执行航班任务的航空公司的英文全称。

（2）飞机识别标志（AIRCRAFT）。填写执行任务的飞机的注册编号。

（3）航班号（FLIGHT NO.）。填写本次航班的航班号，在斜线后写明该航班在始发站的起飞日期（包括月份）。

（4）日期（DATE）。填写执行航班的日期。

（5）出发站（DEPARTURE）。填写本站机场所属城市的英文全称。

（6）经停站（VIA）。填写本次航班所经各站机场的三字代码。

（7）终点站（ARRIVAL）。填写航班的目的站城市的英文全称。

（8）旅客舱单内容。旅客舱单内容包括旅客姓名（NAME OF PASSENGER）（如儿童或婴儿需注明）、座位号（SEAT NO.）、托运行李件数（PCs.）、重量（WT.）、旅客座位等级、到达站等，按实际情况分别详细填写。

旅客舱单根据始发站、经停站、目的站的需要复印多份，分别交给以下有关部门：承运人一份；承运人代理人一份；边防检查站一份；海关一份；卫生检疫站一份；随同客票乘机联交国际结算室一份；始发站留存一份。如果没有实际登机旅客名单报（TPM）的航班，还应将到达站所需份数的旅客舱单放入随机业务文件袋内。

2. 总申报单的识读

总申报单英文全称 GENERAL DECLARATION，它适用于国际航班，是承运人为飞机起飞或到达时向到达国家、地区政府当局办理申报手续用的基本文件。总申报单包括航线、卫生检疫、空勤组、旅客、货物和飞机本身等情况的申报。总申报单由承运人的合法代表或机长签署，并且对所申报内容的完全性、准确性、真实性负责，并经海关盖章后放行。

以下是航空公司总申报单（见图 2-16）的填写内容和填写方法。

（1）经营者（OWNER OR OPERATOR）。填写执行航班任务航空公司的英文全称。

（2）飞机识别标志（AIRCRAFT）。填写飞机的注册标志及飞机号码。

（3）航班号（FLIGHT NO.）。填写航班号，在斜线后写出该航班在始发站的起飞日期（用两位数字）。

（4）日期（DATE）。填写编制总申报单的日期，日期用两位数字，月份用英文三字简称。

（5）出发站（DEPARTURE）。填写编制总申报单的航站的城市或国家英文全称。

（6）终点站（ARRIVAL）。填写航班下一个到达站的城市或国家英文全称。

（7）地点（PLACE）。依次填写航班始发站、中途站、终点站城市英文全称。

（8）机组人员清单（CREW MEMBER LIST）。填写全部机组人员的名单，并冠以职务，最后填写总人数。

（9）卫生情况申报（DECLARATION OF HEALTH）。如实填写简要情况或填写“NIL”。

（10）在机上可能导致传播疾病的其他情况。如实填写简要情况或填写“NIL”。

航空有限责任公司总申报单
GENERAL DECLARATION OF GCR

经营者
Owner or Operator 航空有限责任公司/ Airlines Co., Ltd.　　（出口/进口）(Outward/Inward) 出口/ Outward.
飞机识别标志（注册号）　　航班号　　日期
Aircraft ERJ190（B- 70）　　Flight No. 89　　Date 11.FEB.2012
(Marks of Nationality and Registration)
出发站　　终点站
Departure HUHHOT China (ZBHH)　　Arrival ULAANBAATAR Mongolia (ZMUB)
地点 Place 国家 Country　　地点 Place 国家 Country

机组人员清单（共9名，详见如下）
CREW MEMBER LIST

序号 NO.	姓名 NAME	性别 GENDER	出生年月 DATE OF BIRTH	护照号 PASSPORT No.	国籍 NATIONALITY
1	博阳 BOYANG	M	. OCT. 1975	P010776	中国 CHN
2	沈晓 SHEN XIAO	M	12. . 1975	P0123 20	中国 CHN
3	博 BO	M	17. DEC.	P0i 8319	中国 CHN
4	寒冰 HANBING	M	21. . 1987	P0107 92	中国 CHN
5	安 AN	F	. JAN. 1987	P012370	中国 CHN
6	伟康 WEIKANG	M	10. . 1987	P0107 93	中国 CHN
7	河杉 HESHAN	M	27. JUL.	P01237 5	中国 CHN
8	成艳 CHENGYAN	F	15. . 1986	P012 021	中国 CHN
9					
10					

本航段旅客人数	出发站 Department place: 呼和浩特 HUHHOT 上机人数 Embarking: 到达站 Arrival place: 乌兰巴托 ULAANBAATAR 下机人数 Disembarking:
货物运输情况	无货，NONE。

卫生情况申报 Declaration of Health
机上除晕机或由于事故受伤以外的患病者，以及在飞行中途下机的患病者____
Persons on board known to be suffering from illness other than airsickness or the effects of accidents, as well as those cases of illness disembarked during the flight_____

专供官方使用
For official use only

在机上可能导致传播疾病的其他情况
Any other conditions on board which may lead to the spread of disease
在飞行中每次灭虫或卫生处理的详细情况(地点、日期、时间、方法)，如果没有进行灭虫，说明最近一次灭虫的详细情况。
Details of each disinfecting or sanitary treatment (Place, date, time, and method) during the flight. If no disinfecting has been carried out during the flight, give details of most recent disinfecting.
Signed, if required
如需要时，由有关空勤人员签字,Crew member concerned

我声明本申报单内申述的各项和所附文件的内容，就我所知是完全的、确切的和真实的。
I declare that all statements and Particulars contained in this General Declaration, and in any supplement forms required to be presented with this General Declaration are complete, exact and true to the best of my knowledge.
签字（机长或其代理人）

图 2-16　航空公司总申报单样式

（11）在飞行中每次灭虫或卫生处理的详细情况。如实填写简要情况，一般填写“AEROSOL WAS SPRAYED PRIOR TO TAKING OFF”。

（12）有关机组成员（CREW MEMBER CONCERNED）。如有需要请机组人员签字。

（13）签名（SIGNATURE）。由机长或授权的代理人签字，此项目每次均需有人签字，否则该申报单无效。

（14）本航段旅客人数（NUMBER OF PASSENGERS ON THIS STAGE）。本航段旅客人数。

① 出发站（DEPARTURE PLACE）：除国家名称省略外，填写方法同（5）。

② 上机人数（EMBARKING）：填写本站上机人数。

③ 过站人数（NUMBER OF PASSENGERS PASSING THE STATION）：填写非从本站出发而通过本站的人数，若没有旅客则填写“NIL”。

④ 到达站（ARRIVAL PLACE）：除国家名称省略外，填写方法同（6）。

⑤ 下机人数（DISEMBARKING）：填写下机的总人数。

⑥ 过境人数（NUMBER OF PEOPLE IN TRANSIT）：填写通过该站继续乘坐该航班的旅客人数。

（15）专供官方使用（FOR OFFICIAL USE ONLY）。经有关当局（主要是海关）审查后在本栏内盖章放行。

总申报单一般一式七份，不同国家、地区视实际情况而定，一般应分别交给以下部门：作为随机业务文件放入业务袋内一份（实际上是按照到达国所需份数放入业务袋内）；交承运人一份；交承运人代理人一份；边防检查站一份；海关一份；检验检疫站一份；始发站留存一份。

第三节　离港系统控制指令

案例导入：

王先生购买了某航空公司的机票，在办好乘机手续后，接到该航班因机械故障延误的通知。地服人员建议王先生重新购买当天后续航班的机票出行并声称按照规定原机票可以全退。旅客接受了地服工作人员的建议，重新购票。但王先生在事后返回找航空公司办理退票时被告知，由于其原机票被使用而无法办理退票手续，于是王先生向有关部门提出投诉。

案例解析：

根据《中国民用航空旅客、行李国内运输规则》第七章第二十三条规定：“航班取消、提前、延误、航程改变或承运人不能提供原订座位时，旅客要求退票，始发站应退还全部票款，经停地应退还未使用航段的全部票款，均不收取退票费。”《公共航空运输服务质量》标准规定，“办理乘机手续应迅速、准确，应按规定项目将有关内容输入离港系统。”本案引起旅客投诉的直接原因是地服人员的责任心不强和业务技能欠缺。在建议王先生重新购买后续航班的机票后，地服人员未按规定及时在离港系统里将该旅客的信息删掉，并需把其客票状态由“USED”改为“OPEN”。因此，王先生的行程记录中去程航段仍为已使用状态，从而导致旅客回程时，值机员根据其订座记录直接使用回程票，造成旅客无法退票。本案当事地服人员负有全部责任，应向王先生赔礼道歉并无条件退票，同时报销旅客为退票产生的全部直接费用。

一、离港系统简介

1. 离港系统内部功能简介

计算机离港控制系统英文全称 DEPARTURE CONTROL SYSTEM，简称 DCS，它是中国民用航空局引进美国 UNISYS 公司的航空公司旅客服务大型联机事务处理系统，分为旅客值机（CKI）、配载平衡（LDP）、航班数据控制（FDC）三大部分。

旅客值机系统英文全称为 CHECK-IN，它是一套自动控制和记录旅客登机活动过程的系统。系统分别记录旅客所乘坐的航班、航程、座位证实情况，记录附加旅客数据（如行李重量、中转航站等），记录接收旅客情况或将旅客列为候补情况。系统可以顺序接收旅客、候补旅客，也可以选择接收；旅客还可以一次办理多个航班的登机手续。

配载平衡系统英文全称为 LOAD PLANNING SYSTEM，供航空公司、机场配载人员使用。LDP 系统既可以同 CKI 系统结合使用，也可单独使用。操作人员以指令形式将必要数据输入离港系统，系统即可准确计算出所需结果。LDP 系统主要实现：建立配载航班信息；根据飞机平衡要求确定业载分布；制作航班的舱单；发送相关的业务报文。

航班数据控制系统英文全称为 FLIGHT DATA CONTROL SYSTEM，它主要负责值机系统的数据管理工作。通常，旅客值机航班由航班数据控制系统编辑，将季节航班表生成在系统中，为旅客值机做准备工作，向订座系统申请获取旅客名单。FDC 系统主要实现：航班信息修改；定期航班时刻表的建立、修改；航班记录显示、修改；飞机布局表的建立、显示、修改。

2. 离港系统与订座系统的互联

离港系统与订座系统紧密相连，通过数据交换，离港系统采集订座系统中的销售数据，为旅客乘机登记做好信息准备；航班最终关闭后，离港系统向订座系统传回运输数据，为航空公司销售结算提供数据支持。在开始办理航班乘机登记手续前，离港系统需要向订座系统发送申请旅客名单报（RQL），订座系统收到 RQL 电报后向离港系统传送旅客名单报（PNL）和旅客名单增减报（ADL）。航班关闭后，离港系统向订座系统传送最后销售报（PFS）和常旅客服务报（FTL）。PFS 电报提供详细的最后登机人数、头等舱旅客名单、候补旅客人数、已订座但未办理乘机手续的旅客人数等，以便订座部门控制人员了解航班实际使用情况。FTL 电报提供常旅客记录编号、常旅客卡号等信息。

离港系统报文是信息传递的有效手段，在航空运输业中得到了广泛的应用。各种报文格式遵循国际航空运输协会标准，离港系统可以根据航班数据自动组织生成各种商务电报，并根据需要发送给不同地址。离港系统生成报文迅速、准确，发送方便，相对手动输入报文发送具有极大的优越性。离港系统电报的传输可以在系统内部进行，也可将报文转到其他具有报文处理功能的系统上进行。

离港系统使用七字地址作为报文传送目的地的识别标识。七字地址可以分为两种：一种地址只在离港系统内部使用，每个地址对应系统中一台设备，如终端或打印机，系统中每台设备均根据唯一的 PID 号识别，每个地址对应一个 PID 号，发到此种地址上的报文在系统内部即可传递；另一种地址为系统外部的七字地址，如 SITA 地址或其他转报网的地址，每个地址一般对应一台电传设备，发到此种地址的报文通过离港系统与相关转报系统的接口传到转报系统，再由转报系统传送到对应的设备上。

二、离港系统指令介绍

（一）离港系统办理航班的工作流程

通过使用离港系统，不仅可以为旅客提供快捷的服务，还可以提高值机工作人员的工作效率，并减少不必要的人工误差。

1. 离港系统的工作流程

使用离港系统主要可以完成以下工作。

（1）建立计划航班信息。计划航班信息是根据各航空公司制订的季节性航班计划来建立的，在一定的时间内是相对固定的，只有在各航空公司季节性航班计划调整后，才需要重新建立。

（2）每天准备值机航班。准备各航班包括初始化航班、建立航班数据信息等。航班在办理乘机登记手续前，需要由控制人员完成航班的初始化工作，包括旅客名单报自动申请、航班座位管理及各种限额的分配等工作。

（3）航班实时监控。监控实时航班状态，保证值机柜台乘机登记手续的正常办理。

（4）柜台办理乘机登记手续。航班准备完毕后由值机员为旅客办理乘机登记手续，期间若出现限额不足或座位分配方面的问题，则应及时与航班控制人员联系。

（5）航班关闭。在航班起飞前30分钟，由值机柜台完成航班初始关闭（CI），即值机关闭，系统会自动传输消息给控制室，控制室会相应地做中间关闭（CCL），这样配载平衡员可以据此进行配载平衡工作。

（6）航班配载平衡。配载平衡员在航班中间关闭后，对航班进行配载平衡，打印舱单，并发送相关的配载报文。

（7）航班最后关闭。航班起飞后，控制人员对航班做最后关闭（CC），系统会自动向相关的航站发送所需报文。

2. 离港系统操作流程图

离港系统的使用一般遵循如图2-17所示的操作流程。

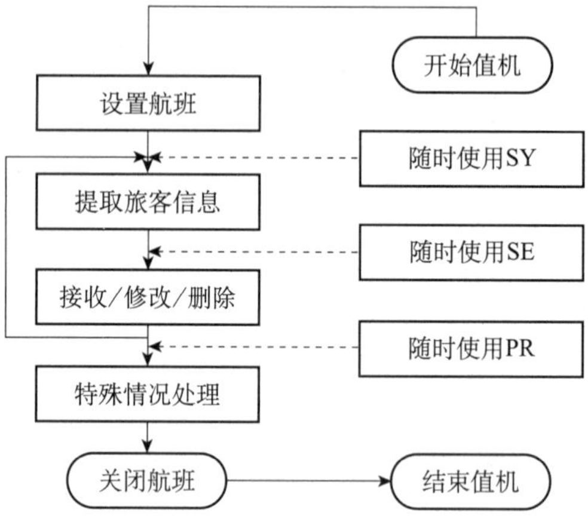

图2-17　离港系统操作流程图

（二）离港系统的基础指令

1. 离港系统登录

工作人员在进入离港系统前，应先确认是进入生产系统还是进入测试系统。

如果进入生产系统，则应输入 $ $ OPEN TIPJ。

如果进入测试系统，则应输入 $ $ OPEN TIPD2。

需要注意的是每位工作人员都应该有自己的工作号，只有输入正确的工作号，才能正常地进入离港系统。为了避免不同部门间的误操作，造成系统管理混乱的局面，离港系统根据不同的工作性质划分了不同的工作号级别，以此限定工作人员的工作权限，进而保证系统安全、正常地运行。

2. 离港系统基本工作指令

（1）工作区的显示（DA）。

指令格式：DA PID 号

应用举例：

```
>DA
A      996     16JAN     0901     91      CAN001
B *    939     16JAN     0901     82      CAN002
C      905     16JAN     0901     102     CAN003
D      AVAIL
E      AVAIL
PID    =2222        HARDCOPY   =2223      BPP=1113     BTP=1114
TIME   =1630        DATE=16JAN            HOST=LUCK
AIRLINE=CZ          SYSTEM=CAAC           APPLICATION=2
```

显示注释：

① PID：系统定义的终端号，一个终端有唯一的 PID 号。

② BPP：登机牌打印机。

③ BTP：行李牌打印机。

④ HARDCOPY：系统打印机。

⑤ HOST：系统主机名称。

⑥ *：当前使用的工作区。

⑦ AVAIL：空闲工作区。

（2）进入工作区（SI）。

指令格式：SI: 工作号/密码/级别/OFFICE 号

应用举例：输入工作号 3100；密码 12345C；级别是 81；OFFICE 号是 CAN002。

>SI: 3100/12345C/81/CAN002。

（3）临时退出系统（AO）。

指令格式：AO

当工作人员临时离开，又不想结束正在处理的工作或是担心工作区域被他人占用，可以使用此指令暂时退出。

应用举例：临时退出现在的工作区域。

>AO

（4）恢复临时退出（AI）。

指令格式：AI: 工作区域/工作号/密码

当工作人员临时离开回来后，重新进入临时退出的工作区域时使用。

应用举例：重新进入 B 工作区域；工作号是 3100；密码是 12345C。

>AI: B/3100/12345C。

（5）完全退出工作区（SO）。

指令格式：SO

当工作人员结束工作后，退出系统时使用。

应用举例：完全退出现在的工作区域。

>SO

（6）修改密码（AN）。

指令格式：AN: 旧密码/新密码

使用 AN 指令之前，必须用 SI 指令先输入旧密码的工作号，才可用 AN 指令修改密码。该次使用 SO 指令退出工作区后，再进入工作区就要输入新的密码。

应用举例：将旧密码 12345C 改为新密码 54321A。

>AN: 12345C/54321A

（三）航班显示指令

1. 值机航班列表（CFL）

显示某一航空公司或所有航空公司的值机航班列表。

指令格式：CFL: 航空公司/日期/起飞城市/选项

2. 航班状态显示（SY）

指令格式：SY: 航空公司/航班号/日期/选项

3. 查看航班信息（FI）

指令格式：FI: 航空公司/航班号/日期/选项

4. PNL 查询（MD）

指令格式：MD: 航班号/日期

5. 始发航班显示（DIL）

指令格式：DIL: 航空公司代码/航站/时间 1—时间 2 /日期/OFFICE 号，类型

6. 到达航班显示（AIL）

指令格式：AIL: 航空公司代码/航站/时间 1—时间 2/日期

7. 手动发报（LR）

一般情况下，当办理乘机登记手续工作结束时，由 CKI 系统产生的各种电报会根据电报地址表中所列地址自动发送。如果有特殊要求，需提前或延后发送电报时，可使用 LR 指令手动发送所需的一种或多种报文。报文地址可以为七字电报地址或 PID 号，报文地址可以叠加。

指令格式：LR: 航班号/日期/航站/报文类型/报文地址/PID 号

8. 旅客登机名单的产生（JL）

指令格式 1：JL: A 工作号/航班号/日期/舱位/PID 号

指令格式 2：JL: 选项/航班号/日期/舱位/航段/目的地址

9. 可利用座位显示（JSA）

指令格式：JSA: 航班号/日期/城市

10. 航班旅客人数显示/修改（JDD/JDU）

指令格式：JDD/JDU: 航班号/日期

（四）航班建立指令

1. 手动建立航班

一般情况下，CKI 系统使用的航班由 FDC 系统自动生成，即建立航班记录。如果 CKI 系统与 FDC 系统或 RES（旅客订座系统）中断联络，则 FDC 系统不能提供航班数据。因此 CKI 系统设计了应对指令，可以手动建立航班，手动输入旅客名单，使系统中断联络时办理旅客乘机手续成为可能。手动建立航班的指令如下：

打印航班座位图	MSL	航班数据表格的显示	MBM
手动输入旅客名单报（PNL）	MBP	旅客名单增减报的产生	MBA
航班数据的显示	MBD	航班数据更改表格的显示	MBU
航班数据的更改	MBU		

在实际工作中，值机员手动建立航班的使用机会相对于自动建立航班而言要少得多。当遇到 RES 无法向 FDC 系统提供 PNL（旅客名单电报）时，通常会采用 BF 指令自动建立航班，再用 MBP 或 MBA 指令手动输入 PNL，便可初始化航班了。其操作效果与 RES 提供 PNL 和与正常初始化的航班没有差别。

2. 自动建立航班

（1）显示/建立/修改季节性航班的数据信息（BF: T/IL）。

指令格式：BF: T/航班号/航节数/航班开始生效日期/航班终止生效日期/航班周期

指令格式：IL: 序号

（2）查看过渡区航班（SFL）。

SFL显示过渡区的航班，即仅执行了BF（建立/修改），还没有执行BP生效的航班。SFL指令的使用者的工作号级别必须为96级。建立/修改T-CARD时，如确认BF: T指令操作无误的情况下，可直接使用BP: R指令，不需用SFL指令。

（3）查看生效航班（AFL）。

指令格式1：AFL: 航班号

指令格式2：AFL: 航空公司代码

指令格式3：AFL: ALL

（4）航班生效指令（BP）。

航班建立后，只处于SFL状态，若要航班生效，则需执行BP指令。BP指令必须是在进行航班建立、修改及取消某种操作成功后进行的。在执行BP指令时，若省略航班，则可使用FDC系统，使已建立但未生效的航班均生效，最多可以同时生效12个航班。

指令格式1：BP: R/ACT/航班号

指令格式2：BP: R/ACT

（五）航班初始化指令

初始化航班（IF）是指建立航班的乘机登记、旅客名单、座位图等信息的操作。从订座系统传送过来旅客名单报（PNL）、旅客名单增减报（ADL）及旅客舱单。执行IF指令的终端必须是使用DCS（离港控制系统）的第一个航站，若前方一个或多个航站没有使用离港系统，则需使用DCS航站的前方航站传送座位占用报（SOM），标明在本站过境的旅客所占用的座位。

IF指令最晚可在航班离站前48小时操作。在每个航班初始化前，应用IF指令提取该日航班的T-CARD所设定的原始数据，与订座系统的起飞时间和机型做对比。

指令格式1：IF: 航班号/日期

指令格式2：IF: 航班号/日期/PNL（用于联程航班，前站不使用中航信离港系统的航班初始化）

（六）释放各种限额指令

1. 未订座旅客的限制（GS）

未订座旅客英文全称为GO-SHOW，它是指未订座旅客及未订妥座位的候补旅客。GS指令由控制人员使用，控制人员根据飞机实际载客量、订座人数，在航班初始化后设定各等级的GO-SHOW限额，通过对GO-SHOW限额的调整，达到对每个登机地点的未订座旅客接收的控制。值机员在使用PA指令接收未订座旅客或使用JC指令接收候补旅客时，必须在GS限额允许的情况下才有效，每接收一名未订座旅客，GS限额都会相应减少；每个座位等级的GS限额不可以超过最大座位数。下一个有终端航站必须在前方航站完全关闭后，才可以执行GS指令。

指令格式：GS:航班号/始发站/舱位等级/+（-）限制数量

2. 登机人数限制（HL）

对某一航段的某种舱位设定最大乘机人数限制，一般用于多航段航班控制。航班初始化后，默认各舱位限制的登机人数是该舱位最大载量值。设定的登机人数限额不能低于已接收的旅客人数。如果再接收旅客时，接收旅客的总数将超过登机人数限定值，系统自动将旅客列为候补旅客。

指令格式：HL:舱位航段登机人数限额

3. 候补状态旅客限制（SL）

指令格式：SL/舱位级别/航段/人数（+/-调整人数）

4. 设定/调整持折扣票旅客限额（ID）

许多航空公司允许职员持折扣票乘飞机私人旅游或公务出差，他们根据不同的资历和职位享受不同等级的折扣待遇，但此类旅客必须在保证所有持全票的旅客登机后才可接收，即使是被接收以后，如果需要让出座位，此类旅客首当其冲要被拉下，所以称为PAD旅客（PASSENGER AVAILABLE FOR DISEMBARKATION）。航班初始化后，默认的PAD限额为客舱载量SY的CAP域值减去订座人数R域的值，本指令修改的最大PAD限额不能超出SY中CAP域值。

指令格式：ID:舱位登记/人数（+/-调整人数）

（七）航班关闭指令

航班关闭是在办理完所有旅客乘机登记手续，或者已到截止时间时由值机人员在离港系统的终端完成的航班起飞前操作。航班关闭分为航班初始关闭、航班中间关闭、航班完全关闭三个层次。

航班关闭的指令顺序是：航班初始关闭 CI→航班中间关闭 CCL→航班完全关闭 CC。

航班关闭以后，如果遇到特殊情况可以重新开放。这个过程也分为三步，同关闭顺序相反，指令顺序是：航班完全关闭的重新开放 CC :-→航班中间关闭的重新开放CCL :-→航班初始关闭的重新开放 CI :-。

1. 航班初始关闭（CI）

CI 指令属于航班操作指令，由柜台值机员完成，CCL、CC 为航班控制指令，由控制人员完成。

指令格式：CI: 航班号/日期

2. 航班中间关闭（CCL）

航班中间关闭是介于初始关闭和完全关闭之间的操作。航班中间关闭后，将不允许航班接收旅客，限制对航班记录的更改，以保证载重部门根据值机部门最后数据进行载重平衡计算，产生必要的报文及文件。

指令格式：CCL: 航班号/日期

3. 航班完全关闭（CC）

当航班值机、配载工作全部结束时，航班会执行最后关闭。同时，产生各种电报、信息，并自动发送。CC 在控制终端上执行，且必须在航班执行完 CI、CCL 指令后执行，否则不被接收。

指令格式：CC: 航班号/日期

4. 报文释放（MW）

报文释放指令用于释放传到本台终端的报文信息，清除本台终端的关闭报文信息。

指令格式：MW

5. 电报地址显示（CM）

航班最后关闭后，系统自动发报，报文类型、发报地址可通过 CM 指令查询，CM 指令用于查询各航空公司在各个航站报文地址的定义情况。

指令格式：CM: 航空公司/城市

6. 电报地址表的修改/建立（CMM/CMC）

该指令由控制人员使用，每个航空公司在航班所有经停站和目的站的机场都按所需要的电报种类建立了相应的电报地址，不同机场电报地址表的显示有所不同。在每个地址表上都必须有“DFL”地址，即电报缺省地址。被定义的电报地址可以是终端号、打印机号或各部门的电传地址等。

指令格式1：CMC:航空公司城市，报文类型，定义地址

指令格式2：CMM:+（-）报文类型，定义地址

常见的报文类型包括：

CCL 航班中间关闭报

MLA 餐食建议报

MLW 餐食警告报

PFS 最后销售报

PSM 旅客服务报

PTM 旅客转机报

SOM 座位占用报

TPM 旅客舱单报

BTM 转港行李报

BSM 行李分拣报

CCI 航班初始关闭报

MVT 航班动态报

PIL 旅客信息报

（八）座位控制指令

1. 显示座位图指令（SE）

离港系统通过座位图（见图2-18）来表示各个位置的状态。在座位图中，有许多字母和符号，这些字母和符号各自代表着不同的含义（见表2-1）。大多数字母和符号是由不同的座位控制指令设定的，有些座位图字母、符号可被另一字母、符号所覆盖。比如：“C”位可以覆盖“U/G/N”位；“X”位可以覆盖可利用座位；“＊”位用完用“0”位，“0”位用完用“C”位。所以，掌握好如何锁、放这些字母和符号的指令，以及哪些指令可以覆盖哪些内容是值机工作人员应该了解的。

```
 C        Y            1 [[[ [[[[[2[[        3
     123          5678901234 5678901234567890123
RG   D..  G  G  XCCC.*...   C...*...*...*...... G R
RF   B..  F  F  XCCC.....   C...*....*.*....... F R
R    E==          ========= E==================E  R
R    E==          ========= E==================E  R
RE   ...  E  E  P.CC......  ....**********....  E R
LC   **.  C  D  P.CCC.*...  ....**********....  D L
L    E==     C  X.CCC...*.  ....**********....  C L
L    E==          ========  E======:==========E L
LB   ...  B       ========  E==================E L
LA   ...  A  B  .CCC..*..   C........*........C B L
L            A  .CCC.....   C...*.........****.. A L
     123          5678901234 5678901234567890123
 C        Y            1 [[[ [[[[[2[[        3
```

图2-18　离港系统座位图

指令格式：SE: 航班号/日期/ 舱位/航段

>SE: CA1322/14FEB2/ * CANPEK CNF/C18Y196　　　767/2J6A

表 2-1　离港系统座位图显示符号的释义表

符号	释　义	符号	释　义
.	已经有旅客占用	*	可利用的座位
:	此半行有婴儿	=	过道
/	靠背不可移动的座位	+	为婴儿预留座位
E	此行或半行有紧急出口	I	此行婴儿优先
Q	此行是安静座位	X	锁定（不可利用）座位
T	转港占用（锁定）区	V	ASR 订座名单中保留座位
D	VIP 留座	C	最后可利用座位，* 用完后才可用
P	为未到旅客保留的座位	R	团体留座，系统自动给 9 人以上团体留座
O	为其他航段保留的座位	A	为本段保留的座位
B	可利用的摇篮座位	N	看不到电影的座位
U	可利用的无人陪伴座位	G	RS 指令保留的团体座位
H	头上宽敞的座位	>	在本航站转港的旅客占用的座位
L	脚下空间宽敞的座位（宽松）	Z	代码共享航班订座申请座位

2. 锁定座位指令（BS）

该指令常用于给机组预留座位时使用。针对指定航段锁定、释放座位区域，座位图字符为“X”，在 SE 指令执行之后使用。本指令将影响航班的商务可利用座位的最大限额。执行该指令后，用 SY 指令显示的 CAP 数值将发生变化。

指令格式 1：BS: 座位号（锁定座位）

指令格式 2：BS: -座位号（释放锁定的座位）

3. 锁定过站座位指令（BT）

该指令针对指定航段锁定、释放过站座位区域，防止中间站旅客占用。执行该指令后，相应座位符号变为“T”。使用该指令前，不必先执行 SE 指令。每次输入指令时，只能针对一种舱位，且要求输入航班、舱位、航段信息。

指令格式 1：BT: 航班号/日期/舱位/航段/座位号（座位排号可用逗号隔开）

指令格式 2：BT: 航班号/日期/舱位/航段/-座位号（座位排号可用逗号隔开，在一个指令中可同时锁放）

4. 保留座位指令（RS）

使用该指令前需执行 SE 指令查看航段座位图，显示“ * ”的座位可保留；RS

为旅客保留座位或释放保留的座位，座位图中以“G”表示，可为单个或多个旅客在单个或多个航段上保留或释放座位。当释放保留的座位时，座位图中“G”变为“*”。

指令格式 RS：1: 座位（锁定座位）

指令格式 RS：2: -座位（释放锁定的座位）

5. 改变座位性质指令（SU）

该指令由控制人员在 SE 指令操作之后使用，用于改变航班某一航段的某一排或某一个座位的性质。可多项输入，两种标识之间用“;”区分，多个座位号或区域之间用“,”区分。

指令格式：SU: 改变标识 功能代码/座位号或区域

一个指令中可同时存在两种标识，“+”代表改变，“-”代表还原，可以改变为以下的座位性质：E，Q，B，U，H，L，C，N，Z，I，*。

6. 分配座位指令（AL）

该指令由控制人员在执行 SE 指令之后使用，一般用于多航段航班。在航班某一航段中，为本站始发的旅客分配座位或释放座位，相关座位符号变为“A”“O”。用 AL 指令分配的座位允许由当地的值机员通过 PA 指令占用。已分配的座位、锁定的座位或已保留的座位不能执行 AL 指令。

保留和释放可同时输入，用“,”分开。

指令格式 1：AL: 座位号（预留座位）

指令格式 2：AL: -座位号（释放预留的座位）

7. 为 VIP 旅客预留座位（JCS）

该指令由控制人员在办理值机手续前为旅客确定座位使用，如为 VIP、CIP 旅客预留座位。使用 JCS 指令保留的座位不会被其他旅客占用，其性质相当于 ASR 座位，座位图上以“D”表示。执行一次 JCS 指令，只能处理一个记录的旅客，多个记录则需分别多次执行 JCS 指令或 JCR 指令。释放 JCS 指令保留的座位，需用 RA 指令释放，将此种座位作为 ASR 座位类型进行处理。

指令格式：JCS: #序号，R 座位号

先用 RN、RL 指令或 PD 指令将 VIP 旅客记录提出，再按 JCS 指令格式输入。

8. 为多个 VIP 旅客预留座位（JCR）

该指令是由控制人员在办理值机手续前为旅客确定座位所使用的，如为 VIP、

CIP旅客预留座位。使用JCR指令保留的座位不会被其他旅客占用，其性质相当于ASR座位，座位图上以“D”表示。执行一次JCR指令，可以处理多个旅客记录。释放一次JCR指令保留的座位，需用RA指令释放，将此种座位作为ASR座位类型进行处理。

指令格式：JCR: #序号-序号，SNR座位号

9. 释放预留座位指令（RA）

该指令在SE指令操作之后使用，可以针对指定航段释放以下几种类型的座位。

（1）值机预留座位，CRS类，SE座位图字符为“P”。

（2）订座预留座位，RES类，SE座位图字符为“R”“V”。

（3）VIP预留座位，ASR类（包括JCS确定的VIP座），座位图字符为“D”。

如果航段只显示始发站，系统默认是释放所有从始发站出发的航段的预留座位。

指令格式：RA: 航班号/日期/舱位/航段，释放座位类型

（该指令将释放指定座位类型的所有座位）

指令格式：RA: 航班号/日期/舱位/航段，释放座位类型及座位号

（该指令只释放指定座位类型的指定座位）

其中，座位类型有RES（所有团体留座）、ASR（所有要客留座）、CRS（所有值机留座）、ALL（所有类型的预留座位）。

三、乘机登记操作

（一）设置缺省航班

在离港系统中设置缺省航班使用FT指令，其功能如下。

（1）值机员在当前的工作区中设置一个缺省航班，则针对此航班的操作均可简化输入。

（2）值机员必须登录到本地航站的离港系统。

（3）必须在完成航班初始化之后。

（4）值机航班必须处于开放的状态。

FT指令输入格式及示例见表2-2。

表2-2　FT指令输入格式及示例

输入格式	输入示例	系统响应	功能说明
>FT: FLT/DATE	>FT: CZ3101/14FEB	>ACCEPTED	设置缺省航班

续表

输入格式	输入示例	系统响应	功能说明
>FT:	>FT:	>FT: CZ3101/14FEB12	显示缺省航班
>FT: -	>FT: -	>ACCEPTED	取消缺省航班

系统响应反馈解释：

（1）反馈显示 NEED INITIALIZE，说明航班未做过初始化；

（2）反馈显示 PNL PROCESSING IN PROGRESS，说明 PNL 报未处理完全；

（3）反馈显示 NO ACTION INDICATED，说明当前设置的航班已经为缺省航班。

（二）航班状态显示

在离港系统中查看航班状态使用 SY 指令，其功能是显示航班某登机地点及到各经停站的值机情况、订座情况。显示航班的各种布局或在航班最后一个航站显示整个航班的各种数据。

指令格式：SY: 航班号/日期/城市，选择项

选择项可输入：Z 分区显示；S 分区子舱位显示

输入示例：

```
>SY: CZ3101/14FEB
SY: CZ3101/14FEB12/PEK/1    CC0932/NAM
CWT200000 UWT184549 CAW027192 UAW011741 WTN1 KC NTC/BCL
767/2J6A/B2552          GTD/26       POS/GATE BN183 AK00000 CD00000
BDT0845       SD0915     BD0915       CI0853       CC0932       BD12762
CNF/C18Y196    CAP/C18Y193    AV/C3Y25
CAT/017/184
* PEKCAN R017/181       C015/168                 B0113/001716 UM002 I01
            SB000/000   B0000
            SA000/000                            EXST00/00   XCR00/00
            RET000/000                           CET000/000
            BPAX183   BINF001
GS PEK/C001Y012
```

示例详细识读：

（1）示例第 1 行：PEK 始发站 1，CSM 中设置的 CTL-OFFC，CC0932 航班最后

关闭时间。

其他情况：OP 开放；CI0853 柜台关闭时间；CCL0855 中间关闭时间；EC 航班处于 AEC（自动换飞机）保护；OE AEC 没有完全打开；PC 航班被保护（不能接收旅客）；XX 航班取消。NAM 与 CSM 中一样，NAM/NON/NUM 为姓名/手动/序号。

（2）示例第 2 行：CWT，航班总业载；UWT，仍可利用 CWT；CAW，值机可用业载，值机接收旅客时数值会变化；UAW，仍可利用 CAW；WTN，重量表号；KG，重量单位千克；NTC，不可办理转港、联程手续，详见 CSM；BCL，关闭登机控制。

（3）示例第 3 行：767/2J6A/B2552，机型及飞机号；GTD，登机口；POS/GATE，停机位/登机口；BN183，已经发放登机牌号，如有删除旅客此值不变；AK00000，航班控制员工作号；CD00000，接收航班专用信息 PID#。

（4）示例第 4 行：BDT0845，登机时间；SD0915，编目离港时间；CI0853，柜台关闭时间；CC0932，最后关闭时间；BD12762，系统中主机与登机口通信 PID#。

（5）示例第 5 行：CNF/C18Y196，飞机布局载客量；CAP/C18Y193，可接收旅客数量；AV/C3Y25，剩余座位。

（6）示例第 6 行：CAT/017/184，配餐数和备注信息，使用 RK 指令输入。

（7）示例第 7 行：＊有效，X 无效；PEKCAN，航线；R017/181，订座人数；C015/168，接收人数；B0113/001716，行李数/重量；UM002，无成人陪伴儿童人数；I01，婴儿人数。

（8）示例第 8 行：SB000，候补状态旅客；B0000，行李件数。

（9）示例第 9 行：SA000，公司折扣票旅客；EXST00，额外占座数量；XCR00，机组占座数量。其他情况：WCH，轮椅旅客；STCR，担架旅客；CHD，儿童。

（10）示例第 10 行：RET，电子客票订座数；CET，电子客票接收数。

（11）示例第 11 行：BPAX，登机旅客数；BINF，登机婴儿数。

（12）示例第 12 行：GS PEK/C001Y012，最多可以接收候补旅客。

其他情况：HL，登机旅客人数限制（一般用于多航段）；SL，候补旅客人数限制；如果是多航段，有 TOTALS 项，内容和单一段的航班一样，是所有航段的总数。

（三）提取旅客记录

1. 显示旅客名单指令（PD）

显示旅客名单指令的功能是显示航班某一航段或航班始发站到各个经停站的旅

客信息，显示从 RES 系统传到 DCS 的 PNL。

指令格式：PD: 航班号/日期/舱位等级/航段，选项 1，选项 2，……

PD *，选项 1，选项 2（具体选项见表 2-3），……（设置缺省航班后）

表 2-3　PD 指令中 ITEM 选项列表

指令	释义	指令	释义
ACC	已接收旅客	NACC	未接收旅客
VIP	重要旅客	PSM	特殊服务旅客
INF	带有婴儿旅客	CHD	儿童
GRP	团名，以 0 开头	NGRP	不包括团名
AEC	换飞机后未确定座位的旅客	XRES	被取消订座记录的旅客
Z	转换航班旅客	FF	常旅客
UM	无成人陪伴儿童	EXBG	行李超重的旅客
I	IN-BOUND 旅客	O	OUT-BOUND 旅客
ASR	预留座位的要客 VIP	CRS	值机留座的旅客
RES	预留座位的团体旅客	WCH	轮椅旅客
BLND	盲人	DEAF	耳聋旅客
STCR	担架旅客	DEL	被删除的旅客
EXBG	行李超重的旅客	UPG	升舱旅客
DNG	降舱旅客	EXST	额外占座的旅客
URES	候补旅客，离港无记录，订座无记录	SBY	候补状态旅客
BN	按登机号显示	BAG/ALL	所有有行李的旅客
AECX	换飞机后，座位号与原座位号不同	NREC	离港无记录，订座有记录的旅客

2. 提取旅客详细记录指令（PR）

指令格式：PR: 序号（上次显示中序号），选项 1，选项 2（具体选项见表 2-4），……

表 2-4　PR 指令中 ITEM 选项列表

指令	释义	指令	释义
ACC	接收	SBY	候补状态
MOD	修改	R	重新打印行李牌
BAG	行李牌放出或重新放出	SEA	自动换飞机后重新分配座位的旅客
DEL	被删除，包含 DEL 之前的信息	Z	转换航班的旅客
RES	订座留座	ASR	所占座位为预定 VIP 座位
PRC	行李与他人合计，记录在本人身上	XBT	不打印行李牌
PDN	行李与他人合计，记录在别人身上	NPA	对未办手续旅客做修改，接收 PAX（旅客）之前的一些修改
I	转港航班信息		

输入示例：

```
>PR：CZ391/14FEB12TPEK，2
  PNR RL HOL2L
  CRS RL MBP6G
  1. ZHANG/XIAOMING BN198 16E T SFO FF/CZ 102013085 RW BAG1/21/0 M1
  BAGTAG/0999596860/PHX
    0/UA2358/14FEB                V PHX
  ACC PEK 12632 AGT10452/14FEB1311
  BAG PEK 12632 AGT10452/14FEB1311/PHX
  MOD PEK 12632 AGT10452/14FEB1311
```

示例详细识读：

（1）示例第1行：PNR RL HOL2L，订座系统中航空公司记录编号。

（2）示例第2行：CRS RL MBP6G，订座系统中代理人记录编号。

（3）示例第3行：1. ZHANG/XIAOMING，旅客姓名；BN198，登机序号；16E，旅客座位号；T，舱位；SFO，目的地；FF/CZ 102013085，常旅客卡号；RW，申请靠窗座位；BAG1/21/0，一件行李重21千克；M1，成年男人1名。

（4）示例第4行：BAGTAG，行李牌；0999596860，行李牌号；PHX，目的地。

（5）示例第5行：0，有联程航班；UA2358/14FEB，联程航班号日期；V，舱位；PHX，目的地。

3. 提取旅客记录的几种简化格式指令（RL/RN/FB/FSN）

（1）根据记录编号提取旅客记录。

指令格式：RL 记录编号

输入示例：RL 51B80 [，ITEM]

RL 51B80，NACC，NGRP

（2）根据姓氏（姓名全称）提取旅客记录 。

指令格式：RN 姓/姓名

输入示例：RN LI，NACC

RN LIMING

（3）根据登机序号提取已接收旅客记录。

指令格式：FB 登机序号

输入示例：FB 18

（4）根据座位号提取已接收旅客记录。

指令格式：FSN 已安排座位号

输入示例：FSN 12C

（四）接收旅客乘机指令

接收旅客乘机使用 PA 指令，其指令功能：接收旅客或将旅客列为候补旅客；在离港系统中使用 PA 指令正常接收旅客，系统会自动给出旅客的座位号，同时与终端相连的登机牌打印机、行李牌打印机自动打印旅客的登机牌和行李牌。如果旅客没有订座记录或座位未确定，GS 没有限额，执行 PA 指令会将该旅客自动列为候补旅客，并给出候补号。

接收旅客指令可以单独使用，也可以根据 PD、SB、PR 指令等按序号方式接收；每个旅客仅限带一名婴儿，一次仅能接收一名婴儿；接收多个旅客，不必输入旅客性别，并且行李件数、重量跟在第一个旅客姓名后面；电子客票旅客的接收和普通旅客一样，先输出 >ET PROCESSING IN PROGRESS 指令在屏幕上，然后显示结果。

指令格式 1：PA: 序号，选项（该指令中的序号指的是本指令的上一条指令显示结果中的序号）

通常，在 PD、RN、RL、SB 等指令之后执行该指令。接收带婴儿的旅客要输入婴儿姓名，格式为：PA: 序号；INF1 婴儿姓名。

指令格式 2：PA: 舱位目的地，旅客姓名，URES（接收无订座记录的旅客，如果是单航段航班，目的地可以省略不写）。

指令格式 3：PA: 联程航班的舱位目的地，URES（接收联程航段中无订座记录的旅客）

PA 指令格式及示例见表 2-5。

表 2-5　PA 指令格式及示例

指令	选　项	释　义
PA:	1	接收执行上一条指令后，输出结果中的第一名旅客
	1-4	接收执行上一条指令，输出结果中的第一名到第四名旅客
	1，1/10，M1	接收一名携带 10 千克行李的男性旅客，当重量表中男女旅客重量不一样时使用，如果男女旅客重量一样则直接使用 PA1，1/10
	1，1/20；3，CHD1；4；6	接收团体内几名旅客，用“；”隔开不同序号
	1，EXST	接收额外占座旅客，需要占用一个 GO-SHOW 限额
	1，UM1	接收无成人陪伴儿童
	Y1LI/LI，URES	接收一位名叫李丽的无订座记录旅客，舱位是 Y 舱

续表

指令	选项	释义
PA：	Y1LI/LI，URES；1LIU/LIN，URES	接收多个无订座记录旅客，不同旅客之间用“;”隔开
	1，INF1LI/LI	接收带婴儿旅客，婴儿名叫李丽
	1，OCA101YHKG，URES	接收旅客，加入联程航班 CA101，Y 舱，目的地 HKG
	1，O	直接接收订座记录里有联程信息的旅客
	1，R1A	接收旅客到指定座位 1A
	1，SNR1A	将旅客强行接收到 1A 座位（“1A”是最后可利用座位）
	#1，R1A	为未到旅客预留座位 1A
	1，RW	安排靠窗座位（其中，RW 表示靠近窗口。类似的还有：RI 表示靠近走道，RC 表示中间座，RE 表示临近出口，RU 表示上舱等）
	1，RFI	安排靠前、靠走道的座位（其中，RFI 表示靠前、靠走道。类似的还有：RF 表示靠前，RA 表示靠后，RL 表示靠左，RR 表示靠右等）
	1，FFCA/108738498	接收国航常旅客，其卡号为 108738498
	1P1，1/10；1P2，CHD1	接收同一序号旅客，如>PD * 输出结果中的序号 1 中有两名旅客：1. HOSHI/MMR HOSHI/MMS
	1，UPGF	接收旅客并非自愿预升至 F 舱，要 GO-SHOW（候补旅客数量）限额
	1，UPGFV	接收旅客并自愿预升至 F 舱，要 GO-SHOW 限额
	1，DNGY	接收旅客并降至 Y 舱，要 GO-SHOW 限额
	1，T/CA/123456，1/10	接收旅客并输入行李牌号
	1，BLND（DEAF，STCR，WCHR）	接收盲人（如聋、担架、轮椅）旅客
	1，XBT（XBP）	接收旅客不打印行李牌（不打印登机牌）
BC：	1，R	重新打印登机牌
BAG：	1，R	重新打印行李牌
注：一次最多能接收 30 个旅客； 一次接收 N 个同姓（多为家庭旅客）的无订座记录旅客的指令格式为：PA：航班号/DATE/舱位/目的地/N/姓/第 1 个名字/第 2 个名字/……/第 N 个名字，URES		

输入示例：提取姓张的旅客

输入：RN: ZHANG

输出：

>PD: CA101/10APR03 * PEK，1ZHANG　　　　OP/NAM

737/800　GTD/12 POS/GATE BDT0730 SD0800 ED0800 SA1125 FT0325

1. 1ZHANG/DIAN+D5　　　　L HKG L6FTB　O EDI

2. 1ZHANG/YI　　　BN005　17A　　Y HKG　　　　URES

3. 1ZHANG/LIN　　　BN006　20F　　Y HKG　　　　ACS URES

输入示例：接收执行上条指令后，输出结果中序号为 1 的旅客，同时接收一件

重 10 千克的行李

输入：PA1，1/10

输出：

PA: CA101/10APR03LHKG1，1/10 1

AV F8Y149　　　PAD F0Y0

737/800　GTD/12 POS/GATE BDT0730 SD0800 ED0800 SA1125 FT0325

1. ZHANG/DIANYING　　D5 BN007　25A　　　O BAG1/10/0

O/CI651/10APR　　　　UN-CHECKED　　H TPE

RATE NOT FOUND

（五）修改旅客记录指令

1. 修改未接收旅客记录

指令格式：PU:#序号，选项（UPGF 表示非自愿预升至 F 舱，UPGFV 表示自愿预升至 F 舱，NAM1 旅客姓名：修改旅客姓名。其他选项参见 PD 选择项可填写内容列表）

输入示例：为序号为 1 的旅客办理预升舱

输入：PU #1，UPGF

输入示例：修改未接收旅客的姓名为 LI/LI

输入：PU #1，NAM1LI/LI

2. 修改已接收旅客记录

指令格式：PU 序号，选项（同上，不复述）

PU 指令格式及示例见表 2-6。

表 2-6　PU 指令格式及示例

指令	选项	释义
PU:	1，1/10	加一件行李，原有件数+增加件数
	1，NAM1LI/LI	修改旅客姓名
	1，UPGF	升舱，要 GO-SHOW 限额 F 舱
	1，DNGY	降舱，要 GO-SHOW 限额 Y 舱
	1，R1A	换座位，换到 1A
	1，OCA101YHKG，URES	加联程航段 CA101，联程航段无订座记录
	1，1/10，T/CA/123456/PEK	加行李，输入行李牌号
	1，INF1LI/LI	加婴儿，输入婴儿姓名
	1，CHD1	将旅客修改为儿童
	1，FFCA/10876433	为常旅客添加常旅客卡号信息
	YHKG0，1/10	加速运行李（无人行李），在指令 SY 中用 UB 显示，此处 0 表示没有旅客
注：指令里出现的 1 表示执行上条指令后，输出结果中序号为 1 的旅客		

输入示例：提取姓张的旅客

输入：RN: ZHANG

输出：

```
PD: CA101/10APR03 * PEK, 1ZHANG                OP/NAM
    737/800  GTD/112 POS/GATE BDT0730 SD0800 ED0800 SA1125 FT0325
    1. 1ZHANG/DIAN+D5 BN007  25A   L HKG L6FTB   0 EDI
    2. 1ZHANG/YI      BN005  17A   Y HKG         URES
    3. 1ZHANG/LIN     BN006  20F   Y HKG         ACS URES
```

输入示例：修改序号为3的旅客信息，增加一件重15千克的行李

输入：PU:3，1/15

输出：

```
PU: CA101/10APR03YHKG3 1/15
    AV F8Y149    PAD F0Y0
    737/800  GTD/112 POS/GATE BDT0730 SD0800 ED0800 SA1125 FT0325
    1. ZHANG/LIN          BN006  20F        ACS URES BAG1/15/0
    RATE NOT FOUND
```

（六）删除旅客记录或记录中数据项指令

指令格式：PW: -序号，选项（同上，不复述）

PW 指令格式及示例见表2-7。

表2-7 PW 指令格式及示例

指令	选　项	释　义
PW:	-1	删除执行上一条指令后，输出结果中的第一名旅客记录，如果重新接收，BN号不变
	-1-5	删除执行上一条指令后，输出结果中的第一名至第五名旅客记录
	-1，XRES	取消已接收旅客的订座记录，此时指令 PD * 不显示该旅客，如果要提取该旅客记录使用指令 PD *，XRES
	1，XRES	取消未接收旅客的订座记录，此时指令 PD * 不显示该旅客，如果要提取该旅客记录使用指令 PD *，XRES
	1，BAG	减去所有行李
	1，1/10	减去一件行李
	1，FF	减去常旅客卡号信息
	1，INF	减去婴儿
	1，1/10，BT/123456	减去一件行李，并删掉一个行李牌号
	1，1/10，T/CA/123456	减去一件行李，并删掉手动登记的行李牌号
	YPEK0，1/10	减去速运行李，该速运行李的目的地是 PEK
注：指令里出现的1表示执行上条指令后，输出结果中序号为1的旅客		

（七）重新打印登机牌/行李牌指令

指令格式：BC/BAG 序号，R

BC 指令格式及示例见表 2-8。

表 2-8 BC 指令格式及示例

指令	选项	释义
BC：	1，R	重新打印序号为 1 的登机牌
	1-10，R	重新打印序号为 1～10 的登机牌
BAG：	1，R（123456）	重新打印所有行李牌（重打指定的行李牌）
	1，R123456-458	重新打印三个连续的行李牌
	1，R123456/459/461	重新打印三个非连续的行李牌
注：指令里出现的 1 表示执行上条指令后，输出结果中序号为 1 的旅客		

（八）特殊情况电子客票旅客的接收指令

由于数据传输过程中的信息缺失或团队中旅客姓名发音相同等，造成售票系统内有记录但离港系统中提取不到电子客票旅客信息，可用下列方法处理。

（1）在离港系统中，使用 ETKD 指令提取旅客信息。

指令格式：ETKD: TN/ 票号

ETKD: NI/ 证件号

ETKD: NM/姓名

ETKD: CN/记录编码

（2）核对所提取出的电子客票旅客信息，检查客票的状态是否有效，有效则显示为“OPEN FOR USE”。

（3）如核对无误后，执行 GS 指令来增加电子客票对应航段号，客票状态为 OPEN FOR USE 的旅客信息。

PAK1 ZHANG/XIAOMING，1/10，ET2，URES（旅客的舱位等级和姓名必须与提取的信息一致）

输入示例：ETKD: TN/9991100004961

ETKD: TN/9991100004961

ISSUED BY: AIR CHINA　　ORG/DST: HKG/HKG　　ISI: SITI

TOUR CODE:

PASSENGER: ZHANG/XIAOMING

EXCH:　　CONJ TKT:

O FM: 1HKG CA 108 K 20JUN 0830 OK 20K USED/FLOWN

RL: BW4K3 /

O TO: 2PEK CA 115 K 20JUN 1520 OK 20K OPEN FOR USE

RL: BW4K3 /

TO: HKG

FC:

FARE: |

TAX: CNY 80.00HK | OI:

TAX: CNY 50.00YQ |

TOTAL: TKTN: 999-1100004961

电子客票所处的状态由其状态码决定，电子客票常见状态码见表2-9。

表2-9 电子客票常见状态码

状态码	释 义
OPEN FOR USE	客票有效，未使用
USED/FLOWN	客票已使用
CHECK-IN	已办值机手续，准备登机
REFUND	已退票
VOID	客票已作废
SUSPENDED	系统处理（挂起），客票禁止使用
PRINT/EXCH	已换开纸票

自我检测

（1）简要描述国内值机员的工作职责。

（2）简要描述值机岗位的划分及各岗位的基本要求。

（3）简要描述国内乘机登记工作的基本内容。

（4）简要描述机上一般性座位安排应遵循的规则。

（5）简要描述值机员接触危险物品的处置办法。

（6）简要描述国际旅客运输的基本要求。

（7）简要描述国际乘机登记工作的基本内容。

（8）简要描述代码共享方法及其对航空公司的意义。

（9）简要描述在国际值机工作中判断疑似偷渡旅客的方法。

（10）简要描述离港系统的组成及其功能。

第三章

旅客服务业务

学习目标

（1）了解高端旅客服务的业务流程；

（2）掌握重要旅客运输服务的业务要点；

（3）掌握旅客中转服务的业务流程；

（4）掌握各种类型特殊旅客服务的业务流程。

学习内容

（1）高端旅客服务的基础知识及业务流程；

（2）重要旅客身份识别及服务保障要求；

（3）旅客中转服务的基础知识及业务流程；

（4）特殊旅客的分类及服务知识。

第一节　高端旅客服务

案例导入：

某航空公司金卡会员董先生在VIP柜台排队办理值机手续时，值机员正在与张小姐（部门同事）边聊天边办理业务。董先生等了很长一段时间才轮到办理值机手续，因董先生行李中携带了打火机，需开箱拿出打火机。工作人员这时就双手叉在胸前看着他拿行李。董先生在整理行李时向工作人员提出能否帮忙一起整理行李物品，遭到值机员拒绝并称，“根据有关规定，工作人员不能帮旅客整理行李”。董先生对此值机员的服务态度非常不满。航空公司相关部门在调查中发现该值机员经常与旅客顶嘴。

案例解析：

根据《公共航空运输服务质量标准》规定，“对重要旅客和老、幼、病、残、孕等旅客提供特殊服务。”VIP值机柜台设立的目的就是为重要旅客提供优质服务。本案例中，值机员在为旅客办理手续时与同事聊天，在沟通时和旅客争执，不考虑旅客的感受，是违反行业规范的行为。在VIP柜台办手续的旅客对服务具有更高的敏感性和期望值，值机员应该具备足够的服务意识和沟通能力，稍有疏忽，可能会引起旅客不满。当事值机员服务意识淡薄、服务态度差，是有过失的。应就此案例进行研讨，寻找差距，制定有效措施，提高服务意识，改善服务工作，避免此类问题再次发生。这对民航各相关企业提升两舱服务水平有着重要的现实意义。

一、高端旅客服务基础知识

1. 高端旅客的定义及分类

近年来，随着国内外航空市场环境的急剧变化，航空公司之间的竞争日趋激烈，其竞争的重心已经由传统的产品竞争、服务竞争演变为对有限客户资源的激烈争夺。这种变化尤其体现在能给航空公司带来巨大收益潜力的关键旅客群体——高端旅客资源的争夺。高端旅客并不是狭义地指那些社会地位显贵的高官政要或社会知名度高的名人，而是指那些能为航空公司带来丰厚利润的关键旅客群体。对高端旅客的定义和分类各航空公司之间的差别很大，但基本可以总结归纳为：两舱旅客（头等舱和商务舱旅客）及真正意义上的常旅客（一般为持高级别常旅客卡的会员）。

2. 高端旅客的特色服务简介

目前，各大航空公司推出的高端旅客服务项目虽然在地域上、文化上有很大差异，但都是根据其自身定位及高端旅客特点而开展的各项给旅客以尊贵感的特色服务。纵观国内各大航空公司的高端旅客服务，基本都涵盖了如下服务项目。

（1）高端旅客专属值机柜台。当高端旅客来到机场出发厅，门口摆放着鲜花，地面铺着整洁的红地毯，地毯上醒目地标示着“头等舱、公务舱旅客、俱乐部金卡、银卡会员专用值机柜台”，头等舱服务员热情恭候旅客的光临（有些航空公司设有高端旅客专属值机区域）。值机员高效率地办妥一切乘机登记手续，免去高端旅客和经济舱旅客排队拥挤的烦恼。

（2）高端旅客专属安检通道。当旅客办理完乘机登记手续后，旅客可享用头等舱旅客专用安检通道，免除排队等待的烦恼。

（3）高端旅客专属候机休息室。通过安全检查之后，便可前往专为头等舱、公务舱旅客提供的豪华、舒适的专用候机休息室等候登机。旅客可以在休息室内休息娱乐，如喝茶、听音乐、上网、小憩等。

（4）高端旅客专属商务中心。在头等舱休息室内，配置了计算机、传真机、固定电话等设备，免费为旅客提供上网、收发邮件、传真等服务。在头等舱旅客专用商务中心，旅客还可以充分利用候机的时间开展业务工作，做到工作、候机两不误。为了做好“无缝隙服务”，头等舱旅客专用商务中心还提供了各种品牌、型号的手机充电器，使旅客拥有商务旅途中的流动办公室。

（5）高端旅客专人服务。从购买了航空公司机票的那一刻开始，航空公司就会安排专人负责旅客的值机、候机、乘机、接机等一条龙服务，让旅客真正享受到高端旅客专享的尊贵之旅。在候机期间，服务员会送上免费供应的茗茶、饮料、酒水、小吃、湿纸巾、报刊等。

（6）高端旅客专人引导登机。在专用候机区休息，服务员会及时、准确地告知航班信息；登机时，由专人引导，让旅客行程畅通无阻，旅客无须与经济舱旅客一起排队等候。

（7）高端旅客机场内专车接送。在出发厅、到达厅与飞机之间，头等舱旅客专用的贵宾车来回接送旅客登机，安排旅客优先上、下飞机，充分体现头等舱旅客的尊贵身份。

（8）专门提供航班不正常时的服务。如遇航班延误，为高端旅客安排专用的餐食。如果航班延误超过一定时间，提供商务房休息以等候航班。

二、高端旅客服务业务流程

目前，各大航空公司对高端旅客服务的业务流程设计虽千差万别，但都全面改进和提升了原有头等舱、公务舱旅客服务的基本流程。国内各大航空公司的高端旅客服务业务流程基本如下。

（1）订座（售票）时，对高端旅客所提出的特殊服务要求做准确记录，并及时通知相关服务部门提供必要的服务。

（2）为高端旅客单独设立办理乘机登记手续柜台，并且柜台要有明显的标示。

（3）高端旅客排队时间最长不得超过 5 分钟；办理乘机登记手续时间为（不包括团体）无行李托运不超过 2 分钟，有行李托运不超过 5 分钟。

（4）高端旅客服务员为旅客提供文明礼貌、热情周到的服务，熟记高端旅客的名单、喜好，提供姓氏称呼服务。

（5）引导高端旅客上机时，VIP、头等舱或公务舱的旅客按其本人意见可选择在其他旅客登机前或登机后登机。

（6）当需使用摆渡车把高端旅客从候机楼送往飞机时，高端旅客应与经济舱旅客分开使用摆渡车。

（7）遇航班不正常时，尽可能为高端舱旅客提供周到完善的服务，以缓解因航班不正常给高端旅客带来的烦恼。

① 航班延误时，为高端旅客提供应有的通信设施、娱乐设施、良好而适合的餐食。如航班延误信息不确定时，应每隔30分钟通报一次动态信息。

② 航班不正常时，始发站商务调度部门应及时将航班延误情况通知接待单位或高端旅客本人，及时通知各有关经停站和到达站要客服务部门，要客服务部门应及时报告有关领导、部门和接待单位。

③ 航班发生迫降旅客需下机等候时，如有VVIP、VIP、CIP旅客，头等舱、公务舱旅客或特殊服务旅客，应派专人专车做好相应服务工作，提供相应的休息室。若旅客提出终止旅行，则应协助旅客办理相关手续，直至将旅客送到到达厅。

④ 航班不正常需安排住宿时，高端旅客可与一般旅客一起安排，在条件允许下可安排单人单间；重要旅客原则上安排四星级以上宾馆或酒店，安排单人单间，价格以当地标准执行，费用按相关规定执行。

⑤ 发生航班超售时，尽量将提高等级的经济舱旅客与原头等舱或公务舱高端旅客分隔开，以免影响原头等舱或公务舱的高端旅客。

三、重要旅客运输服务

重要旅客由于其身份的特殊性要求，其旅客运输服务流程和要求有特别规定。一般重要旅客均属于航空公司的高端旅客范畴，但又和普通高端旅客运输有一定的区别。因此，将重要旅客运输服务从特殊旅客服务部分提出并纳入高端旅客服务知识部分加以介绍。

1. 重要旅客的分类

对于重要旅客范围的界定和分类，一般将重要旅客划分为最重要旅客、重要旅客和工商界要客。

（1）最重要旅客 VVIP（VERY VERY IMPORTANT PERSON）。

① 中共中央总书记，中央政治局常委、委员、候补委员；国家主席、国家副主席；全国人大常委会委员长、副委员长；国务院总理、副总理、国务委员；全国政协主席、副主席；中央军委主席、副主席；最高人民检察院检察长、最高人民法院院长。

② 国家元首、政府首脑、议会议长及副议长、联合国秘书长。

（2）重要旅客 VIP（VERY IMPORTANT PERSON）。

① 省部级（含副职）党政负责人、在职军级少将（含）以上军队领导；国家武警、公安、消防部队主要领导；港、澳特别行政区政府首席执行领导。

② 外国政府部长（含副职）、国际组织（包括联合国、国际民航组织）的领导、外国大使和公使级外交使节。

③ 由省部级（含）以上单位或我国驻外使领馆提出要求按 VIP 接待的客人。

④ 著名科学家、中国科学院院士、社会活动家、社会上具有重要影响力的人士。

（3）工商界要客 CIP（COMMERCIALLY IMPORTANT PERSON）。

① 工商业、经济和金融界等具有重要影响力的人士。

② 重要的旅游业领导人。

③ 国际空运企业组织、重要的空运企业负责人等。

2. 重要旅客的订座和售票

重要旅客运输服务从订座和售票开始就要加以重视。

（1）辨明要客身份。

凭工作证或军官证辨明重要旅客身份，职务与级别有差异时，以身份比较高者为准。

（2）订座要求。

详细问清职务、级别和所需提供的特殊服务，在有关订座记录中注明，并做好保密工作。重要旅客及随从人员在同一售票处办理业务。VIP 旅客及随从人员的订座情况一定为“OK”状态，VIP 旅客的职务、级别及随行人员的相关情况要在 OSI 项中注明。

（3）出票要求。

除按规定建立电子客票或打印客票外，在重要旅客的姓名后加注“VIP”字样，客票内所填项目应与订座记录逐一核对，并交值班主任检查，确保航班号、日期、起飞时间正确无误。

3. 重要旅客运输信息传递

由于重要旅客的特殊身份，需要在其运输信息的传递环节严加规范和关注，具体有如下要求。

（1）重要旅客的购票手续办理完毕后，在重要旅客的订座记录中用OSI项注明重要旅客身份。通常，座位控制部门要在航班起飞前一天下午4时（各航空公司有各自的规定时间）前将重要旅客的姓名、职务、随行人数、乘机日期、航班、起飞时间、订座舱位、PNR代码、目的地、特殊服务要求和需要的特殊设备等用传真或拍发电报通知公司的航班生产调度部门、运行管理部门和始发站当地航班运行管理部门。

（2）如旅客的身份要求保密或身份不明，则在职务项注明“旅客身份保密”或“身份不明”。发完通知后，应与收文单位电话联系，在确认对方已收到通知后，将对方的电话、受话人和收到的时间记录在传真或电报上。

（3）重要旅客取消旅行或变更航班、日期，办理变更的售票部门或重要旅客上机地点的运输业务部门应及时在计算机订座系统中取消或变更有关订座，或者拍发变更电报通知有关航站的运输业务部门。

（4）航空公司的航班生产调度部门、运行管理部门在接到售票部门报告的重要旅客情况后，要逐项做好记录，并编制次日航班重要旅客乘机名单，报送管理局、航空公司、机场值班领导和有关部门。临时收到重要旅客信息应及时补充通知。

4. 重要旅客服务保障要求

重要旅客服务保障要求各个航空公司存在差异，通常都有专门的贵宾厅（见图3-1）和专门服务团队加以保障，一般保障要求包括如下几个方面。

图3-1　中国南方航空集团有限公司贵宾厅

（1）重要旅客航班的载运限制。重要旅客乘坐的航班上严禁押送犯人；严禁接收重病号或担架旅客。在接收婴儿、儿童及无成人陪伴的儿童时，应严格按规定办理，座位不得超售。通知货运部门，禁止在该航班上装载危险物品，原则上优先安排重要旅客运输。

（2）重要旅客乘机手续的办理。重要旅客及其随行人员的乘机手续在 VIP 值机柜台（见图 3-2）办理。办理乘机手续的时间，与一般旅客的要求一致，如重要旅客未按指定时间到达机场，值机员需将信息及时反馈到航班控制部门。对于重要旅客随行人员的认定，以所获得的重要旅客信息为准。在重要旅客办理乘机手续时，应为重要旅客本人和持头等舱客票的随行人员填发“头等舱服务卡”。在旅客舱单上填写重要旅客姓名后，需在舱单备注栏内注明“VIP”。

图 3-2　中国南方航空集团有限公司 VIP 值机柜台

（3）引导重要旅客登机。重要旅客登机时，应提供相应的引导服务。在航班起飞前，准确填写“特殊服务通知单”，主动向机组交代重要旅客的身份和要求的特别服务事项。

（4）重要旅客服务电报的拍发。航空公司始发站的值机部门在航班起飞后，应及时拍发 VIP 电报，通知有关中途站和到达站的相关要客服务部门，要客服务部门再通知机场各有关单位领导和各有关业务部门。

（5）重要旅客进港服务。重要旅客服务部门应及时了解重要旅客信息，掌握航班的进港动态，做好服务准备：在飞机到达前 1 小时，重要旅客服务部门将航班信息通知接待单位；在飞机到达前 10 分钟，将接待人员引导至停机位。重要旅客到达后，引导重要旅客下机。行李部门应立即按照重要旅客行李到达信息卸机。无信息时，应优先卸下机上带有“VIP”字样标志和头等舱旅客的行李。

（6）航班不正常时，应及时将航班延误的情况电告各有关经停站和到达站要客服务部门，要客服务部门应及时报告有关领导、部门和接待单位。

四、高端旅客服务产品简介

对于高端旅客高职位、高收入、高消费的特点，其航空出行需要更加方便、快捷、舒适、尊贵的高端服务，更看重航空公司提供给他们的全方位和个性化服务。针对这样的需求，以国航、南航、东航为代表的国内航空公司对高端旅客这一特殊群体的增值服务各具特色，以其不同的服务理念，开发新型的服务产品来迎合高端旅客的新需要，争取赢得更多的高端旅客市场份额。下面简要介绍几个国内航空公司推出的高端旅客服务产品。

1. 高端客户经理专注旅客需求

空地一体化优质服务一直是航空公司及地面服务保障部门致力追求的目标，对待高端旅客更需要如此。事实上，高端旅客服务并非只需要这些，航空公司要从如何感动旅客、用心服务等方面去思考，个性化的管家式服务更是不可或缺。

例如，南航为高端旅客专设了高端客户经理，他们随时为高端旅客提供“全程引导服务”。当旅客踏上专用值机柜台前的红地毯时，导乘员主动迎接，根据旅客对座位的喜好办理值机手续，托运大件行李，并引领旅客过安检绿色通道，进入明珠贵宾休息室候机。体验过南航高端服务的旅客基本都会有南航高端客户经理的联系方式，在乘机之前只要给高端客户经理打个电话，就会享受到“一对一”的管家式服务。

2. 个性化变更服务彰显旅客尊贵

在高端旅客享受航空公司为其提供的一条龙服务时，偶尔也会遇到一些如临时更改行程之类的突发状况，航空公司对此也推出了相关配套服务，这其中就包括东航简化高端旅客自愿或非自愿航班变更后更换登机牌的程序。这项服务的推出不仅在最大限度上满足了高端旅客的个性化需求，节约了等待更换登机牌的时间，还免去了二次安检，大大方便了旅客的出行，真正做到了哪里有高端旅客的需求，哪里就有航空公司的优质服务。

3. 营造高端旅客愉悦的候机体验

对于很多旅客来说，等待登机的那段时间是十分无聊的，如果遇上航班延误，体验则会更差。为了给高端旅客创造更加舒适和愉悦的候机体验，各大航空公司不断提升贵宾休息室的服务品质，设立独具特色的品牌服务项目。

目前，东航在虹桥和浦东国际机场共有 10 间贵宾休息室，除提供多种美食外，休息室里种类繁多的报刊成为一大特色。高端旅客在贵宾室内可阅读到当日的各类报纸杂志，其中法语、日语、韩语等小语种报纸的数量也很多，深受旅客欢迎。

与东航不同，国航更注重贵宾休息室的餐食服务。为了满足不同时段航班旅客的就餐需求，国航的贵宾休息室延长了午餐和晚餐的供应时间，并对餐台进行了重新设计，分别设立了冷餐区、热餐区和汤品饮料区，用台布、装饰物对小吃台、就餐区进行了重新装饰。考虑不同国籍、不同年龄、不同性别旅客的差异化需求，两舱休息室进一步丰富了早餐品种，增加了午餐、晚餐简餐供应。

除在餐食方面下功夫外，航空公司还积极改善贵宾休息室的硬件设施，营造高品位的休息环境。南航为高端旅客提供的贵宾休息室按照季节变化以“春暖花开”“夏日清凉”“秋高气爽”“冬意绵绵”四大主题为架构，应季花卉的更换、计算机桌面的设计等无不围绕这四大主题进行策划，营造出亲切、自然的休息环境，让旅客找到家一般的温馨感觉。

4. 信息技术助力提升高端旅客服务

国航开发了高端客户管理系统，建立高端旅客旅行习惯档案。在地面服务部的系统中，储存着国航 4700 多名白金卡旅客的 5000 多条信息，详细记录着旅客的习惯、爱好等，有效地帮助国航进一步提升了高端客户个性化服务水平。和国航类似，南航也拥有一个高端旅客数据库，两舱、金银卡会员等高端旅客的饮食喜好、座位喜好等信息都会录入其中，待旅客再次选择南航，光临贵宾休息室时，服务员会主动送上客人喜欢的饮料，让旅客感受到贴心的服务。此外，南航在广州还设有高端调度中心，通过调度中心密切跟踪高端旅客服务动态，接收系统内各单位的高端旅客服务信息并进行处理，及时向业务部门发布动态信息，实现高端服务信息的有效传递和对高端服务的人员、车辆等进行有效的调度。

第二节 旅客中转服务业务

案例导入：

郭小姐乘坐的 XX 航班到达 A 地，计划是转次日 YY 航班前往美国，由于 XX 航班未按计划起飞，当郭小姐到达 A 地中转柜台时，地服人员为其办理了登机牌，但最后她还是误机了。经相关部门调查，XX航班因空中管制原因延误，当晚22:45到达A地，中转柜台于23时为郭小姐办理了转机登机牌并告知旅客立即前往国际出发厅去办理联检手续。YY航班起飞时间为次日00:05，郭小姐到达国际出发厅是23:30，由于航班值机已关闭，各联检单位均已停止办理出境手续，致使旅客无法搭乘YY航班成行。郭小姐向有关部门提出投诉，要求赔偿相关损失。

案例解析：

当中转旅客因前段航班延误而影响衔接后段航班时，应有处理预案并及时做好相应准备工作，尽可能缩短旅客的中转时间。对衔接时间较为紧张的中转旅客，应由中转服务人员带领前往相应的出发厅。在无足够时间中转的情况下，应向旅客做好解释工作，安排当晚住宿，协调解决方案。随着航空公司打造枢纽型机场战略的实施，中转旅客数量将不断增加，本案例出现的概率将增大。打造枢纽战略实施的关键就是优质、高效的中转服务，特别是针对本案例中出现的特殊情况的处理，应设置预案，规范流程，加强培训。

一、旅客中转服务基础知识

随着航空市场竞争日益激烈，国内外各航空公司都纷纷重新设计航线以降低运营成本。在大型网络化航空公司的实践运营中，航空公司发现可以将航线设计集中于某些地理位置优越、自身旅客吞吐量大的机场，从而打造一些区域性、国际性的枢纽机场，并由此构建中枢型航线网络体系以降低航空公司运营成本。而确保枢纽机场打造成功的关键就是优质的中转服务，枢纽的建立需要将旅客汇集到区域性干线上来，汇集的效果由旅客中转的便捷性决定。

1. 旅客中转服务的概念

中转即转机，是旅客由于旅行的需要而在航程中某一点衔接续程航班。例如，某旅客由南宁飞往三亚，由于没有直达航班或直达航班时间不合适，可能需要先由南宁飞到广州，再换乘飞机飞到三亚，也就是说该旅客在广州中转。

一般情况下，中转是由客观原因造成的，如航空公司没有提供直达航班，或者旅客出发当地没有开通直达的航线，旅客只能选择联程航班。如果某旅客想从宜昌飞往新加坡，而宜昌没有直达新加坡的航班，该旅客可选择在广州中转。有时，旅客为了节省路费、享受特别的服务或在转机地点会见朋友，也会选择中转联程航班。

按照国际航空运输协会相关要求：旅客在转机点停留的时间在24小时以内，一般称该转机点为非中途分程点；旅客在转机点停留的时间超过 24 小时，一般称该转机点为中途分程点。显然，转机点包括中途分程点和非中途分程点。确定航程中的中途分程点和非中途分程点的数量是十分重要的，这是确定航程类别进行运价计算、填开客票及提供中转服务的基础。

在国内，中转服务又是航空公司针对购买联程机票的旅客而开展的空地一条龙服务。从售票环节开始，每个部门都会把中转旅客的姓名、人数、换乘航班情况通知后续部门。中转旅客到达机场，只要在到达大厅找到中转服务柜台，便会有专人协助其提取行李、办理后续航班登机手续，以此提高旅客中转的效率，最终提升联程航班的上座率。

2. 最短中转时间

通常，大多数旅客愿意乘坐直达航班，而不愿意乘坐中转联程航班。为了旅客及其行李能在转机点顺利衔接，保障旅客和航空公司各自的权益，国际航空运输协会综合机场服务设施、机场联检单位、航空公司地面保障情况等因素，制定并监管全球各机场的最短中转时间（MINIMUM CONNECTING TIME OR MCT）标准。最短中转时间就是指：在正常情况下，在制定机场由一个航班中转到其续程航班旅客所需花费的最短时间。在实际操作中，通常旅客的转机时间都在标准最短衔接时间之内。国际航空运输协会在官方航空指南（OFFICIAL AIRLINES GUIDE）中按字母顺序排列公布各城市机场的标准的最短衔接时间。如果旅客选择联程航班出行，售票员应根据 OFFICIAL AIRLINES GUIDE 中公布的中转机场的最短衔接时间的规定填开客票；在始发站，值机员应检查旅客在中转机场的最短衔接时间是否足够，来决定是否需要向旅客声明相关的免责条款；在中转机场，航空公司中转部门应协助由于各种原因造成的实际转机时间少于最短衔接时间的旅客及其行李顺利转机。

例如，南航在广州枢纽国际转国际最短衔接时间（MCT）为 60 分钟，对于转机时间短的急转旅客，将提供机口接机全程引导服务。

3. 中转旅客的类型

通常，根据中转旅客的出发航班和续程航班相应的国内或国际运输情况，中转旅客可分为“国内转国内”中转旅客、“国内转国际”中转旅客、“国际转国际”中转旅客和“国际转国内”中转旅客。例如，旅客由武汉前往悉尼在广州转机，武汉至广州是国内航班，广州至悉尼是国际航班，该旅客属于“国内转国际”中转旅客。如果“国际转国际”中转旅客持有入境签证，且本人需要入境，该旅客属于

“入境再出境”中转旅客；如果旅客没有入境签证，或者本人不需要入境，该旅客属于“过境”中转旅客。“过境”中转旅客一般情况下只能在移民局监管下的机场过境厅内停留。

根据中转旅客的出发航班和续程航班所属的航空公司不同，中转旅客可分为“同航转机”旅客（同一航空公司航班之间的转机旅客）和“跨航转机”旅客（不同航空公司航班之间的转机旅客）两种。例如，某旅客由武汉前往悉尼在广州转机，武汉至广州的航班是东航的航班，而广州至悉尼的航班是南航的航班，该旅客属于“跨航转机”旅客。

如果在同一个城市中有两个以上的营运机场，中转旅客可能在同一机场内转机或在不同机场之间转机。例如，上海市有虹桥和浦东两个国际机场，某旅客由东京经上海转机前往三亚，该旅客乘坐由东京飞往上海的东航航班降落在浦东国际机场，而由上海飞往三亚的南航航班则在虹桥国际机场起飞，该旅客就属于同一城市、不同机场之间的转机旅客。

二、旅客中转服务业务流程

1. 旅客中转准备工作

为了确保中转工作的顺利开展，航空公司从事中转服务业务的人员需要认真做好相应的准备工作。

（1）查看中转旅客名单，了解需转乘本公司或其他承运人航班的旅客人数。

（2）如果由于该航班的延误而造成旅客转接航班的衔接时间不够，应做好各种必要的应急准备以帮助有关旅客迅速办理转机手续。

2. 旅客中转服务流程

依据旅客中转服务的四种分类，分别介绍其服务流程。

（1）国内航班中转国内航班。

“国内转国内”中转旅客，是指航程均在同一国境内的转机旅客。旅客在国内到达厅提取托运的行李后，即可在中转柜台办理联程航班的乘机手续。国内中转柜台工作人员按照国内旅客运输的规定查验旅客的机票、证件后，为旅客办理登机牌和行李托运手续，然后指引旅客前往国内出发厅登机。

国内航班中转国内航班服务流程如下：

① 根据外站传真或从中转旅客信息查询系统中，了解中转旅客的信息情况，并

在转机记录本上记录办理了“一票到底”手续并有行李托运的旅客的序号、行李件数及重量，以便核对。

② 航班到达后，中转员到飞机上接回“一票到底”的相关文件，并核对张数、航段是否正确。

③ 根据行李牌分拣已办理“一票到底”手续的旅客行李，直接与装卸人员交接并填好交接单。

④ 为未办理“一票到底”的中转旅客办理转机手续、机票再证实，并为中转旅客提供购票服务。

⑤ 将交接单与转机记录本上的行李信息进行核对。如发现有不符，立即与始发站联系，以便在离港系统中及时修改。

⑥ 复核中转旅客人数、行李件数及重量。

⑦ 将乘机联的航段、张数在乘机联本上登记清楚。

⑧ 交接在中转站办理转机手续的旅客行李。

（2）国内航班中转国际航班。

“国内转国际”中转旅客，是指国内到达航班旅客在中转站办理出境手续后转接续程航班为国际航班的旅客。旅客到达中转站后，自行认领托运行李，在中转人员的协助下，前往“国际出发厅”；经过出发海关、检疫部门的检查后，在国际值机柜台办理乘机手续。

国内航班中转国际航班服务流程如下：

① 根据外站传真或从中转旅客信息查询系统中，了解中转旅客的信息情况。

② 接收旅客，查验旅客护照、机票，为旅客换领登机牌；为旅客的托运行李拴挂临时寄存行李号码卡，将机票底联及行李领取卡交给旅客，并告知旅客在航班起飞前 90 分钟到国际中转柜台领取行李过海关，并发放登机牌。

③ 为旅客提供购票、机票再证实、介绍宾馆等服务。

④ 集中行李，在规定时间内运送到国际柜台，将行李和登机牌交由国际中转柜台按时发放。

⑤ 清点国际乘机联或相关文件，在国际乘机联本上注明航程、数量。

（3）国际航班中转国内航班。

“国际转国内”的中转旅客是国际到达航班旅客在中转站办理入境手续后转接续程航班为国内航班的旅客。“国际转国内”的中转旅客到达中转站，办妥相关的联检手续后，前往中转柜台。中转工作人员按照国内旅客运输的规定查验“国际转国内”旅客的机票、证件后，为旅客办理登机牌和行李托运手续，然后指引旅客前往国内出发厅登机。

国际航班中转国内航班服务流程如下：

① 根据外站电传掌握转机旅客人数、行李件数和重量；核对数据后，在转机记录上记录“一票到底”旅客的序号、行李件数及重量，以便核对。

② 航班到达前10分钟等候飞机，接收乘机联。

③ 核对乘机联航段、日期、数据的准确性，在乘机联上写明接收的序号、座位号、行李件数及重量。

④ 引导协助佩戴中转标志的转机旅客过联检部门。

⑤ 旅客出关后，中转工作人员引导旅客到国内中转柜台，核对已办理“一票到底”旅客的登机牌序号、行李件数及重量。

⑥ 为未办理“一票到底”的中转旅客办理转机手续、再证实机票，并为中转旅客提供购票服务。

⑦ 复核中转旅客的所有信息，包括人数、行李件数及行李重量。发现实际到达的中转旅客信息与转机记录上的信息不符时，及时做出更改。

转机记录上有行李，但旅客未与中转柜台联系，在旅客接转的续程航班起飞前40分钟将该旅客在前站接收的行李信息删除。如登机后发现少该名旅客，按出发航班无行李旅客未登机处理。

如旅客在中转站未按规定提取行李过海关，工作人员应将该旅客的行李信息删除，将行李交行李查询部门处理。

⑧ 将乘机联的航段、张数在乘机联本上登记清楚。

⑨ 交接行李，并做好交接记录并签字。

（4）国际航班中转国际航班。

“国际转国际”中转旅客是指国际到达航班旅客在中转站办理入境或过境手续后，再转接续程航班为国际航班的旅客。“国际转国际”中转旅客只持有“过境”签证，旅客到达后，不能随意离开边防检查站监管的“过境厅”，旅客的乘机手续只能由中转服务人员协助办理。“国际转国际”中转旅客符合入境要求并且需要入境，由旅客本人自行办理入境的边防、海关及检疫检查手续，并自行认领托运行李，前往“国际出发厅”办理出境和联程航班乘机手续。在有中转服务的机场，旅客可以在国际中转柜台提前办理领取登机牌的手续，但必须自行携带托运行李经过出发海关、检疫部门的检查后，在国际值机柜台办理行李托运手续。

国际航班中转国际航班服务流程如下：

① 根据系统数据、外站电传等，预先了解转机旅客情况；预先做好接收前一航站的未办理“一票到底”手续的旅客，准备足够的中转标贴；当旅客已办理“一票到底”手续但前站未收乘机联时，列出已被接收的旅客序号，并相应地注明行李件数及重量。

② 航班到达后，在到达大厅处为未办理手续的转机旅客粘贴中转标贴，引导旅客过联检部门，并查验旅客机票。

③ 为未办手续的旅客换登机牌，同时查看旅客托运行李的件数及行李牌的目的地的行李牌，如发现行李未挂至目的地的行李牌，则重新挂牌。核对已办手续的旅客的登机牌，查验登机牌的目的地和序号、行李的件数及重量和目的地，发现问题及时处理。

④ 引导旅客办理出境或过境手续。

⑤ 核对完转机的行李件数和目的地后，统一与相关部门做好交接工作。

⑥ 复核中转旅客人数，中转行李件数、重量。

3. 旅客转机电报识读

为了旅客能在中转站顺利转机，始发航班航空公司工作人员通常会通过拍发旅客转机报（简称 PTM）的方式，告知到达站及中转站相关部门转机旅客姓名、联程航班、转机行李等相关信息。在没有安装电报系统的航站，工作人员可以采用传真、电子邮件或电话等方式传递中转旅客信息。始发站或中转站工作人员还可以在中航信订座系统或离港系统中输入相关指令，从而获得中转旅客的相关信息。

旅客转机报在航班起飞后，由值机部门立即向后续所有航站相关部门拍发。目前，大多数国内航站都使用中航信离港系统办理乘机手续，离港系统会在每个航班最后关闭时，自动向相关航站发送旅客转机报。作为值机工作人员，尤其是中转值机员，应该理解旅客转机报的内容，以便能够预知中转旅客的相关信息，从而做好中转服务工作。

旅客转机报的报文格式遵循 IATA 标准，它由以下几个部分组成：

收报地址	HKGKPCX
发报识别地址及发报日时组	. CANAPCZ 141515
电报识别代号	PTM
航班信息	CZ303/14FEB CANHKG PART1
转机旅客数据	CX408 TPE 1Y 2B
转机旅客姓名	ZHANG/XIAOMING

电报结束部分　　　　　　　　　　　ENDPTM

旅客转机报中的转机旅客数据部分有两种编辑方式：一种是按照转机航班号、目的地、舱位等编辑的数字方式；一种是按照旅客姓氏、航班号、目的地、舱位等编辑的姓名方式。如果没有转机旅客，在旅客转机报中航班信息的下一行输入“NIL”来表示。

三、航空公司中转服务产品简介

目前，各航空公司都十分重视旅客中转服务，在中转服务产品的设计上也有很多创新。南航是我国最早开发中转服务产品的航空公司之一。由于南航拥有国内最大的航线网络，优质的中转服务对其而言十分重要，下面简要介绍南航在中转服务产品方面的创新。

1. 中转信息中心

中转信息中心是南航中转部门各岗位工作的调度中心，它是中转信息收集和发布的核心部门，承担本部门和协作单位的沟通工作，协调“一票到底”“同机中转”“机转机”“隔夜中转免费住宿”等中转服务的工作，监控不正常航班及特殊中转旅客转机情况，解答南航驻外办事处、分公司、机场协助单位工作人员及南航中转旅客的相关问题。

2. “一票到底”业务

南航旅客在开通了南航中转“一票到底”业务的机场，可以同时一次性办理始发航班和经中转的联程航班的乘机手续。如果某旅客搭乘的是南航国内转国内航班，在广州转机时，该旅客无须再次办理乘机手续，可凭在始发机场办理的联程航班的登机牌直接登机；在目的站，该旅客可凭在始发机场办理的联程行李票直接提取托运的行李。

3. “同机中转”业务

选择了南航同机中转航班的联程旅客在始发站办理了“一票到底”手续后，在中转站不需换乘飞机，即可搭乘同一架飞机前往目的地。

4. “机转机”业务

国内转国内的南航转机旅客在广州机场的实际转机时间少于标准衔接时间时，如旅客按照正常的转机程序无法衔接后续航班，可在南航中转工作人员的协助下由到达航班直接转至出发航班上。

5. “隔夜中转免费住宿”服务

当旅客持有已订妥座位的南航联程航班机票，当日无法接转续程航班时，南航中转部门将为旅客免费提供一晚住宿，并赠送一份精美早餐，让旅客真正体会到南航中转的“无缝隙服务”。

第三节　特殊旅客服务业务

案例导入：

某航班机长以张女士（肺癌患者）所办手续不符合要求，不能提供适宜乘机证明为由拒绝旅客登机。经多方协调，张女士未成行并导致航班延误一个多小时后起飞。旅客张女士认为自己是按照当事航空公司的特殊旅客要求办理的相关手续，但仍未能成行，为此提出投诉。

案例解析：

根据《中国民用航空旅客、行李国内运输规则》第三十四条规定：“无成人陪伴儿童、病残旅客、孕妇、盲人、聋人或犯人等特殊乘客，只有在符合承运人规定的条件下经承运人预先同意并在必要时做出安排后方予载运。”此案例中，该旅客是肺癌患者，航空公司售票及地面服务环节均须按照规定为病残旅客办理手续，检查旅客出具的医院证明并要求填写免责书后予以办理，视旅客乘机前状态并有要求旅客在航班起飞前接受机场急救中心的适宜乘机身体检查的权利。根据《中华人民共和国民用航空法》第四十四条：“民用航空器的操作由机长负责，机长应当严格履行职责，保护民用航空器及其所载人员和财产的安全。机长在其职权范围内发布的命令，民用航空器所载人员都应当执行。”在此案例中，机长作为旅客的空中人身安全的责任人，有权要求检查病残旅客等特殊旅客相关乘机资料。地面服务部门有必要在机长要求的情况下，提供旅客适宜乘机的相关证明，不能因为自身工作环节已经完成，就忽视下一环节的岗位操作责任。民航运输是一个整体的团队，特别是在特殊旅客运输工作中，应事先做好相关业务部门的协调工作，切忌各自为政，特别要注意销售、值机、地服、机组甚至机务部门的工作衔接，给旅客统一回复，避免出现旅客因信息混乱而导致服务体验较差的情况。

一、特殊旅客服务概述

1. 特殊旅客概念及意义

在民航运输领域中，特殊旅客专指需要给予特殊礼遇和照顾，或由于健康、用药和精神状况等其他情况，在旅途中需特殊照料并符合一定条件才能运输的旅客。随着民航业务的进一步细化，给予特殊礼遇服务的旅客被划归在高端旅客服务业务对象范畴，在第一节已介绍，本节不再赘述。

特殊旅客服务工作是事关航空公司及机场空地服务质量全面提升的关键环节，也是提升旅客对航空公司及机场优质服务认可度的重要因素。如何做好民航特殊旅客运输服务工作是中国民航业内长期关注的课题。

特殊旅客虽然是民航运输中极其少数的群体，但是航空公司及机场的旅客服务部门应十分重视。特殊旅客的情况一般都比较复杂，是民航旅客运输的重点和难点。其重点性表现为：特殊旅客运输服务如果处理不当，就容易给特殊旅客本身造成不良影响或波及其他旅客的航空运输感受，更有甚者会危及航空运输安全。其难点性表现为：提供特殊旅客服务的概率较小，特别是在中小型机场，特殊旅客服务出现的次数更是很少，民航运输一线服务人员缺乏特殊旅客服务的经验是造成特殊旅客服务难点的最大原因。

2. 特殊旅客分类

民航运输有其自身特殊性，其特殊旅客分类的标准和要求与其他行业要求有一定区别。中国民用航空局颁布的相关文件规定，特殊旅客（重要旅客除外）可以分为婴儿、无成人陪伴儿童、孕妇、病残旅客（盲人、担架旅客、轮椅旅客）、酒醉旅客、犯罪嫌疑人（有人陪伴遣返旅客）、特殊餐食旅客等。随着今后旅客个性化需求的增加，特殊旅客范围将不断扩大。

特殊旅客服务主要体现为购票、值机和机舱三个环节提供的特别安排和程序，三个环节的相互协调配合才能让需要特殊服务安排的旅客感受到优质的民航服务。

各个航空公司及机场针对特殊旅客服务都提出了各自一整套差异化解决方案，但基本都遵循如下规定。

（1）因旅客的行为、年龄、身体和精神状况不适合航空旅行，或者使其他旅客感到不舒适或反感，或者对其自身、其他人员或财产可能造成任何危险或伤害的，航空公司依据自己合理的判断，有权拒绝运输这类已持有客票的民航特殊旅客及其行李。

（2）特殊旅客必须在订座时提出申请，只有在符合申请航空公司规定的条件下，经航空公司相关部门预先同意，并在必要时做出相应安排后方可收受其购票和乘机。

（3）由于特殊旅客需要特殊的照顾和服务，可能会影响空服人员对同一航班的其他旅客服务质量。因此，每个航班对接收的各类特殊旅客（重要旅客除外）应有数量限制，对特殊旅客接收人数的控制由航班控制部门负责。

（4）通常，航班控制部门要在航班起飞前一天下午 4 时（各航空公司有各自的规定时间）前将所有的特殊旅客情况，包括旅客的姓名、职务、随行人数、乘机日期、航班、起飞时间、订座舱位、PNR 代码、目的地、特殊服务要求和需要的特殊设备等用传真或拍发电报的方式通知公司的航班生产调度、运行管理部门和始发站当地航班运行管理部门。

以上为民航特殊旅客的定义及分类。由于民航特殊旅客类别较多并且相关服务要求差异较大，将在下一部分对各种特殊旅客运输业务的要求做具体阐述。

二、特殊旅客服务知识

（一）婴儿旅客服务

1. 婴儿旅客购票及乘机的规定

民航运输对婴儿旅客的界定是指自旅行开始之日起乘机人年龄未满 2 周岁的人，其服务代码为 INF。从医学角度来说，一个出生不足 14 天的婴儿是不适合高空飞机客舱环境的。因此，航空公司一般都规定不得接收未满 14 天的新生儿乘机。中国国内航空公司规定，婴儿购票乘机适用成人经济舱全价的 10% 计算票款并不提供单独座位，没有免费行李额，需要和陪伴的成人合用一个座位。如旅客提出需要婴儿单独占用座位时，其应购买儿童票。每位成年旅客携带婴儿超过一名时，超过的人数，应购买儿童票，并可单独占用一个座位。为了方便携带婴儿的旅客，航空公司一般规定可以为携带不占座位的婴儿的旅客免费收运一个折叠式的轻便童车或婴儿摇篮，如果空间允许也可同意其带入客舱。

2. 婴儿旅客乘机登记规定

航空公司及机场值机服务部门应优先为携带婴儿的旅客办理乘机手续。在办理乘机手续时，应索取婴儿的“出生证明”以核实其年龄。应将携带婴儿的旅客安排在婴儿排（飞机上多提供一个氧气面罩的排）或可安装婴儿摇篮的座位，切忌安排在飞机的紧急出口位，为婴儿发无座位号的婴儿登机牌。填写舱单时，应在婴儿姓名后的备注栏内注明“INF”字样，以区别成人旅客。航班起飞后，应尽快拍发旅客服务电报给航班的经停站和到达站，告知其搭乘航班携带婴儿旅客的信息。

3. 婴儿旅客接收数量及座位安排规定

为了达到航空器安全程序要求并保证客舱服务的质量，航空公司往往对航班接收婴儿旅客的数量加以限制。原则上要求每个航班接收婴儿的数量应少于该航班机型的总排数，每排旅客座位只允许安排一位婴儿，并且必须确保可以为每位婴儿提供独立的氧气装置。当然，具体的座位安排办法因航空公司要求不同和其机型的差异而不能统一阐述。在实际业务操作中，往往会安排携带婴儿旅客远离机上头等舱和公务舱座位区域，以免飞行中婴儿的哭闹影响高端舱位旅客的乘机体验。

（二）无成人陪伴儿童服务

1. 无成人陪伴儿童购票及乘机的规定

在民航运输中，儿童是指自旅行开始之日起其年龄在2周岁（含）以上至12周岁以下的人。儿童旅客可划分为有成人陪伴儿童和无成人陪伴儿童两类，其中有成人陪伴儿童是指有家长或18岁以上旅客同行的儿童。因为有成人陪伴儿童在民航运输的全过程中有人照料，航空公司一般将其运输程序视为一般旅客运输。在我国，儿童一般按适用成人全价票价的50%付费购票，占有座位并享有所持客票座位等级规定的免费行李额。

无成人陪伴儿童服务代码为UM，它是航空公司最早推出的一类针对旅客需求的个性化服务项目，旨在服务那些因工作繁忙，无法陪同子女乘坐飞机的旅客，既可以帮助他们节省时间，又可以省去其陪同子女乘机的费用。无成人陪伴乘机儿童，是指年龄在5周岁（含）以上至12周岁以下的无家长或18岁以上旅客同行的儿童。年龄在5周岁以下的儿童，一般情况应有成人陪伴。若其父母申请，则有些航空公司也可提供为年龄在12周岁以上至15周岁以下的儿童，办理无成人陪伴服务。

需要办理无成人陪伴儿童服务的旅客需要在购票时向航空公司提出申请，经销售部门向相关部门提出申请并确定可接收后方能答复旅客，且要求旅客承诺无成人陪伴儿童应由儿童的父母或监护人陪送到乘机地点，并在儿童的下机地点安排人员予以迎接和照料。运输的全航程包括两个或两个以上航段时，在航班经停站，均应由儿童的父母或监护人安排人员予以接送和照料，并应提供接送人的姓名和地址；

如儿童父母或监护人在上述航班经停站安排人接送有困难，而要求由航空公司或在当地雇用服务人员照料儿童时，应预先提出并经航空公司同意后，方可接收运输并为其出票。航空公司出于不影响正常旅客的空中服务质量的考虑，往往会根据机型对同一航班载运的无成人陪伴儿童人数有所规定（见表3-1）。

表3-1 某航空公司机型对无成人陪伴儿童的数量限制

机型	舱位		
	F	C	Y
B-777A	-------	不接收	8人
B-757	-------	不接收	5人
B-737	-------	-------	5人
A-321	不接收	-------	5人
A-320	-------	不接收	5人

2. 无成人陪伴儿童值机服务流程

航空公司一般都需要旅客在办理值机手续前填写《无成人陪伴儿童乘机申请书》（见图3 3），承诺内容的真实，并为无成人陪伴儿童办理乘机所需各项手续。

航空公司应安排专门地面服务人员接待无成人陪伴儿童，并为其佩戴专门使用的无成人陪伴儿童标识，确认儿童是否佩戴《无成人陪伴儿童文件袋》（见图3-4），仔细核对文件袋中的有关凭证资料，如客票、行李票和旅行证件，确保正确无误。检查时，若发现儿童未佩戴《无成人陪伴儿童文件袋》，应予以补发，值机员应填入有关资料，让儿童的父母或监护人确认无误后，方能为儿童挂上；为无成人陪伴儿童办理乘机手续时，应按照如下原则为无成人陪伴的儿童安排机上座位，以最大限度地避免影响其他旅客的客舱服务及体验。

无成人陪伴儿童座位安排原则如下：

（1）安排在便于指定的随机服务员或乘务员照料的适当位置。

（2）靠近机上厨房，最好是过道座位。

（3）若有可能则与其他旅客分开座位。

（4）若座位满座，则应安排与女乘客相邻的座位。

（5）不得安排在应急出口旁的整排座位。

地面服务人员引导和协助无成人陪伴儿童办理安全检查等手续，并引导其进入候机室内休息等候。在广播该航班上客后，地面服务人员将无成人陪伴儿童交给指

天津航空无成人陪伴儿童乘机申请书

UNACCOMPANIED MINOR REQUESTED FOR CARRIAGE-HANDLING ADVICE

儿童姓名 NAME OF MINOR：________年龄 AGE：______性别 SEX：______

（包括儿童乳名-INCLUDING NICKNAME）

与旅客关系 RELATIONSHIP WITH PASSENGER：________________

健康状况 HEALTH：________________

航班号 FLT NO	日期 DATE	始发站 ON DEPARTURE	经停/衔接站 STOPOVER POINT	到达站 ON ARRIVAL

航站 STATION	接送人姓名/有效证件号码 NAME OF PERSON ACCOMPANYING AND VALID ID NO.	电话、地址 ADDRESS AND TEL.NO
始发站 ON DEPARTURE		
经停/衔接站 STOPOVER POINT		
到达站 ON ARRIVAL		

备注 REMARK：

儿童父母或监护人姓名、地址、电话号码

PARENT/GUARDIAN-NAME. ADDRESS. TEL NO.：________________

____

本单为一式三联：第一联为出票联，由出票单位留存；第二联为乘机联，交始发站值机部门留存；第三联为到达联，交到达站服务部门留存。

This form is in triplicate: the first sheet is for issuing, kept by issuing unit; the second sheet is for flight, kept by check-in department of airport of departure; the third sheet is for arriving, kept by the service department of airport of destination.

图 3-3　天津航空无成人陪伴儿童乘机申请书

定的随机服务员或乘务员（见图 3-5），并填写清楚“特殊服务通知单”，交给乘务员。最后，向相关部门报告无成人陪伴儿童的情况，以便于相关部门向经停站或到达站拍发有关特殊服务的电报。

图 3-4 无成人陪伴儿童及文件袋

图 3-5 南航乘务长交代无成人陪伴儿童服务事项

3. 无成人陪伴儿童经停站及到达站服务

经停站工作人员在接到前方站拍发的关于无成人陪伴儿童服务电报后，应在第一时间与迎送儿童的父母或监护人或由他们所安排的人员取得联系，以保证在续程期间有人照料儿童。

对于提供无成人陪伴儿童所要求的服务事项，应将所需费用通知承办的售票服务处。无成人陪伴儿童到达时，应与随机服务员或乘务员进行联系并尽可能为儿童提供协助。如班机在经停站更换机组，应保证无成人陪伴儿童的文件袋转交给下一个机组的随机服务员。

当飞机到达目的地后，指定的随机服务员或乘务员应将儿童和文件袋交给到达站的地面服务人员。地面服务员将儿童和文件袋交给迎接儿童的儿童父母或监护人并签字交接。如遇特殊情况应与始发站联系。航空公司应全力确保将无成人陪伴儿童安全地交给迎接儿童的儿童父母或监护人。

（三）孕妇旅客服务

1. 孕妇购票及乘机的规定

由于大部分民航机在万米高空巡航飞行，飞机内氧气成分相对减少，气压降低，而孕妇对运输条件变化的适应能力比较低，航空公司一般都要求孕妇旅客在申请购票时满足以下运输条件。

（1）怀孕32周或不足32周的孕妇乘机，除医生诊断不适宜乘机者外，可按一般旅客运输。

（2）怀孕超过32周的孕妇乘机，一般不予接收。若有特殊情况，如怀孕超过32周但不足36周的孕妇乘机，应提供包括下列内容的医生诊断证明：旅客姓名、年龄；怀孕时间；旅行的航程和日期；是否适宜乘机；在机上是否需要提供特殊照料。上述诊断证明书，应在旅客乘机前72小时内填开，并经县级以上的医院盖章和该院医生签字方能生效。

（3）预产期在4周以内，或者预产期不确定，但已知为多胎分娩或预计有分娩并发症者，不予接收运输。

2. 孕妇旅客值机服务流程

航空公司及机场地面服务人员在接到有关特殊旅客（孕妇）运输电话通知后，应按通知中所述旅客要求的服务事项做相应的安排。办理乘机手续时，检查必备文件，如《诊断证明书》和《特殊旅客服务需求单》（见图3-6）是否齐备且符合要求。值机员应尽可能为孕妇旅客提供方便出入和服务的座位。如孕妇不能提供有效的医院证明，为确保孕妇及胎儿安全，航空公司可不予承运。

（四）病残旅客服务

1. 病残旅客的定义及分类

在航空运输中，病残旅客是指由于在精神或身体上有缺陷或病态而无自理能力，或其行动需要他人照料的人。如果是年事甚高的老年旅客，即使该旅客没有疾病，航空运输中也应视其为该类特殊旅客，并给予特殊服务（见图3-7）。特别需要指出的是，那些带有些许先天残疾，但行动能自理、不需要他人照料的旅客，不应视为病残旅客。

在航空运输中，病残旅客分类情况因各航空公司规定不同而差异较大，一般包括身体患病、精神患病、肢体伤残、失明旅客（盲人）、担架旅客、轮椅旅客等。后面将对病残旅客运输的业务流程做具体介绍。

Capital Airlines 首都航空

特殊旅客服务需求单（A类）

<table>
<tr><td colspan="8">特 殊 旅 客 服 务 需 求 单 （A类）
（老年旅客、轮椅旅客、特殊餐食旅客、聋哑旅客、携带婴儿旅客、盲人旅客、孕妇、＿＿＿＿＿）</td></tr>
<tr><td colspan="8">尊敬的旅客朋友：非常感谢您选乘北京首都航空有限公司航班，为了给您提供更好的服务，请您详细填写以下内容，在您需要选择的服务项目“□”内打“✓”。</td></tr>
<tr><td rowspan="5">A</td><td rowspan="5">个人
信息</td><td>姓　名</td><td></td><td>性　别</td><td></td><td>年　龄</td><td></td></tr>
<tr><td>航班日期</td><td></td><td>航班号</td><td></td><td>电　话</td><td></td></tr>
<tr><td>始发站</td><td></td><td>经停站</td><td></td><td>到达站</td><td></td></tr>
<tr><td>证件种类</td><td></td><td>证件号码</td><td colspan="3"></td></tr>
<tr><td>地　址</td><td colspan="5"></td></tr>
<tr><td rowspan="2">B</td><td rowspan="2">身体
状况</td><td colspan="6"></td></tr>
<tr><td colspan="6">如果您是盲人或聋哑旅客，是否携带导盲犬或助听犬？ 否 □ 是 □</td></tr>
<tr><td rowspan="4">C</td><td rowspan="4">轮椅
服务</td><td colspan="2">⑴在机场是否需要轮椅服务？否 □ 是 □</td><td colspan="4">□ 能上下台阶，但进行长距离移动时需要轮椅帮助（WCHR）
□ 不能上下台阶，但在客舱中能自己行动（WCHS）</td></tr>
<tr><td colspan="2" rowspan="2">⑵是否携带自有轮椅旅行？否 □ 是 □</td><td>□ 手动轮椅
□ 机械轴环式（WCMP）</td><td colspan="3">□ 在值机柜台进行托运；
□ 希望使用自有轮椅到达登机门，在登机门办理托运；
□ 飞机到达后，希望飞机舱门口提取托运轮椅；
□ 飞机到达后，希望在托运行李提取处提取托运轮椅；
*目前客舱内无法放置旅客自有轮椅，敬请谅解。</td></tr>
<tr><td>□ 电动轮椅</td><td colspan="3">□ 携带可溢出液体电池驱动轮椅（WCBW）；
□ 携带密封式无溢出电池驱动轮椅（WCBD）；
□ 飞机到达后，希望飞机舱门口提取托运轮椅；
□ 飞机到达后，希望在行李转盘处提取托运轮椅；
*电动轮椅装入货舱所需时间较长，因此请您于航班起飞90分钟前到值机柜台进行轮椅托运。</td></tr>
<tr><td colspan="6">⑶ 目前北京首都航空有限公司无法提供客舱轮椅服务。</td></tr>
<tr><td rowspan="3">D</td><td rowspan="3">引导
服务</td><td colspan="6">⑴始发地是否需要引导您到达登机口？　否□　是□</td></tr>
<tr><td colspan="6">⑵中转地是否需要引导您到达中转航班登机区？否□　是□
如选择“是”，请告知您中转航班号＿＿＿＿＿＿起飞时间＿＿＿＿</td></tr>
<tr><td colspan="6">⑶目的地是否需要引导您至到达厅出口？　否□　是□</td></tr>
<tr><td rowspan="3">E</td><td rowspan="3">其他</td><td colspan="6">⑴需要特殊餐食？ 否□　是□
如果选“是”，请您向工作人员索要特殊餐食清单，请指定特殊餐食类型：＿＿＿＿＿＿
*因特殊餐食准备受时间限制，请您在航班起飞24小时前提出申请。24小时以内提出的申请，请联系工作人员，确认是否可以提供此服务。</td></tr>
<tr><td colspan="6">⑵需要特殊座位？ 否□　是□
如果选“是”，请指明：靠近过道座位 □，靠近窗口座位 □，其他＿＿＿＿＿＿</td></tr>
<tr><td colspan="6">⑶其他需求 ＿＿＿＿＿＿＿＿＿＿＿＿＿＿</td></tr>
<tr><td>F</td><td>随行</td><td colspan="6">姓名：＿＿＿＿＿＿＿＿＿＿＿＿＿＿
电话：＿＿＿＿＿＿＿＿＿＿＿＿＿＿</td></tr>
<tr><td colspan="8">我，即为签字者，保证以上内容真实、有效。旅客（监护人）签字：＿＿＿＿＿＿日期：＿＿＿＿＿＿</td></tr>
<tr><td colspan="8">北京首都航空经办单位：＿＿＿＿＿售票处或地面服务单位；经办人签字：＿＿＿＿；日期：＿＿＿＿</td></tr>
<tr><td colspan="8">备注：①无人陪伴儿童申请乘机，不适用此单据申请特殊服务，请使用《特殊旅客服务需求单（B类）》
②如果在航行过程中需进行医学护理而要用到某种医疗设备（如氧气瓶等）或担架，或完全无自理能力，需要轮椅，在客舱座位就座或离开时需要帮助（WCHC）或患病旅客或怀孕超过8个月（32周）（含）但不足9个月（36周）的健康孕妇，不适用此单据申请特殊服务，请使用《特殊旅客服务需求单（C类）》。
③此单一式两联，无碳式复写，第一联为航空公司联，由接受旅客服务申请经办单位留存；第二联为旅客联。</td></tr>
</table>

HNA TOURISM 海航旅业 海航旅业集团成员

图3-6　特殊旅客服务需求单

图 3-7　南航地服人员为老年旅客服务

2. 病残旅客购票及值机规定

病残旅客往往需要航空公司提供特殊服务，并准备特殊服务器具。因此，病残旅客在购票前需要向航空公司有关部门提出申请，经过航空公司允许后方能购票并享受特殊服务。航空公司一旦为病残旅客出票就意味着承诺接收病残旅客乘坐飞机的要求，需要协调相关部门做好各项服务准备工作。

航空公司及机场地面服务人员在收到航空公司销售部门拍发的病残旅客运输通知电报之后，应检查各有关部门对运输病残旅客的准备情况，如担架、轮椅、升降机、餐食等。值机人员应仔细验收旅客的“诊断证明书”和“特殊旅客乘机申请书”，并留存，尽量将病残旅客安排在靠近客舱服务员的座位或靠近舱口的座位（但绝不能安排在应急出口处的座位）上。地服人员应在座位布局（表）上标明病残旅客座位号，并向当班乘务长做简要交代，安排病残旅客提前登机以免影响其他旅客的运输。飞机起飞后，地服人员需向该航班沿途所经各站发“病残旅客运输电报”通知各有关站。

3. 失明旅客运输规定

失明旅客（盲人）服务代码为 BLND。航空公司通常把失明旅客分为有导盲犬引路的盲人旅客和无成人陪伴的盲人旅客。有成人陪伴旅行的失明旅客航空公司一般视为正常旅客运输。有导盲犬引路的盲人旅客可以免费携带其导盲犬进入飞机客舱；无成人陪伴盲人需要由地服人员协助送到登机门，由乘务员协助引导到其指定座位上，并由乘务员口述相关设备的使用办法。为了不影响航空运输服务质量，航空公司一般会限制航班上失明旅客的运输人数。通常，同一航班上失明旅客或聋哑旅客不得超过 2 名。

4. 担架旅客运输规定

担架旅客服务代码为STCR，指在飞机上无法在客舱座位上就座，必须处于水平状态的旅客。由于担架旅客往往是病情较重的旅客，因此其运输条件相对严格，必须至少有一名医护人员或家属陪同。

担架旅客在购票时需向航空公司提出申请，经过航空公司综合各方面因素后答复旅客是否承运，其票价通常为成人经济航票价的6倍，且在器具条件符合要求的航段上每个航班只能载运1名担架旅客。当航空公司地服人员接到担架旅客通知后，机场值机部门在为旅客办理乘机手续时，应做好以下安排：提早了解预留、拆座的座位数等有关信息；安排值机人员协助旅客或其家属办理乘机手续；通知有关单位准备所需的车辆、人员到场；落实拆座情况，必要时，值机员须上机检查；拆座位必须本着避免影响紧密门的使用和乘务员的服务的原则；担架旅客应先安排登机；飞机起飞后，应发电告知本站各有关单位及各中途站、到达站等相关部门；担架旅客一般应安排最后下机。

5. 轮椅旅客运输规定

轮椅旅客（见图3-8）是相对常见的病残旅客。在航空运输中，轮椅旅客一般分为以下三种类型。

（1）客舱轮椅旅客，服务代码为WCHC。此类旅客尽管能在座位上就座但完全不能动弹，并且前往或离开飞机、休息室时需要轮椅。在上下客梯和进出客舱座位时需要背扶。

（2）客梯轮椅旅客，服务代码为WCHS。此类旅客可以自己进出客舱座位，但上下客梯时需要背扶，远距离前往或离开飞机、休息室时需要轮椅。

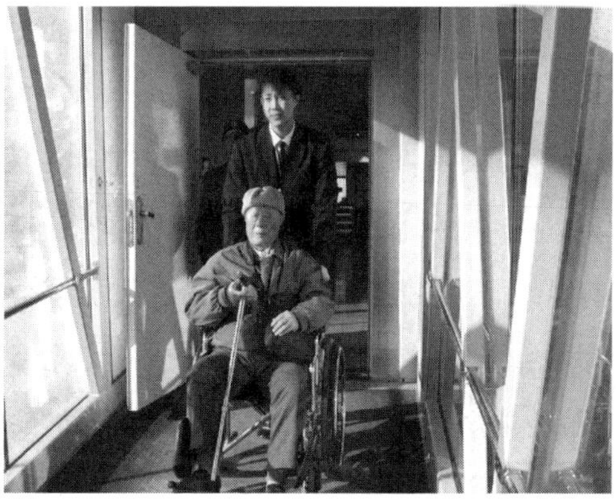

图3-8　轮椅旅客服务

（3）机坪轮椅旅客，服务代码为WCHR。此类旅客能够自行上下客梯，并且在机舱内可以自己走到自己的座位上去，但远距离前往或离开飞机时，如穿越停机坪、站台或前往休息室，需要轮椅。

为了不影响对其他乘客的服务质量，航空公司一般会对每个航班上接收到的各种旅客人数有一定限制，对不同的轮椅旅客有不同的人数限制，WCHC和WCHS共2名，WCHR的接收人数不限。

（五）酒醉旅客

酒醉旅客是指酒精、麻醉品或毒品中毒，失去自控能力，在航空旅客中明显会给其他旅客带来不愉快或造成不良影响的旅客。航空公司一般不接受其乘坐飞机的要求。航空公司工作人员有权根据旅客的言谈、举止判断旅客是否属于酒醉旅客。若在飞行途中，发现旅客处于醉态，当乘务长判断其不适应旅行或妨碍其他旅客的旅行时，机长则有权令其在下一经停地点下机。酒醉旅客被拒绝乘机时，如需退票，按自愿退票处理。

（六）犯罪嫌疑人

在我国，执行押解犯罪嫌疑人任务实行“谁押解，谁负责”的原则，未采取防范措施、不能确保安全的，不准乘坐民航班机。公安机关押解犯罪嫌疑人，一般不准乘坐民航班机。确实需要乘坐民航班机押解犯罪嫌疑人的，必须报经押解单位所在地或押解出发地省、自治区、直辖市公安厅、局批准。各地公安机关执行押解任务前，必须征得航班出发当地民航公安机关同意，并办理相关押解手续。由境外押解犯罪嫌疑人、偷渡人员乘坐民航班机回国的，必须经押解单位所在地省、自治区、直辖市公安厅、局批准后，报中国民用航空局同意，由中国民用航空局通知民航相关单位协助。监送人员在运输的全航程中，对所监送的犯罪嫌疑人负全部责任。

航空公司一般对接收运输犯罪嫌疑人是有限制条件的，犯罪嫌疑人及其押解人员仅限于乘坐经济舱。每个航班可同机押解三名（含三名）以下的犯罪嫌疑人，押解警力应3倍于犯罪嫌疑人，必须落实各项安全防范措施，可以使用必要的械具，防止失控。但在任何情况下都不得将犯罪嫌疑人铐在机舱座位或航空器内其他无生命的物体上。押解人员乘机时不得携带武器，内紧外松，早上机，晚下机。重要旅客乘坐民航航班禁止押解犯罪嫌疑人、偷渡人员。运输犯罪嫌疑人，只限在运输始发地申请办理订座售票手续。

在办理犯罪嫌疑人值机手续时，工作人员需查验旅客的押运证明，同时核查押运犯罪嫌疑人是否已向航空公司申报并获得批准。押解人员和犯罪嫌疑人必须提前登机，并安排在客舱尾部的三人座，被押解人员坐中间座位。他们的座位不能靠近或正对任何出口，也不能在机翼上方的舷窗出口旁。到达目的地后最后下机。

在空中飞行时，要求押解人员在进入机舱前及整个飞行途中将犯罪嫌疑人戴上手铐，并尽可能适当伪装，以免影响其他旅客。值机员应将航班有犯罪嫌疑人的信息报给航班乘务员，做好交接记录，并提醒机组注意，不要使犯罪嫌疑人接近可能造成危害的物品。航班起飞后，拍发电报通知各经停站和到达站。

（七）特殊餐食旅客服务

航空公司可以为不同民族饮食习惯和有不同宗教信仰的旅客提供特殊餐食服务。航空公司提供特殊餐食服务的工作流程如下。

（1）旅客申请特殊餐食必须在购票或订座时提前预订。

（2）旅客在机场临时申请特殊餐食必须符合航班始发地或经停点的配餐最短时间规定，旅客不能临时更改特殊餐食品种。

（3）犹太餐不接受临时申请，必须预订。

（4）值机员在航班开始办理前通过计算机系统或商务调度了解特殊餐食预订情况。

（5）值机员在接收每位旅客时，应查看计算机中有无特殊餐食信息（控制室预先输入），并当面与旅客进行情况核实。

（6）及时上报生产调度部门，并填写“特殊服务通知单”，一式三份，一份存档，两份放在业务包内送上飞机与乘务长交接。

（7）航班关闭后，与生产调度部门核对该航班的所有特殊餐食信息。

（8）航班结束后无须拍发电报。

第四节　航班不正常处理

一、航班不正常类型

航班不正常类型通常包括：航班取消、延误、备降、加降、返航和中断飞行。其定义分别如下。

航班延误：指由于各种原因，飞机的实际离站时间晚于公布的离站时间。

航班取消：指由于运力、市场等原因决定的班机停止飞行，取消不补。

航班备降：指由于天气或机械故障等原因，班机临时降停在非预定的经停地点。

航班加降：指班机按照飞行计划，降停在航班时刻表中未列明的经停地点。

航班返航：班机离站后，由于天气或机械故障等原因未能到达预定的经停站或目的站而返回起飞站。

中断飞行：指班机起飞后，由于各种原因降停在客票上未列明的地点，并且取消后续航段飞行，致使航程中断。

航班不正常原因通常包括承运人原因和非承运人原因两种，其定义分别如下。

承运人原因：指由于机务维护、航班调配等原因造成的航班不正常。

非承运人原因：指因天气、突发事件、空中交通管制及旅客造成的航班不正常。

一旦出现航班不正常的情况，承运人应该积极协调和解决旅客遇到的实际问题，应该为旅客提供信息服务，机票的改、退、签转服务，根据不正常航班的时间长短，还要为旅客提供食宿行服务。如果是承运人责任造成的航班不正常，提供服务所需要的费用由承运人承担。非承运人责任造成的航班不正常，承运人应该积极协助旅客解决问题，所需费用由旅客承担。

二、航班不正常处理程序

（一）航班不正常处理的一般规定

不正常航班是指由于航路、天气或飞机机械故障等原因造成的不能按公布的时间正常飞行的航班。处理航班不正常时特别要注意如下五个方面的工作。

1. 说服旅客工作

首先，应清楚地了解旅客的身份和任务的紧急程度，注意旅客的反应和要求，应实事求是、耐心地做好解释工作，并妥善安排有关事项。

其次，应恰如其分地将有关航班不正常的信息告知旅客，尽量避免影响旅客的情绪和尽量减少负面影响，以及迅速采取各种必要措施以减少由此而给旅客造成的不便，使旅客不满意程度降到最低。

最后，由航班不正常带来的后续旅客运送的组织工作应按照“保证重点、照顾一般、方便旅客”的原则，细致、周到地进行。在安排旅客乘机先后次序有困难时，应会同旅客协商解决。

2. 内部协调工作

如遇航班不正常时，公司值班领导需亲自组织协调各有关部门的工作，迅速做出对不正常航班的处理决定，并责成有关部门立即执行。各部门值班领导需深入一线，按照上级值班领导的指示，有效地组织本部门的工作。

值机部门有责任根据情况向生产调度部门提出合理建议，必要时可根据实际情况在订座系统里对未办理乘机手续的航班进行处理，控制出部分座位，限制继续销售，但值机部门应根据生产调度部门的意见安排旅客。

运输部门应随时向气象部门了解和掌握当天本场和有关航路的天气情况、航站天气预报，以便根据实际情况预先做好有关服务工作的准备，向旅客做好解释工作。在进行处理航班不正常工作时，各部门、各单位之间更应加强协作，互相配合、同心协力搞好工作，坚决杜绝踢皮球、扯皮现象，防止贻误工作，造成不良影响。

3. 托运行李的处理工作

当旅客遭遇航班不正常，需要取消行程并提取行李时，值机人员应积极协助旅客领取行李，通知相关部门做好运送行李安排。在旅客提取行李时，值机员必须查验旅客的客票信息、登机牌、行李牌，对旅客提取的行李要做好必要记录，包括登机牌序号和提取行李的件数、重量、行李牌号码，并收回行李牌的旅客联。如有未被提取的行李，应放在指定仓库内由专人负责监管。

4. 安排改乘其他航班工作

航班延误、提前、航程改变或不能提供原订座位旅客要求改乘其他航班时，根据当天航班动态，在航班有可利用座位的情况下优先予以安排。办理旅客改乘应遵循的先后顺序为：

（1）重要旅客；

（2）有特别困难急于成行的旅客；

（3）需在目的站转机的旅客；

（4）头等舱、公务舱旅客（旅客自愿降低等级旅行）；

（5）其他旅客。

5. 办理改乘手续工作

经过相关航空公司和部门之间的协调后，应尽量为受到航班不正常影响的旅客安排办理改乘手续。办理改乘手续的一般程序如下。

（1）与拟接收改乘的航空公司联系，确认接收改乘的航班预留座位数，并通知改乘旅客。

（2）广播通知旅客到候机厅内的指定地点或值机柜台，办理改乘手续。

（3）当预估申请改乘的旅客人数较多，而航班可利用座位不足时，可采用不对外公布的方式限制办理或单个办理。

（4）如改乘旅客持折扣票，应根据航空公司签转的限制规定办理。

（5）旅客改乘后应取消原订座记录或在原航班旅客记录上登记减人。持有电子客票的旅客提出改乘非本航空公司航班时，如客票符合本航空公司的签转条件，应为旅客将电子客票换为航空公司纸质本票后，再办理客票签转手续，或是让旅客重新购票，原有客票办理退票手续。

（6）与接收改乘的承运人交接改乘旅客的托运行李，并做好交接记录。

（二）航班延误、取消的处理工作

航班延误是指航班由于某种原因没有按照公布的时刻出发或到达。航班取消是指由于某种原因不能执行该航班而取消。造成航班延误或航班取消的原因很多也很复杂，主要归结为承运人原因和非承运人原因两个方面。

1. 承运人原因

（1）运力不足。航空公司应有备份的飞机和机组，在执行航班任务的飞机出现故障不能及时修复时应使用备份运力进行及时替代。但实际上各航空公司往往不具备足够的运力，所有飞机都在使用，致使在原计划飞机不能执行航班任务时无其他飞机替代，造成航班延误或取消。

（2）维修水平差。飞机因维护工作不到位而常出现故障又不能及时排除，导致航班延误或取消。

（3）飞机调配不开。由于突发性事件需要飞机执行其他任务而导致不能及时执行原计划航班；或无其他飞机替代，或虽有小飞机可替代大飞机，但旅客始终不满意，致使航班延误或取消。

（4）飞机晚到。飞机执行多个航班，因上一个航班晚到导致该飞机不能及时执行本航班而产生延误。

（5）旅客服务问题。由于本站旅客服务工作中存在宣传、引导工作的失误，使旅客不能及时顺利地完成所有乘机手续，导致航班延误。

2. 非承运人原因

（1）航空管制原因。由于空域资源稀缺而带来的航班延误或取消，例如，航管控制方面、航线管理方面等原因导致飞机无法正常起降。

（2）旅客自身原因。由于旅客自身原因而带来的航班延误或取消，例如，旅客缺乏乘机知识，到达机场较晚又不清楚办理乘机手续的程序，推迟了截止办理乘机手续的时间和载重结算的时间，使其后工作不能及时完成，导致航班延误。旅客证件不符合规定，被拒绝乘机，按规定需要将该旅客的交运行李从飞机上找到并卸下，耽误了时间。旅客的东西丢失，因寻找丢失的东西而影响登机。旅客在隔离厅看书报或购买物品而未听见登机通知，为寻找该旅客而使飞机延误。发生旅客漏乘时，按规定必须将该旅客已交运的行李从飞机上卸下来，因行李的确认和卸下浪费时间而影响航班按时起飞。旅客的手提物品超大、超重、超件，占用客舱过道，使登机过程长而影响航班正常起飞。需要重新办理行李托运手续，使飞机不能按时起飞。因旅客违反有关法律和规定，处理时间长，使飞机不能按时起飞。

（3）自然原因和突发事件。由于天气不适航和相关原因而带来的航班延误或取消，如遇雨雪、大雾天气，造成跑道湿滑、能见度低，使飞机不能起飞或降落。突发事件，如自然灾害、战争、罢工等造成机场关闭。

航班延误和取消是航空公司和旅客都不期望遇到的，但又是不可避免的。随着我国旅客运输量的不断增加，航班延误和取消发生的次数明显增加，航空公司如何做好航班延误和取消后旅客的疏导和控制工作，成为目前航空公司的新挑战。一般航空公司处理航班延误和取消情况的工作要求如下。

（1）航班延误后，为了缩短延误时间，减少因延误造成的影响，各业务部门和航班空勤人员应积极配合，尽量缩短过站经停时间。

（2）各保障部门、生产调度和运输服务部门应及时、准确地向航行调度部门通报本部门所掌握的保障情况和旅客、货物等信息，以便航行调度部门在做出决定时能进行通盘考虑。

（3）如因飞机调配原因取消、延误航班，相关值班领导应组织生产调度、机务、航行调度、运输服务部门根据航班沿途各站客货运量情况，研究调配飞机补班。在本公司无运力的情况下，报告上级或商请相关航空公司支援。各单位应从全局出发，互相支持，密切配合。

（4）由于天气等原因造成航班大量延误，旅客大量滞留的，生产调度部门可根据实际情况决定是否办理未开办航班的乘机手续并疏散旅客。但对外已公布延误的航班，不得早于公布起飞时间前 30 分钟截止办理乘机手续。

（5）飞机不在本站的航班取消后，已安排旅客住宾馆的，应等待明确起飞时间后方可通知接旅客到机场。

（三）始发站航班不正常的处理工作

始发站航班不正常处理工作主要应从以下四个方面重点掌握。

1. 通知旅客的要求

旅客进机场前且在航班规定离站时间前4小时得知航班将延误超过60分钟或将取消，应由销售部门根据旅客订票时提供的联系电话通知旅客航班变更时间。如果售票处无法与已购票旅客取得联系，则应告知机场内的值机部门，值机部门按原定办理乘机手续时间在柜台等候旅客，向旅客说明情况并做出相应处理。

旅客进机场后且无法由售票处得知航班延误信息的，则按原定时间为旅客办理乘机手续。

旅客办理乘机手续后通知延误的航班，如果延误不超过10分钟，可不需要通知旅客，而采取稍延迟广播登机的方法。如果延误超过10分钟至15分钟，则应尽快且恰当地告知旅客该航班将延迟多长时间起飞或登机。如果航班延误超过15分钟或取消，应立即通知旅客，并告知旅客该航班预计登机时间或航班取消后下一步公司将做如何安排。当航站延误信息不确定时，应每隔30分钟通报一次动态信息。旅客的行李已经装机后，航班延误且延误信息不确定或航班延误时间超过2小时，如果在预计的航班起飞时间之前有后续其他航班可签转，应将旅客的行李卸下飞机，运回行李收运处，方便旅客取行李并改乘其他航班。

旅客登机后发生延误，如果旅客登机后发生延误或飞机起飞后返航，应立即向各有关部门询问航班将延误的时间。如果延误时间较长，应与相关领导和机长商议，安排旅客在机上等候或下机休息。如果航班延误信息不确定或航班延误时间超过2小时，旅客需要被安排下飞机并等候重新登机的通知。如果在预计的航班起飞时间之前有后续其他航班可签转，应将旅客的行李卸下飞机，运回行李收运处，方便旅客提取行李并改乘其他航班。

2. 提供饮料、点心、餐食及安排宾馆等服务工作

始发航班在下列情况下发生的航班延误，航空公司可提供有关服务但不负担其所需费用：由于自然灾害、战争、骚乱或因遵守政府禁令或规定等各种不可抗力原因造成的航班延误；由于天气原因造成的延误或取消的航班。

不同航空公司采用的航班不正常时的服务保障标准有所区别。通常规定航班延误2小时以上，提供饮料；如遇进餐时间，应提供餐食；航班预知延误超过4小时

以上，可提供宾馆给旅客休息。如果航班延误需在当地过夜，航空公司应为旅客预订好房间并负责送旅客至宾馆，以及告诉旅客航班起飞的新时间和到宾馆接旅客的时间。相关工作人员应填写《旅客服务申请单》，或者提供已付费的餐券，以便于旅客食宿。同时应向旅客表示歉意并做好航班延误的解释工作，以避免旅客不必要的误会。

由于天气原因造成的延误或取消的航班，客舱服务要求包括：在航班延误初期，应首先使用由地面提供的快餐和饮料，暂时不要动用机上配餐；在延误的后阶段，可在机长同意下，供应机上的配餐和饮料。

3. 为旅客安排其他航班

为了减少旅客的不便，应根据当天航班动态，为旅客安排最早离站的航班。

4. 安排旅客改乘其他交通工具

为了减少航空公司的损失和旅客的不便，如果航班延误时间过长及无法较理想地安排旅客改乘其他航班，也可在征询旅客意见的前提下使其改换其他的交通工具。

（四）到达站航班不正常的处理工作

到达站工作人员应随时认真查阅各始发站或经停站发来的航班动态电报，并采取相应的行动，如广播通知航班延误到达消息等。如果所延误的航班将影响旅客在始发站已订妥的续程航班，应按始发站或经停站发来的指示为旅客重新订座。

（五）旅客强占航空器的处理工作

1. 内部协调工作

地面服务部门值班领导要深入生产第一线，及时了解和掌握旅客强占航空器的原因和目的，以便根据实际情况预先做好有关服务工作的准备并及时向相关值班领导报告相关情况。相关值班领导应亲自组织协调各有关部门的工作，迅速做出对旅客强占航空器的处理决定，并责成有关部门执行。地面服务部门的值班领导应按上级值班领导的指示有效组织本部门做好旅客解释及安抚工作，及时劝说旅客离开航空器。客舱服务部门在旅客强占航空器期间，应派人留在客舱内，协助地面服务部门，同心协力做好服务工作。

2. 处理要求

在航班始发站旅客抢占航空器的处理根据实际情况按标准执行。

在中途站和到达站的处理要求是，地面服务部门值班领导和现场工作人员应主动到航空器内为旅客做解释和动员工作，避免旅客因强占航空器而影响后续航班。旅客下机后，应有地面服务部门值班领导或指定工作人员陪同，协商解决旅客提出的实际问题并按规定妥善处理。现场不能解决的应事后立即给予旅客明确答复，避免处理不善而造成一定的负面影响。如旅客强占航空器或危害航空器安全，劝阻无效的应请求公安部门协同处理。

（六）补班、中断、返航、备降的处理工作

1. 补班的处理工作

取消航班补班飞行时应按以下要求处理：未办理过乘机手续的，起飞当日按正常办理乘机手续办理。已办理过乘机手续的，起飞当日应重新登记，换发新登机牌。如果原登记旅客未到，值机柜台应向生产调度部门报告，登机前派人到登机口为可能未换新登机牌的旅客补办乘机手续。如果未到的旅客有行李托运，应将行李牌号码告知装卸部门将行李卸下，待旅客到机场后，安排后续航班旅行。

2. 中断航班的处理工作

中断航班是指因故未降停在经停站或降停在非目的地而不继续飞行的航班。航班中断后的工作要求如下。

（1）在飞机落地前，向生产调度部门了解中断航班的旅客人数，有无重要旅客或特殊旅客，要做好重要旅客、特殊旅客的服务。

（2）由地面服务员引导旅客到进港厅提取行李。

（3）对将继续乘机的旅客，由航班不正常工作执行部门提供膳宿服务，其费用由承运人承担。

（4）航班中断后，要求改变航程或终止旅行的旅客应按规定办理：在始发站，退还全部票款，不收取退票费；在经停站，退还旅客未使用航段的票款，但所退票款不得超过始发站至原目的地的票价，不收取退票费；改变航程的旅客另行购票。

航班中断后转乘其他航班飞行的要求：航班中断后原则上应使用其他航班将旅客送回原目的地；单独设立柜台为中断航班的旅客办理转乘手续；使用《客运航班中断舱单》（FIM）逐一登记旅客姓名和客票号码；《客运航班中断舱单》（FIM）由航班中断地航站运输部门值机人员填写；到达时旅客没有提取的行李，由工作人员换牌或清点后保管和交付运输。

3. 返航航班的处理工作

返航是飞机起飞后由于各种原因而又飞回始发机场并降落。如遇返航航班，相

关工作人员应立即向各有关部门询问航班将延误时间，处理程序参照中断航班的处理程序安排。

4. 备降航班的处理工作

备降是飞机起飞后因故没到达预定的目的地，备降到第三地机场的航班。如遇备降航班，应及时采取以下措施。

（1）地面服务部门的准备工作。飞机落地前向生产调度部门了解航班人数，有无重要旅客或特殊服务旅客；安排有经验的工作人员处理备降航班；飞机落地后由结算室接取机上业务文件；与机场调度部门联系，确定旅客是否留在飞机上等候；及时了解航班信息，以便向旅客提供准确的航班动态；及时了解并尽量满足旅客的需要。

（2）旅客下机等候。由地面服务员接航班并发放给旅客过站登机牌，引导和安排旅客休息；如有重要旅客、头等舱旅客、公务舱或特殊服务旅客，应派专人做好其服务工作，提供相应的休息室；确定备降航班在当地停留的时间，联系配餐部门提供餐饮；旅客要求改变航程或终止旅行的，退还未使用航段的全部票款（但所退票款不得超过始发站至原目的地的票价），免收退票费，将终止旅行旅客的托运行李交付旅客，并收回行李牌的旅客联，协助旅客另行购票；对继续旅行的旅客，由航班不正常处理部门安排提供膳宿服务，其费用由承运人负担；航班起飞前，载量如有变动，应重新填制载重表并将情况报告生产调度部门。

（3）旅客在机上等候。通过机上广播通知旅客航班备降原因、预计停留时间；停留时间较长，需旅客下机休息时，如有旅客行动不便不愿下机，则应考虑留在机上休息等候。

（七）航班中断舱单的使用

1. 航班中断舱单的定义

“航班中断舱单”英文全称 FLIGHT INTERRUPTION MANIFEST，英文简称 FIM，样式见图 3-9。航班中断飞行后，使用其他航班把旅客送回原目的地，应分别按不同的接运航班，根据原客票旅客联，填制航班中断舱单作为运输凭证。如果中断飞行航班承运人不是接运航班的承运人，航班中断舱单应经中断飞行航班承运人代表签字。航班中断舱单一式三份：第一份（THE WHITE COPY，如果 FIM 是两联，则第一份有两张）随接运航班乘机联交给接运承运人；第二份（THE YELLOW COPY）交给中断飞行航班承运人结算部门（如果有乘机联应一并上交）；第三份

（THE PINK COPY）由填制中断舱单的航站留存。

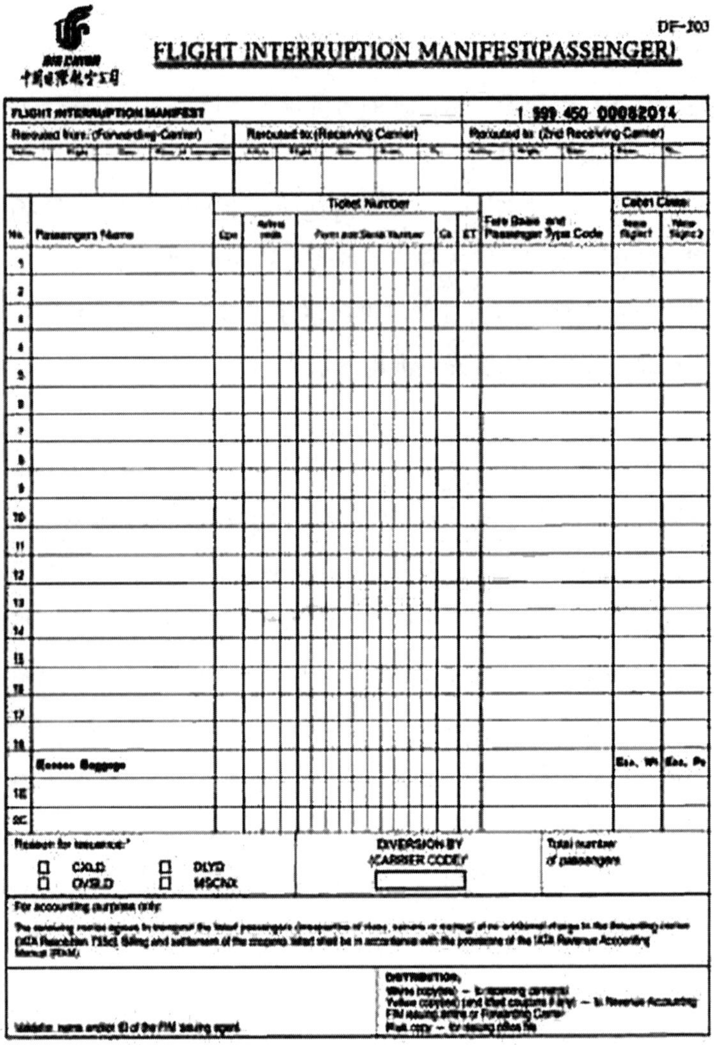

DF-203

FLIGHT INTERRUPTION MANIFEST(PASSENGER)

FLIGHT INTERRUPTION MANIFEST 1 999 450 00082014

Rerouted from: (Forwarding Carrier)　Rerouted to: (Receiving Carrier)　Rerouted to: (2nd Receiving Carrier)

Ticket Number

No.　Passengers Name　Fare Basis and Passenger Type Code　Cabin Class

Excess Baggage

Reason for issuance:

CXLD　DLYD　OVBLD　MSCNX

DIVERSION BY (CARRIER CODE)

Total number of passengers

For accounting purpose only:

DISTRIBUTION:

图3-9　中国国际航空公司FIM样式

2. 航班中断舱单的使用要求

（1）航班中断舱单不仅用于航班中断时，当航班因航空公司原因延误或取消时，也可用航班中断舱单为旅客改乘其他航班或改变航程。

（2）在使用航班中断舱单为旅客改乘其他航班或改变航程时，为了尽量减少航空公司的损失，首先要选择有票价协议的航空公司的航班。

（3）使用航班中断舱单为旅客改变航程时，选择航线要注意避免选择途经票价较高点的城市，尽量减少航空公司的损失。

三、航班不正常服务发展探究

航班不正常运输最直接的表现方式就是航班延误。在现行体制和机制下，航班延误很难在短时间内得到有效缓解，那么当其发生时，怎么做才能将航班延误对旅客的影响降到最低?

（一）提升航班延误服务质量可以创造价值

航班延误会造成“共输”的结果，旅客、航空公司、民航机场、辅助单位、管理部门等都是航班延误事件的“受害者”，航班延误引发的种种问题令各方苦不堪言。但从积极的方面去审视航班延误，也许会有助于更加主动地去思考航班延误服务的提升路径。优质航班延误服务可以给民航商业主体创造价值，并且这种价值将可以成为民航运输相对其他运输方式的比较性优势，有助于全面提升民航形象、创造核心竞争力。

在现今激烈的航空运输市场竞争中，争取更大的市场份额和可观的盈利水平是以航空公司和民航机场为代表的民航商业主体运营的目标。目前，民航商业主体间的竞争已经从发展期的以新型飞机、舒适座椅、方便购票、便捷出行、优质服务等软硬件层面，逐渐升级为成熟期的以全面提升旅客出行体验的综合化全域层面。其核心竞争力就在于民航商业主体通过创新产品和服务以满足旅客不断升级的出行体验需求。以价格优势为代表的传统因素对增强客户消费黏性的影响力持续降低，客户体验正在成为其选择产品的重要决定因素。苹果的手机、新浪的微博、腾讯的微信等创新产品的成功无不印证了这一论断。

优质航班延误服务可以有效提升客户体验，增强客户黏性，最终获得民航商业主体间乃至同其他运输方式间的竞争优势。航空运输产品的生产和消费是同一过程，旅客购买机票只是选择了未来某种体验的可能，他们的下一次选择行为很大程度上取决于其主观消费体验。在航空运输日渐成为大众化出行方式的今天，旅客已经拥有大量的航空产品消费经验。民航商业主体要想做到出类拔萃，通过科学、系统、创新地提升其航班延误服务质量必将成为其高效的竞争利器，且这种创新不易被竞争对手轻易模仿。尤其在目前舆论空前关注航班延误的大背景下，民航商业主体的任何有益尝试和点滴进步都会收到良好效果。

由此可见，优质航班延误服务将会在品牌形象、社会美誉、客户体验、市场份额、营业收益等领域给民航商业主体带来巨大潜在价值。在某种程度上，关注航班延误服务就是着眼于民航的未来。

（二）提升航班延误服务质量路径思考

如何改善航班延误服务质量并最终实现潜在价值外显？可以采用“白金模式”。所谓“白金模式”是指强调一线员工和科技设备在处置航班延误引发事件中的关键作用。在这里，白金元素代码为Pt，“P”代表人（person），“t”代表科技（technology），“P”大写而“t”小写，表示在航班延误服务质量提升工作中人的因素重要性要更高。产生航班延误的原因种种，但结果只有一个，就是旅客无法参照客票按时完成旅行。在面对已经无奈、沮丧、烦躁甚至疯狂的航班延误旅客，民航商业主体更应该多一些体谅、理解和关心。“白金模式”为民航商业主体明确了提升航班延误服务质量的实施路径。

由于航班延误给旅客带来的后果是千差万别的，如无法陪女朋友过生日，耽误重要商业会务，无法见亲人最后一面，耽误后续出国航班等。这种非标准化的特性就必然决定了只能由“人”而不能由“设备”来解决，从倾听旅客航班延误后果的诉说，到理解旅客迫切要成行的心情，再到认同旅客某些非理智行为的动因，最后到提供让旅客相对满意的妥善解决方案，这些都是航班延误旅客需要民航商业主体用“人”的方式给予他们的服务。这种软性服务是必需的，或许也是最有效的航班延误问题解决办法。提升航班延误服务质量的最关键因素在于“人”，在于能第一时间出现在航班延误旅客——这一焦虑人群面前的民航一线员工。

根据研究机构针对航班延误问题的研究和部分媒体的民意调查，两者结果均显示被调查对象对航班准点情况不满意，并且一致认为提前通知是航班延误时最合适的安排。信息传递在处理航班延误引发各种非正常情况时的重要性可见一斑。信息格式及传递方式的标准化决定其需要科技设备支持方能顺利实现。在可预知的情况下尽早告知还未到机场的旅客其航班需要调整；及时、一致、准确地告知已在机场等待许久的旅客其航班延误实情；尽快、妥善、合理地给出航班延误旅客解决其面临问题的方案等。这些都是提升航班延误服务质量所不可或缺的工作步骤。不难想象科技设备将在这些步骤的实施上扮演着何等重要的角色。

（三）提升航班延误服务质量的软件保障——一线员工

从“被打女”到“下跪男”，在每次爆发航班延误冲突事件的时候，除了一堆无奈等待的焦急旅客，还有一群无辜受辱还得一忍再忍的一线员工。民航商业主体要想真正提升航班延误服务质量，通过制度构建和实施去关注和保障一线员工的正当权益乃是必由之路。落实“白金模式”提及的对“人”的因素的重视，充分调动和发挥人的作用，特别是一线员工的主观能动性，积极主动地为旅客提供人本化、个性化的航班延误服务。诚然，本处提及的权益保障不只是片面的提高待遇。根据对民航一线员工现状的了解，可在以下五个方面加以改善。

1. 优化服务流程，科学设计排班

根据比较，我国民航商业主体的一线员工数量要明显高于同等旅客运输量的其他国家和地区的人员数量。在总体工作量并未明显提高的情况下，员工人数不断增加和工作强度持续加强俨然成为不合逻辑的现状。笔者认为其症结在于老旧的服务流程和落后的排班设计。通过优化服务流程可以最大限度地减少在标准化程度较高环节的人员投放，如增加自助值机和旅客服务设备，为熟悉航空流程的旅客提供更加便捷的出行解决方案。通过科学设计排班可以最大限度地降低一线员工的无效工作时间，如根据机场的进出港航班波，采用弹性工时制，推进员工技能提升以使其能适应多岗位工作要求，灵活安排其工作岗位，最大限度地降低其工作等待时间。试想一个已经连续工作了 12 小时的员工能为已经连续等待了 6 小时的旅客提供何等高质量的服务呢?

2. 关注一线员工心理辅导和业务培训工作

在短时间内不能改变航班延误服务现状的情况下，民航商业主体关注和加强民航一线员工心理辅导和业务培训工作的意义尤显重大。只告诉员工要做什么，还不如告诉他们为什么这么做，要求他们具体要怎么做。应开导员工深入理解航班延误工作的意义，并通过业务培训特别是航班延误服务应急处置案例分析，提升员工科学、妥善处理各种航班延误事件的能力。正所谓“艺高人胆大”，“胸有成竹”的民航一线员工就会更加积极地调整心态去应对各种事件的挑战。民航商业主体应关心员工，留住员工。

3. 提升民航工会在一线员工维权中的作用

在航班延误冲突不断恶化的今天，应首先保护民航一线员工的基本权益，特别是在发生旅客行为过激侵害到民航员工权益时，民航商业主体特别是其工会应承担起相应责任为员工维权。目前，民航商业主体现行息事宁人的做法是对某些旅客的纵容，更是对自己员工的伤害。懂得保护自己的员工，才能得到员工的真心奉献。一线员工只有切身体会到来自旅客的尊重和单位的维护，才能积极主动地妥善处理各种航班延误问题，为旅客诉求和单位利益找到最佳的平衡点。

4. 推进同工同酬在一线员工中执行

新劳动法推进了劳务派遣在民航企业的普及，现今实施的《中华人民共和国劳动法（2018修正）》更加关注规范劳务派遣用工问题。当然，选择何种用工方式无可厚非，但是民航商业主体应该重视在一线岗位推进同工同酬的意义。待遇应以工作岗位而不是以用工制度区分，适当将待遇向一线岗位倾斜。工作强度大、承受压力大的民航一线员工有资格获得比现在更好的待遇。同工同酬所解决问题的关键不在于待遇提升多少，而在于心理认同感增加。特别是在一线岗位劳务派遣员工比例过高的今天，同工同酬的扎实推进将有利于稳定员工队伍，只有相对稳定的员工队伍，航班延误服务质量的提升才能成为可能。优质航班延误服务需要判断问题准、处置经验多、抗压能力强的高技能人才，这些高技能是需要时间和经验方能练就的。

5. 拓展一线员工的晋升通道

动力来自对未来的渴望。航班延误服务的特殊性要求其处置人员必须发挥主观能动性，为了提升一线员工的主人翁精神，让他们看到自己有希望的未来是很重要的。积极拓展晋升通道，例如，劳务派遣类型的一线员工有机会转正且拥有同样的择优竞岗的机会等。好公司需要有竞争力的用人制度，好制度需要更加关注一线员工的进步和成长。

（四）提升航班延误服务质量的硬件支持——智能机场

智能机场建设是指民航商业主体增加在科技领域的投入，将各种先进的技术应用于其在机场区域提供服务的各个环节。民航旅客、航空公司、民航机场、各服务商等航空旅行机场活动的各参与方可以使用智能机场进行信息发布和交互，使旅客在机场区域的各项活动更加精细化、个性化、高效化。民航商业主体可以通过智能机场各项功能的应用，最大限度地引导旅客通过自助的方式以极高的效率完成其在机场区域内需要及想做的一切活动。这就可以将一线员工尽可能解放出来，将更多精力放在解决如航班延误等非标准化工作任务中来，同时智能机场也可以为真实信息的有效传递（完成处理航班延误问题最核心的问题之一）提供最佳解决方案。智能机场可在以下三个方面为航班延误服务质量提升提供帮助。

1. 航班延误应急服务

航班延误服务水平难以提高的主要原因在于信息传递不畅，延误的真实原因和有效解决办法无法及时、有效地传递到目标旅客处。智能机场的应急处置模块为航班延误提供了有效的信息传递渠道。延误航班动态信息、在线航班改签服务、无卡延误费用赔偿、等候期间娱乐等功能都将最大限度地改善旅客在航班延误期间的体验。

2. 专属化旅客信息服务

当旅客要乘坐的航班开始登机时，智能机场的定位模块会识别旅客现在的位置并为其指示快捷的登机路线。如遇到特殊情况，旅客可以通过信息反馈模块及时和工作人员进行联络，工作人员按照程序为其提供最优解决方案，确保航班最大限度不会因旅客迟到而延误。

3. 行李快速查找服务

在行李牌上植入信号源，通过智能机场的行李管理模块完成行李运输的全程监控。该功能将实现行李服务的精细化管理，并能做到行李运输零差错。同时为因旅客误机、航班延误而带来的寻找行李工作提供有效解决方案。

自我检测

(1) 简要描述国内航空公司高端旅客的特色服务。

(2) 简要描述高端旅客服务的流程。

(3) 简要描述重要旅客的分类及服务流程。

(4) 简要描述旅客中转的类型并说明相应的业务流程。

(5) 简要描述航空公司中转服务的特色。

(6) 简要描述特殊旅客的分类。

(7) 简要描述儿童旅客的服务保障流程。

(8) 简要描述无成人陪伴儿童的座位安排原则。

(9) 简要描述孕妇旅客乘机的要求。

(10) 简要描述轮椅旅客的分类并说明相应的服务标准。

第四章

行李运输业务

学习目标

（1）掌握行李的分类及其运输限制条件；

（2）掌握免费行李额的相关规定并了解逾重行李费的计算方法；

（3）了解各种特殊行李的运输要求；

（4）了解可作为行李的危险品的运输要求；

（5）了解各种行李不正常运输的处理方法；

（6）了解行李查询系统的基本操作指令；

（7）能识读和拍发各种行李查询业务电报。

学习内容

（1）行李运输的一般规定；

（2）特殊行李的运输规定；

（3）可作为行李的危险物品的运输要求；

（4）各种行李不正常运输情况的处理要求；

（5）行李查询系统；

（6）旅客、行李运输业务的电报知识。

第一节　行李运输业务

案例导入：

某旅客乘坐某航空公司的航班由 A 地前往 B 地，到达后领取行李时，发现其中一件托运行李没有同机到达，后经多方查找确认丢失。该旅客通过多种渠道进行投诉，称丢失的行李重 8 千克，内装 22000 元现金、价值 5000 元的玉坠等物品，价值共计 40000 元，旅客要求获得相应赔偿。事发后，航空公司会同机场多方查找行李，并始终与该旅客保持联系，按照规定通报行李丢失，表达歉意，并与旅客协商具体赔偿事宜。航空公司严格按照规定来妥善处理该旅客的不正常行李，并留存相关记录台账资料。从人性化服务的角度考虑，航空公司决定给予旅客 2000 元的现金补偿。

案例解析：

经相关部门调查获悉：该旅客在 A 地机场托运行李时，机场办理乘机手续的人员没有按章操作，没有提醒旅客相关的托运行李规定，导致旅客违规托运了贵重物品。实际上，机场行李查询部门在航班起飞后的第二天找到了该旅客的行李，但在为该旅客速运该行李时未在离港系统中做记录，也未按规定贴挂速运行李标签，导致离港系统、装机单、舱单中均没有显示此行李装机及行李重量和件数的信息，违反了民航安全规定。事后相关部门也没有后续监控和跟踪，导致行李最终丢失。B 地机场搬运队在行李卸机时未清点行李数量，也没有台账记录，使收到的行李总数不确定。A 地和 B 地机场操作环节均存在疏漏，对旅客行李的丢失负有责任。《中华人民共和国民用航空法》第一百二十五条规定："因发生在民用航空器上或者在旅客上、下民用航空器过程中的事件，造成旅客随身携带物品毁灭、遗失或者损坏的，承运人应当承担责任。因发生在航空运输期间的事件，造成旅客的托运行李毁灭、遗失或者损坏的，承运人应当承担责任。"根据《公共航空运输旅客服务管理规定》第三十六条规定和运输责任分为托运行李和非托运行李，具体要求由航空公司运输总条件具体规定，下述具体数值为规定颁布前要求，仅供参考。因此，航空公司应对旅客托运行李丢失承担赔偿责任，但不能按照夹带的贵重物品的实际价值进行赔偿。该托运行李重 8 千克，航空公司按照《国内航空运输承运人赔偿责任限额规定》中第三条第三款"对旅客托运的行李和对运输的货物的赔偿责任限额，为每千克人民币 100 元"做出赔偿。机场和航空公司应在旅客托运行李时提示旅客行李运输的规定，严格按照程序规定监装监卸，同时做好书面记录，杜绝违规操作，促进行李运输服务质量的提高。机场和航空公司在行李事故理赔时，应当依据法律法规，从服务的角度出发，做好旅客的解释和安抚工作。

一、行李运输的一般规定

以上两个学习单元详细介绍了乘机登记业务和旅客服务业务，这两项业务的共同点是其对象为旅客，而行李服务业务的对象是旅客旅行所携带的物品——行李。行李运输和旅客运输密不可分，它们共同影响和决定旅客出行的体验。目前，航空公司和民航机场更加重视行李运输工作。作为值机工作从业人员需要掌握必需的行李运输知识，如果本身就是从事行李运输工作的从业人员就更加需要全面、深入地掌握行李运输业务知识和从业技能。

1. 行李的定义和分类

（1）行李的定义。

行李是旅客在旅行中为了穿着、使用、舒适或方便的需要而携带的物品和其他个人财物。

（2）行李的分类。

根据运输责任分为托运行李和非托运行李。

托运行李（CHECKED BAGGAGE）是指旅客交由承运人负责照管和运输的行李。托运行李要满足以下规定：

① 承运人负责照管，装在飞机货舱中，不与旅客在一起。

② 承运人对托运行李的包装和内物有严格的规定。

③ 重量限制：不能超过50千克/件。体积限制：不能超过（40厘米×60厘米×100厘米）/件。超过上述规定的行李，必须事先征得承运人同意才能托运。

④ 超过免费行李额的部分要向承运人支付逾重行李费。

⑤ 在到达站由旅客凭行李牌识别联自行认领。

非托运行李（UNCHECKED BAGGAGE）是指经承运人同意由旅客带入客舱自行照管的行李，包括自理行李和随身携带物品。非托运行李要满足以下规定：

① 旅客自行照管，装在飞机客舱中与旅客同行。

② 旅客的现金、珠宝、贵重金属、电脑、个人电子设备、可转让票据、有价证券和其他贵重物品、个人需定时服用的处方药、商业文件、护照和其他身份证件或样品等，应作为非托运行李携带。

③ 重量限制：每名旅客的非托运行李不能超过5千克。体积限制：不能超过（20厘米×40厘米×55厘米）/件。件数限制：持有头等舱客票的旅客可以携带两件，持有公务舱和经济舱的旅客可以携带一件。

④ 超过以上限制的非托运行李，应作为托运行李运输。

以上行李分类及各自要求来源于国际航空运输协会的相关规定，目前很多航空公司对行李分类和处理均做了有针对性的调整，以适应不同旅客群体的出行要求。

2. 托运行李包装

托运行李必须包装完善、锁扣完好、捆扎牢固，且能承受一定的压力，能够在正常的操作条件下安全装卸和运输，并应符合下列条件。

（1）旅行箱、旅行袋和手提包等应锁好，以防内物丢失。

（2）两件以上的包件，不能捆为一件。

（3）行李上不能附插其他物品。

（4）竹篮、网兜、绳子、草袋、草绳等不能作为行李的外包装物。

（5）行李内、外应写明旅客的姓名、详细地址、联系电话。

（6）特殊行李的包装，应符合相应特殊行李包装要求的有关规定。

（7）作为行李运输的危险物品的包装，应符合相应危险品运输包装的有关规定。

3. 不得作为行李运输的物品

按照国际民用航空组织关于《危险物品安全航空运输技术细则》的规定，爆炸品、气体、易燃物、枪支等物品不得作为行李或夹入行李内托运，也不得作为非托运行李带入客舱内运输。以下为不得作为行李运输的物品。

（1）危险品。

① 爆炸品。例如，烟花、鞭炮、弹药等。

② 气体，包括易燃和非易燃无毒气体、有毒气体。例如，压缩气体、液化气体等。

③ 易燃液体。例如，酒精、煤油、汽油等。

④ 易燃固体、自燃物质和遇水释放易燃气体的物质。例如，镁粉、白磷、黄磷等。

⑤ 氧化剂和有机过氧化物。例如，烟雾剂、漂白粉、双氧水等。

⑥ 毒性物质和传染性物质。例如，有毒农药氰化物等。

⑦ 放射性物质。例如，放射性同位素、放射性化学试剂等。

⑧ 腐蚀性物质。例如，硫酸、盐酸、有液蓄电池等。

⑨ 磁性物质。

⑩ 具有麻醉、令人不快或其他类似性质的物质。

⑪ 容易污损飞机的物品。

⑫ 规定不得作为行李运输的其他危险物品。

（2）枪支、军械或警械（含主要零部件）。

① 军用枪、公务用枪。例如，手枪、步枪、冲锋枪、机枪、防暴枪等。

② 民用枪。例如，气枪、麻醉注射枪等。

③ 其他枪支。例如，样品枪、道具枪等。

④ 军械、警械。例如，警棍、军用或警用匕首、刺刀等。

⑤ 国家禁止的枪支、械具。例如，钢珠枪、催泪枪、电击枪、电击器、防卫器等。

⑥ 上述物品的仿制品。

（3）管制刀具。

① 经国务院批准并由公安部颁布实施的《对部分刀具实行管制的暂行规定》中所列出的刀具，如匕首、三棱刀（包括机械加工用的三棱刮刀）、带有自锁装置的刀具和形似匕首但长度超过匕首的单刃刀、双刃刀，以及其他类似的单刃、双刃、三棱尖刀等。

② 我国民族自治地区的少数民族旅客因生活习惯而佩带、使用的藏刀、腰刀、靴刀等刀具。

（4）其他杂项物品。

① 活体动物（小动物、导盲犬、助听犬除外）。

② 带有明显异味的鲜活易腐物品（如海鲜、榴梿等）。

③ 中华人民共和国或运输过程中有关国家法律规定禁止出境、入境或过境的物品。

④ 包装、形状、重量、体积或性质不适宜运输的物品。

⑤ 航空公司规定不适宜作为行李运输的其他物品。

4. 不得作为托运行李运输的物品

下列需要专人照管的物品，不得作为托运行李或夹入行李内托运，而应作为非托运行李带入客舱内运输。对旅客违反此规定而造成的损失，或者因此类物品的任何遗失、损坏，或者政府对任何此类物品的没收，航空公司不承担责任。

（1）重要文件、商业文件和资料；

（2）有价票证；

（3）货币；

（4）可转让票据；

（5）珠宝；

（6）贵重金属及其制品；

（7）古玩字画；

（8）易碎易损坏物品；

（9）易腐物品；

（10）各类样品；

（11）绝版印刷品或手稿；

（12）旅行的有效证件或文件；

（13）电子产品、数码产品、摄像机原配件等；

（14）移动电话、随身听、计算机软/硬件等；

（15）个人需要定时服用的处方药。

以上物品如果需要带入客舱内运输只能按占座行李办理。办理乘机登记手续时，旅客携带大量贵重物品，需出示有关管理部门开具的携带证明。

5. 限制运输的物品

下列物品只有在符合航空公司运输条件的情况下，并经航空公司同意，方可接收运输。

（1）精密仪器、电器等物品的运输不能享受免费行李运输，应单独收取费用；

（2）体育运动用枪支和弹药；

（3）超长体育运动用品；

（4）小动物、导盲犬、助听犬；

（5）机要文件、外交信袋、无人押运公邮；

（6）旅客旅行途中使用的电动轮椅；

（7）管制刀具以外的利器、钝器。例如，菜刀、大剪刀、大水果刀、剃刀等生活用刀，手术刀、屠宰刀、雕刻刀等专业刀具，文艺单位表演用的刀、矛、剑戟等，以及斧、凿、锤、锥、加重或有尖钉的手杖、铁头登山杖和其他可用来危害航空安全的锐器、钝器；

（8）干冰、含酒精饮料、化妆品等。

二、免费行李额的一般要求

免费行李额是根据旅客所乘坐舱位等级和旅客乘坐的航线决定的。不同航空公司、不同航线的免费行李额均有所差异。免费行李额的一般要求如下。

1. 国内航线免费行李额

国内航线免费行李额的一般规定如下：

（1）持成人票或儿童票的旅客的免费行李额。头等舱旅客为40千克；公务舱旅客为30千克；经济舱旅客为20千克。

（2）持婴儿票的旅客无免费行李额。

（3）持免票、折扣票的旅客，按其座位等级享受相应的免费行李额。免费行李额与座位等级有关，而与折扣的幅度无关。如Y舱8.5折机票有20千克的免费行李额；F舱9折机票有40千克的免费行李额。

（4）构成国际运输的国内航线，每位旅客的免费行李额按适用的国际航线免费行李额计算。

2. 国际航线免费行李额

1）计重制免费行李额规定

（1）持成人票或儿童票的旅客的免费行李额。头等舱旅客为40千克（88磅）；公务舱旅客为30千克（66磅）；经济舱旅客为20千克（44磅）。

（2）婴儿的免费行李额。除承运人另有规定外，国际航协规定按成人票价的10%付费的婴儿有10千克的免费行李额，并允许带一个全折叠轻便婴儿车或婴儿手推车。

（3）病残旅客的免费行李额。病残旅客可以免费携带一个轮椅或他们所依赖的辅助器械。

（4）多等级混合舱位旅客的免费行李额。在整个航程中，旅客部分航程乘头等舱，部分乘公务舱或经济舱，每个航段的免费行李额为其所付票价舱位等级相应的免费行李额。

2）计件制免费行李额规定

（1）持成人票或儿童票的旅客的免费行李额。每人可免费托运两件行李，每件行李的长、宽、高的总和不超过158厘米（62英寸），重量不得超过32千克。

（2）婴儿的免费行李额。持婴儿票的旅客可免费托运一件行李，行李的长、宽、高的总和不超过115厘米（45英寸），还可以免费托运折叠式婴儿手推车一辆。

（3）特殊行李项目。以下物品不管其实际尺寸的大小都要作为一件行李处理：

① 一个睡袋或一床被褥。

② 一个帆布（皮）背包。

③ 一对滑雪板，包括两根滑雪杖和一双滑雪靴。

④ 一个高尔夫球袋，包括高尔夫球棒和一双高尔夫球鞋。

⑤ 一个行李袋或一个 B4 型袋子。

⑥ 一辆适当包装的自行车（单座旅行车或赛车，非电动机驱动），如将把手固定在旁边，去掉脚踏。

⑦ 一对标准的滑水板或一副障碍滑水板。

⑧ 适当包装的钓鱼用具，数量不超过两根钓鱼竿、一卷轴、一副抄网、一双钓鱼鞋和一个钓鱼用具箱。

⑨ 长不超过 100 厘米（39 英寸）的任何手提乐器。

（4）病残旅客的免费行李额。病残旅客可以免费携带一个轮椅或他们所依赖的辅助器械。

（5）多等级混合舱位旅客的免费行李额。在整个航程中，旅客部分航程乘头等舱，部分乘公务舱或经济舱，每个航段的免费行李额为其所付票价舱位等级相应的免费行李额。

3. 免费行李额的合并计算

免费行李额的合并计算，也称为合并行李。搭乘同一航班前往同一目的地的两个（含）以上的同行旅客，如在同一时间、同一地点办理行李托运手续，其免费行李额可以按照各自的票价等级标准合并计算。

例如，三名旅客同行，其中一名旅客持头等舱机票，两名旅客持经济舱客票，三人的免费行李额共多少千克？

答：40+20+20＝80（千克）

4. 其他免费行李额的计算

（1）旅客自愿提高或降低舱位等级，免费行李额按改变后的舱位等级所规定的免费行李额办理；旅客非自愿提高或降低舱位等级，仍享受原客票舱位等级所规定的免费行李额。

（2）担架旅客的免费行李额为 60 千克。

（3）额外占座旅客的免费行李额，按其所占座位的票价舱位等级和占用座位数确定。

（4）额外占座的行李没有免费行李额。

（5）包舱旅客的免费行李额按其舱位等级和包舱座位数计算。

三、逾重行李相关知识

1. 逾重行李的定义及费率

逾重行李，是指旅客托运行李超出免费行李额标准的那部分行李，旅客携带逾重行李乘机应当支付逾重行李费。

免费行李额按照规定分为计重制和计件制，逾重行李费率也分为计重制和计件制。

2. 逾重行李费收取要求

（1）所有逾重行李费必须在旅客登机前收取。

（2）收取逾重行李费，应填开逾重行李票。

（3）逾重行李费应收取自行李的托运地点至下一个中途分程地点，或者行李联运目的地点的逾重行李费。

（4）旅客在中途增加逾重行李，应收取自增加逾重行李的地点至下一个中途分程地点，或者行李联运的目的地点的逾重行李费，增加逾重行李的航程应另外填开逾重行李票。

（5）如旅客在中途减少行李，已付的逾重行李费差额不退。

3. 逾重行李票的识读

逾重行李票是旅客支付逾重行李费的凭证，也是逾重行李的运输凭证。由于涉及收费，逾重行李票属于有价票证，需要严格管理。同纸质客票、旅费证类似，逾重行李票由财务联、存根联、承运人联、旅客联四联组成。根据运输属性，逾重行李票分为适用于国内运输的逾重行李票和适用于国际运输的逾重行李票两类。

（1）适用于国内运输的逾重行李票的组成（见图4-1）。

①“旅客姓名”栏：可填写旅客的姓名。收取声明价值附加费时必须填写。

②“客票号码”栏：填写旅客客票号码。旅客托运行李合并计算时，可只填写领队或其中一张客票的号码。

③ 航段“自/至”栏：填写收取逾重行李费航段的起讫地点。城市名可使用中文简称或英文三字代号。

④“承运人”栏：填写运输逾重行李的承运人的英文两字代号。

⑤“航班号”栏：填写运输逾重行李的航班号。

⑥“重量”栏：填写逾重行李（行李逾重部分）的重量。

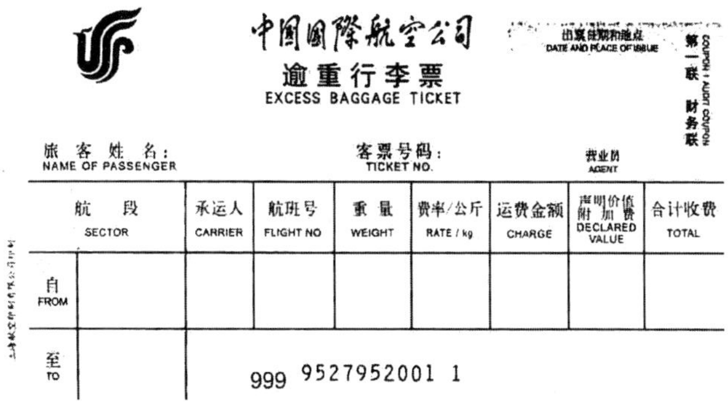

图 4-1　中国国际航空公司逾重行李票（一）

⑦“费率”栏：填写逾重行李票填开当日所适用的逾重行李费率。

⑧“运费金额”栏：填写收取的逾重行李费金额数。

⑨“声明价值附加费”栏：办理行李声明价值时，填写收取的声明价值附加费金额数。

⑩“合计收费”栏：填写收取的逾重行李费和声明价值附加费之和。只收取逾重行李费或只收取声明价值附加费时，此栏可不填写。

⑪“日期”栏：填写填开逾重行李票的日期和月份。

⑫“经手人”栏：逾重行李票填开人的签名。

⑬“盖章”栏：由填开人加盖业务章后，逾重行李票才有效。

（2）适用于国际运输的逾重行李票的组成（见图 4-2）。

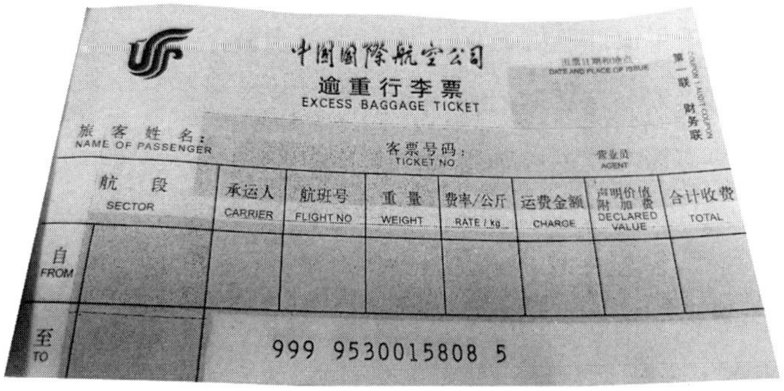

图 4-2　中国国际航空公司逾重行李票（二）

①“PASSENGER TICKET NUMBER”栏：填写旅客姓名和客票号码。

②“IN CONJUNCTION WITH/IN EXCHANGE FOR”栏：在“IN EXCHANGE FOR”栏填入其他换开凭证票号。当两本或两本以上逾重行李票连用时，在“IN CONJUNCTION WITH”栏填入相连的逾重行李票号。

③“EXCESS WEIGHT（KG）”栏：填写逾重行李的重量。

④“EXCESS PIECE（S）/OVERSIZE”栏：填写逾重行李的件数。

⑤“RATE PER KG OR PIECE”栏：填写计重制/计件制的逾重行李费率和货币三字代码。

⑥“CHARGE”栏：填写逾重行李费的金额和货币三字代码。

⑦“TAX”栏：填写税费金额和货币三字代码。

⑧“TOTAL”栏：填写实付金额和货币三字代码。

⑨“FORM OF PAYMENT”栏：填写付款方式代码。

⑩“CARRIER”栏：填写运输逾重行李承运人的英文两字代号。

⑪“FROM/TO”栏：填写收取逾重行李费航程的城市名称，城市名称可使用英文全称或英文三字代号。

⑫“SPECIAL ITEMS”栏：如属特殊行李，应在相应的栏内用符号“X”注明。行李占座应标注所占用的座位数；收取声明价值附加费，应标注声明的金额和货币三字代码。

⑬“REMARKS”栏：如以上各栏未填完整时，可在此栏做相应说明。当两本或两本以上逾重行李票连用时，在此栏标注已收取逾重行李费全航程的三字代码。

⑭“DATE AND PLACE OF ISSUE”栏：填写填开日期、填开人签字、加盖承运人的业务章以生效。

（3）逾重行李票的使用规定。

① 逾重行李票不得涂改，涂改的逾重行李票无效。

② 逾重行李票必须与客票同时使用才有效。

四、行李声明价值

1. 行李声明价值的一般规定

（1）国内运输的一般规定。

当旅客的托运行李每千克价值超过100元人民币时，旅客可自愿申请办理托运行李声明价值，非托运行李不予办理行李声明价值，每个旅客的行李声明价值最高限额为8000元人民币。

（2）国际运输的一般规定。

① 属于《华沙公约》界定的行李运输范围内，托运行李每千克价值超过17特别

提款权时，旅客可自愿办理声明价值，每个旅客的行李声明价值最高为2500美元。

② 属于蒙特利尔公约界定的行李运输范围内，托运行李超过1000特别提款权（每千克超过30美元）时，旅客可自愿办理声明价值，每个旅客的行李声明价值最高为2500美元。

③ 行李的声明价值不能超过行李本身的实际价值。旅客行李的声明价值超过航空公司规定的最高限额时，航空公司可拒绝收运。

④ 对旅客声明的行李价值有异议时，航空公司有权要求旅客提供相关证据，如旅客不能提供有效证据或航空公司认为旅客提供的证据不完整时，航空公司有权拒绝收运。

⑤ 航空公司不对行李中的任何单个物品办理行李声明价值，只办理整件行李的声明价值。

⑥ 声明价值的行李应符合航空公司规定的行李范围，否则航空公司有权拒绝承运；小动物不予办理声明价值。

2. 行李声明价值的办理流程

（1）旅客办理行李声明价值，应支付声明价值附加费。

（2）收取声明价值附加费时，承运人应填开逾重行李票。

（3）声明价值附加费按照旅客声明的价值中超过限额部分价值的5‰收取。声明价值附加费计算公式为：

声明价值附加费 =（旅客声明的价值-规定每千克限额×办理声明价值的行李重量）×5‰

规定每千克限额：国内运输为50元人民币/千克

国际运输为20美元（或等值货币）/千克

（4）办理声明价值行李按一般托运行李收运，但应加挂易碎物品标识并与装卸部门办理交接手续，记录旅客姓名、行李的颜色类型、行李牌号、装载位置及集装器号码等内容。

（5）航班离站后，向行李的经停站和到达站拍发“行李声明价值报”。

（6）旅客可以对价值较高的行李向商业保险公司申购保险。

五、行李的收运要求

1. 行李收运的基本规定

在收运行李时，航空公司具有检查权和拒绝运输权。

（1）检查权。

航空公司为了运输安全，可以会同旅客对其行李进行检查，但对旅客所携带行李的内容不承担检查责任。必要时，可会同有关部门进行检查。如果旅客拒绝接受检查，航空公司有权拒绝运输该行李。

目前，民航机场成立了安全检查部门，负责检查旅客及其行李物品。但值机员也应配合安检工作，共同把好托运行李检查关。

① 托运行李的检查。旅客的托运行李要通过安检扫描仪器的检查，如果行李通过安检扫描仪器时发出警报，值机员应立即请旅客留下，等候安检员过来进一步问询检查。必要时，安检员可请旅客开箱查看。

② 非托运行李的检查。旅客进入隔离区前，随身携带物品（包括自理行李）必须经过安全检查。安全检查的目的是防止旅客携带禁运物品、限制运输的物品、液态物品等登机，危及空防安全和飞行安全。机场安全检查部门负责客舱行李的安全检查工作，行李要通过安检扫描仪器的检查，旅客本人要经过安全门，必要时还要接受安检员金属探测器的检查。对于拒绝安全检查的旅客，航空公司有权拒绝其乘机。

（2）拒绝运输权。

旅客的非托运行李，如属于或夹带不得作为行李运输的物品，航空公司有权拒绝接受该行李的运输。

旅客的托运行李，如属于或夹带不得作为托运行李运输的物品，航空公司有权拒绝接受该行李作为托运行李运输。

旅客携带了限制运输的物品，如旅客没有或拒绝遵守航空公司的限制运输条件，航空公司有权拒绝接受该行李的运输。

旅客的托运行李、非托运行李，如因其形态、包装、体积、重量或特性等原因不符合承运人的运输条件，应请旅客加以改善；如旅客不能或拒绝改善，航空公司有权拒绝接受该行李的运输。

2. 行李收运的基本要求

（1）旅客必须凭有效客票托运行李。航空公司应在客票及其行李票上填写托运行李的件数和重量。

（2）在航班当日办理乘机登记手续时收运行李。如旅客提出提前托运，可满足旅客要求，但要事先约定。

（3）对旅客托运的每件行李应拴挂行李牌，并将行李牌识别联交给旅客。经航空公司同意的自理行李，其重量应与托运行李合并计重并分别填入客票，拴挂自理行李牌后，交由旅客带入客舱内自行照管。

（4）旅客托运有运输责任争议的行李，航空公司应经旅客书面同意，拴挂免除责任行李牌，以免除航空公司相应的运输责任。

（5）超过免费行李额的行李，应收取逾重行李费，并填开逾重行李票。

（6）为特殊行李粘贴行李标贴。

3. 行李识别标签和标识

行李识别标签和标识为行李运输操作提供了依据，应该注意的是：旅客的每件托运行李应拴挂行李标签，并将行李领取联交付旅客；收运行李时，应将旧的行李标签取下。

以下是常见的行李标签和标识式样。

（1）机打行李标签（见图4-3）。

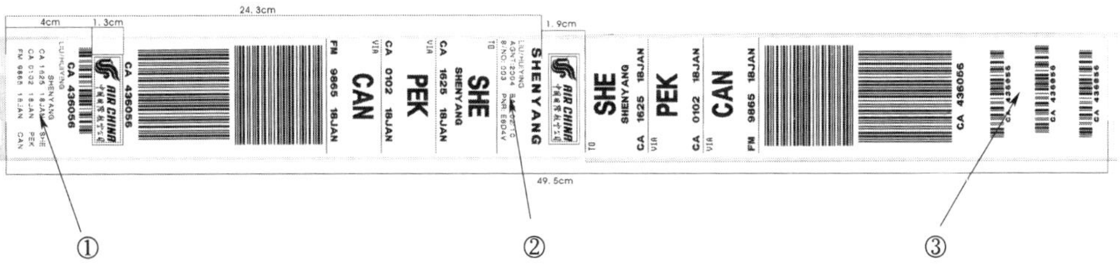

图4-3　国航机打行李标签

使用说明：

① 集装箱联：此联应贴于集装箱卡纸上，以便翻找行李使用。

② 拴挂联：拴挂在行李上，作为行李运输的凭证。

③ 领取联：交给旅客，作为旅客托运行李凭证，旅客凭此联领取行李。

（2）手工行李标签（见图4-4）。

图4-4　国航手工行李标签

（3）免除责任行李标签（见图4-5）。

使用说明：

① 应根据情况，在免除责任项目相应的“□”内标“√”；如行李在收运时已

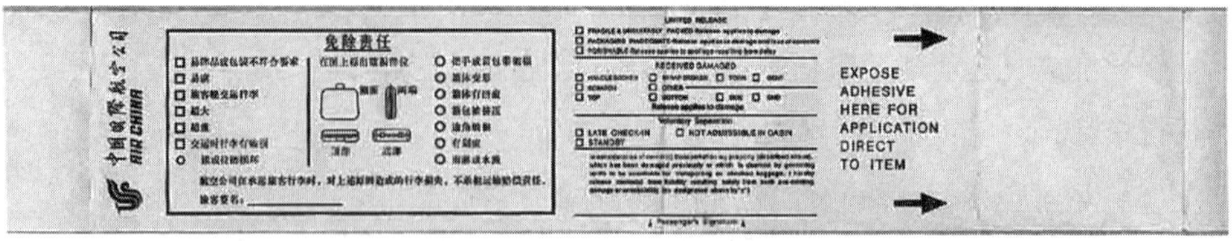

图 4-5　国航免除责任行李标签

破损或有残迹，还应同时在免除责任行李标签的背面标出行李破损或残迹的位置。

② 在免除责任行李标签的正面填写行李的到达站，背面填写航班号。

③ 免除责任行李标签应经旅客签字才有效。

④ 免除责任行李标签领取联应交给旅客。

（4）旅客“名签”标识（见图 4-6）。

旅客“名签”由旅客自行填写姓名、地址、联系电话等内容后，粘贴在托运行李上。

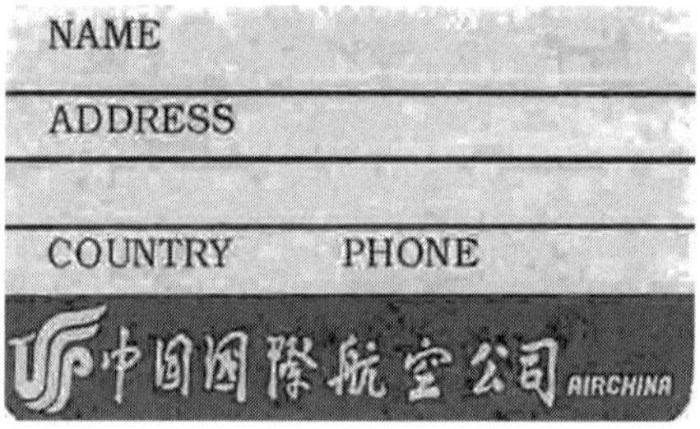

图 4-6　国航旅客“名签”标识

（5）重要旅客的行李标识（见图 4-7）。

重要旅客的托运行李应加挂“重要旅客”的行李标识。

图 4-7　天航重要旅客的行李标识

（6）装舱门口标识（见图 4-8）。

婴儿旅客或病残旅客在旅途中所使用的折叠式婴儿车、轮椅应加挂“装门口”的行李标识。

正面　　反面

图 4-8　国航装舱门口标识

（7）易碎、易损坏行李标识（见图 4-9）。

易碎、易损坏行李应加挂“FRAGILE”易碎行李标识，以提醒搬运人员轻拿轻放。

（8）无成人陪伴儿童的行李标识（见图 4-10）。

无成人陪伴儿童的托运行李应加挂“UM”行李标识。

（9）中转行李标识（见图 4-11）。

在旅客的联运行李上应加挂“TRANSFER”中转行李标识。

图 4-9　国航易碎、易损坏行李标识

4. 行李收运后不正常情况的处理

（1）违章行李的处理。

旅客的托运行李、非托运行李中凡夹带不得作为行李运输的物品或相关国家规定的禁运物品、限制携带物品或危险物品等，其整件行李称为违章行李。

正面

反面

图 4-10　国航无成人陪伴儿童的行李标识

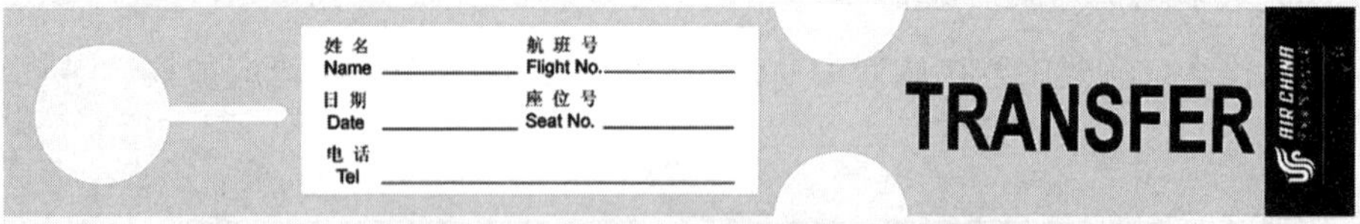

正面

反面

图4-11　国航中转行李标识

违章行李的具体处理程序如下：

① 在始发站发现违章行李，航空公司有权拒绝收运；如已承运，有权取消运输，或者将违章夹带物品取出后方可运输，已收逾重行李费不退。

② 在经停站发现违章行李，应立即停运，已收逾重行李费不退。

③ 对违章行李中夹带的国家规定的禁运物品、限制携带物品或危险物品，交给有关部门处理。

（2）行李改运的处理。

行李改运的具体处理程序如下：

① 旅客改变航程，行李应随旅客做相应变更。

② 已收取的逾重行李费多退少不补。

③ 已交付的行李声明价值附加费不退。

（3）行李退运的处理。

行李退运的具体处理程序如下：

① 旅客在始发站行李装机前要求退运行李，应将行李退还给旅客，并退还已收的逾重行李费。

② 旅客不得在非客票上列明的经停地点（航班经停站）退运行李，如因旅客中断旅行确需退运行李时，未使用航段逾重行李费差额不退。

③ 旅客在中转站退运行李，如时间允许，可予以办理，但未使用航段逾重行李费差额不退。

④ 已办理声明价值的行李在始发站退运，退还已交付的声明价值附加费；在经停站退运，已交付的声明价值附加费不退。

六、特殊行李的运输

1. 占座行李的运输

占座行李，是指那些由于重量和体积超限而对旅客又十分重要的、需要和旅客一起在飞机客舱内运输的行李。占座行李运输的一般要求如下。

（1）行李占座时，旅客必须在订座或购票时提出，经航空公司同意并支付相应的费用。

（2）占用座位的行李没有免费行李额。

（3）占座行李的旅客必须与占座行李同行，并能提供占座行李的机票或逾重行李票。

（4）占座的行李不能安排在紧急出口座位。

（5）每件占座行李总重量不得超过 75 千克，且每件体积和重量的限制与行李相同。

（6）所占座位的舱位等级应与旅客所持客票的舱位等级相同。

占座行李的收费一般采用下列两种办法计算，取其中价格较高的运费。

方法 1：占座行李运费 = 占用座位的行李实际重量×逾重行李费率

方法 2：占座行李运费 = 占用座位数×与该旅客所持票价等级相同的票价

2. 机要文件、外交信袋的运输

机要文件、外交信袋涉及的内容往往十分重要，需要严格保密，航空运输是其最佳的运输方式。机要文件、外交信袋运输的一般要求如下。

（1）机要文件或外交信袋应由机要交通员或外交信使随身携带，自行照管；根据机要交通员或外交信使的要求，也可以按照托运行李办理，但航空公司只承担一般托运行李的责任。

（2）机要交通员或外交信使携带的机要文件或外交信袋可与行李合并计重或计件，超过免费行李额部分，按照逾重行李收费。

（3）机要文件或外交信袋需占用座位时，旅客必须在订座时提出，经航空公司同意，方可予以运输。

（4）机要文件或外交信袋占座，应按照占座行李运输规则处理。

（5）航班在经停站停留期间，如机要交通员或外交信使要求留在飞机上照管其机要文件或外交信袋，工作人员应给予必要的协助。

3. 小动物的运输

在航空运输中，小动物运输中的小动物专指家庭饲养的狗、猫、鸟等。野生动物和具有形体怪异或易于伤人等特性的动物（如蛇、蜥蜴等）不属于此类小动物范围。小动物运输的一般要求如下。

（1）携带小动物乘机，旅客必须在订座或购票时提出，并提供动物检疫证明，经航空公司事先同意。

（2）旅客应在乘机当日、不迟于航班离站时间前90分钟将小动物自行运到机场办理托运手续。

（3）小动物运输必须具备有关国家或运输过程中有关国家小动物出境、入境和过境所需的有效证件（具体信息可参考国际航协的相关手册）。

（4）旅客携带的小动物不得带入客舱，必须装在货舱内运输；收运时，应通报配载部门。

（5）装运小动物的容器应符合下列要求：

① 能防止小动物破坏、逃逸和伸出容器以外损伤旅客、行李或货物。

② 保证空气流通，不致使小动物窒息。

③ 能防止粪便渗溢，以免污染飞机、机上设备及其他物品。

旅客携带的小动物，除经承运人特许外，一律不能放在客舱内运输。

小动物及其容器的重量应按逾重行李费的标准单独收费。

4. 导盲犬、助听犬的运输

为了方便残障人士的航空出行，航空公司特别规定了对导盲犬、助听犬运输的优惠政策。导盲犬、助听犬是指经过专门训练为盲人导盲或为聋人助听的犬类，在旅行中旅客需依靠它的帮助。导盲犬、助听犬运输的一般要求如下。

（1）携带导盲犬、助听犬乘机，必须在订座或购票时提出，经航空公司事先同意。

（2）导盲犬、助听犬必须具备中华人民共和国或运输过程中有关国家导盲犬、助听犬出境、入境和过境所需的有效证件。

（3）导盲犬、助听犬可由盲人或聋人旅客本人带入客舱内或作为托运行李装入货舱内。带入客舱内的导盲犬和助听犬，必须在上机前戴上嘴套和系上牵引绳索，且不得占用座位和任意跑动；作为托运行李的导盲犬、助听犬在收运时应通报配载部门。

（4）每个航班允许带入客舱的导盲犬或助听犬仅限一只。

(5) 作为托运行李装入货舱内的导盲犬、助听犬的容器标准参照相关规定。

(6) 旅客应在乘机当日、不迟于航班离站时间前 90 分钟将导盲犬、助听犬自行运到机场办理相关手续。

(7) 在长距离飞行、中途不着陆的航班或某种机型的飞机上，不适宜运输导盲犬、助听犬时，航空公司可以拒绝收运。

(8) 导盲犬或助听犬及其容器和携带的食物的重量，不计入旅客的免费行李额，免费运输。

(9) 导盲犬、助听犬不得办理行李声明价值。

(10) 收运导盲犬、助听犬时，应填写《特殊装载机长通知单（行李)》。

5. 手动轮椅的运输

轮椅是行动不便的旅客在旅行中使用的助步工具，按照动力来源可分为手动轮椅和电动轮椅。航空公司为了方便自带轮椅旅客的航空旅行，特对轮椅运输给予了一定的优惠政策。电动轮椅运输由于涉及动力源锂电池的运输，因此划分在危险品运输中。手动轮椅运输的一般要求如下。

(1) 轮椅必须作为托运行李运输。

(2) 轮椅免费运输，不计入旅客的免费行李额。

(3) 轮椅旅客经航空公司同意并事先安排的在登机、下机过程中使用自带轮椅的旅客（如团体轮椅旅客)，其轮椅按下列办法办理。

① 旅客登机后，在登机口收运轮椅。

② 登机口收运的轮椅应拴挂婴儿或轮椅旅客行李识别标签，将行李领取联交给旅客。

③ 到达站应将托运的轮椅优先卸下，送至登机口，供旅客下机时使用。

6. 高尔夫球具的运输

航空公司对高端旅客的运输越来越重视，对其所携带的一些特殊行李也有相关优惠措施。其中，高尔夫球具运输的一般要求如下。

(1) 一套高尔夫球具指不超出一个高尔夫球袋和一双高尔夫球鞋。

(2) 高尔夫球具只能作为托运行李运输。

(3) 每位旅客托运的高尔夫球具中只有一套享受特别运价。

(4) 高尔夫球具特别运价的收费规则包括计重制收费和计件制收费两种。

7. 滑雪、滑水用具的运输

航空公司对旅客个性化运输的需求越来越重视，对其所携带的一些特殊行李也有相关优惠措施。其中，滑雪、滑水用具运输的一般要求如下。

（1）一套滑雪用具包括一副雪橇、一副雪杖和一双雪靴，或一个滑雪板、一双雪靴。

（2）一套滑水用具仅包括一个滑水板。

（3）滑雪/滑水用具只能作为托运行李运输。

（4）每位旅客托运的滑雪/滑水用具中只有一套享受特别运价。

（5）滑雪/滑水用具特别运价的收费规则包括计重制收费和计件制收费两种。

8. 钓鱼用具的运输

航空公司对旅客个性化运输的需求越来越重视，对其所携带的一些特殊行李也有相关优惠措施。其中，钓鱼用具运输的一般要求如下。

（1）钓鱼用具包括一个工具箱，钓鱼用篮子或帆布袋，一副鱼竿及外包装。

（2）钓鱼用具应妥善包装。

（3）一套钓鱼用具可计入免费行李额。

（4）钓鱼用具特别运价的收费规则包括计重制收费和计件制收费两种。

① 计重制收费规则。逾重钓鱼用具不足 15 千克时，按 4 千克收取逾重费；超过 15 千克的部分，按普通费率收费。

② 计件制收费规则。按普通费率收费。

七、可作为行李的危险物品运输

随着人们生活的日益现代化，产品的种类不断丰富，科技的发展日新月异，很多产品由于其自身的材质和特性，在航空运输时可能会产生风险进而影响航空运输安全。一般规定要求：所有经航空公司同意方能作为行李运输的危险物品必须在订座或购票时提出；全航程，包括不同航空公司联运时，危险品的联运应符合续程航空公司的规定；航空公司规定如与始发站、目的站或约定经停站所在国家的相关规定不符时，按有关国家的规定执行。

1. 体育运动用枪支、子弹的运输

（1）体育运动用枪支、子弹只能作为托运行李运输。

（2）旅客应在乘机当日、不迟于航班规定离站时间 90 分钟前将物品自行运到机场办理托运手续。

（3）收运体育运动用枪支、子弹须凭枪支运输许可证或省、市（含）以上体委

部门开具的证明。

（4）收运枪支、子弹，必须将枪支扣上保险，枪内子弹取出，枪支与子弹分开包装，包装须经航空公司认可。

（5）每位旅客子弹限重为毛重 5 千克。

（6）团体旅客的子弹不得集中包装托运，必须分别装箱。

（7）旅客托运体育运动用枪支、子弹的重量，不得计算在旅客的免费行李额内，应按逾重行李计收运费。

（8）收运体育运动用枪支、子弹，应填写《特殊装载机长通知单（行李）》。

（9）枪支、子弹在收运、装机、卸机、交付过程中，应有专人照看和监管。

（10）将枪支、子弹收运情况通报配载部门。

2. 产生热量的物品的运输

（1）产生热量的物品，包括一旦被意外启动即可产生高热和着火的电池驱动设备，如潜水灯和焊接设备等。

（2）产生热量的物品只可作为手提行李带入客舱内，必须在订座或购票时提出申请，经航空公司同意后方可承运。

（3）产生热量的部件或能源装置须拆下，以防止运输过程中被意外启动。

3. 干冰的运输

（1）干冰可作为行李托运或作为手提行李带入客舱内。

（2）用于低温冷藏或放在易腐物品内的干冰，可随冷藏物品携带，但每位旅客随身携带的干冰总重量不得超过 2 千克。

（3）旅客携带干冰乘机，按安检部门公布或解释的有关规定办理。

4. 电动轮椅的运输

轮椅是行动不便的旅客在旅行中使用的助步工具，按照动力来源可分为手动轮椅和电动轮椅。航空公司为了方便自带轮椅旅客的航空旅行，特对轮椅运输给予了一定的优惠政策。电动轮椅运输的一般要求如下。

（1）电动轮椅是行动不便的旅客在旅行中使用的助步工具。

（2）电动轮椅可以免费运输，而不计算在免费行李额内。

（3）电动轮椅在托运时，其包装必须符合下列要求。

① 装有防漏型电池的轮椅，电池两极须能防止短路且电池已牢固安装在轮椅上。

② 装有非防漏型电池的轮椅如果始终能以直立方式装载、放置、固定或卸机，且电池处于断路状态、电池两极能防止短路且电池已牢固安装在轮椅上，则电动轮

椅可直接托运。

③ 装有非防漏型电池的轮椅如果不能以直立方式装载、放置、固定或卸机，则必须卸下电池，轮椅可作为非限制的托运行李运输，而卸下的电池必须装入如下坚固的硬质包装盒内运输：包装必须严密不漏、能阻止电池液渗漏，并用适当方式固定，如使用绑扎带、固定夹或支架等，将其固定在集装板上或货舱内（不得用货物或行李支撑）；电池必须防止短路，并直立固定于包装内，周围用合适的吸附材料填满，使之能全部吸收电池所泄漏的液体；这些包装须标有电动轮椅标识或湿电池电动轮椅标识，加贴腐蚀性标识和包装件“向上”的标识。

④ 收运电动轮椅时，应填写《特殊装载机长通知单（行李）》。

⑤ 将电动轮椅的收运情况通报配载部门。

5. 随身携带液态物品的运输

由于很多危险液体属性判别的技术局限及旅客乘机携带的常态性，为了严格规范旅客行为，确保空防安全，我国于2007年颁布了《中国民航总局关于限制携带液态物品乘坐民航飞机的公告》。该公告是对随身携带液态物品乘机的要求。公告全文如下：

为确保航空安全，参照国际民航组织的标准，中国民用航空总局决定限制携带液态物品乘坐民航飞机。

（1）乘坐中国国内航班的旅客，每人每次可随身携带总量不超过1升（L）的液态物品（不含酒类），超出部分必须交运。液态物品须开瓶检查确认无疑后，方可携带。

（2）乘坐从中国境内机场始发的国际、地区航班的旅客，其携带的液态物品每件容积不得超过100毫升（ml）。

盛放液态物品的容器，应置于最大容积不超过1升（L）的、可重新封口的透明塑料袋中。每名旅客每次仅允许携带一个透明塑料袋，超出部分应托运。

盛装液态物品的透明塑料袋应单独接受安全检查。

需要在国外、境外机场转机的由中国境内机场始发的国际、地区航班旅客，在候机楼免税店或机上购买液态物品，应保留购物凭证以备查验。所购物品应盛放在封口的透明塑料袋中，且不得自行拆封。国外、境外机场对携带免税液态物品有特殊规定的，从其规定。

来自境外需在中国境内机场转乘国际、地区航班的旅客，携带液态物品，适用于本条规定。其携带入境的免税液态物品应盛放在袋体完好无损、封口的透明塑料袋中，并须出示购物凭证。

（3）在中国境内乘坐民航班机，酒类物品不得随身携带，但可作为托运行李交运。酒类物品的包装应符合民航运输有关规定。

（4）有婴儿随行的旅客携带液态乳制品，糖尿病或其他疾病患者携带必需的液态药品，经安全检查确认无疑后，可适量携带。

（5）旅客因违反上述规定造成误机等后果的，责任自负。

本公告自2007年5月1日起施行，2003年2月5日发布的《中国民用航空总局关于对旅客随身携带液态物品乘坐民航飞机加强管理的公告》同时废止。

6. 含有锂或锂离子电池的电子设备

随着数码产品的不断丰富，以锂离子作为储能载体的锂电池凭借其质量轻、储能多、环保强的优势成为大多数码产品使用的电源。但是，锂电池在一定条件下可以燃烧，且其燃烧很难被有效控制，通常都采用隔离法，等待锂电池全部燃烧氧化后火焰方能熄灭。我国是世界上数码产品和锂电池生产大国，无论是旅客自身携带的装有锂电池的数码产品，还是锂电池的批量运输都十分常见，特别是航空运输。由于锂电池燃烧而引发的安全事故日益增多，因此民航相关部门对此十分重视，制定标准和规章制度严格管理其运输环节，将事故发生的概率降到最低。针对旅客随身携带行李中的涉及锂电池的内容规定如下。

（1）含有锂或锂离子电池的电子设备指旅客随身携带的如手表、照相机、便携式摄像机等。

（2）含有锂或锂离子电池的电子设备可作为托运行李，也可作为手提行李或自理行李带入客舱内。

（3）如携带上述物品，其备用电池必须单独存放在行李中，以防短路，且每块电池的锂含量不能超出以下标准。

① 锂金属或锂合金电池，锂的含量小于2克。

② 锂离子电池，聚合态平衡锂含量小于8克，如其含量大于8克且小于等于25克，则每人限带2块。

③ 备用电池只能作为手提行李带入客舱内。

八、行李的交付要求

1. 行李交付的一般规定

（1）到达站行李交付的时间规定。

为了确保旅客及时领取到托运行李，航空公司一般都会对到达站行李交付的时间有所规定。按照机型大小和行李交付缓急划分，一般规定如下。

① 宽体飞机。第一件行李在飞机到达停靠后20分钟开始交付，全部行李在1小时内交付。

② 窄体飞机。第一件行李在飞机到达停靠后15分钟开始交付，全部行李在1小时内交付。

③ 重要旅客和拴有VIP行李牌、优先行李牌，以及头等舱旅客的行李应先于公务舱旅客和经济舱旅客交付，公务舱旅客的行李应先于经济舱旅客交付。

（2）行李交付的一般要求。

① 旅客应在航班到达后，立即在机场凭行李牌领取联领取行李。必要时，航空公司有权要求其出示客票。

② 国际航线应遵从国际惯例，由旅客自行核对并提取行李；国内航线凭行李牌领取联或客票向旅客交付行李。航空公司对于领取行李的人是否确系旅客本人，以及由此造成的一切损失，不承担责任。

③ 航空公司只在旅客客票上列明的托运行李目的地点交付行李。如果旅客提出在始发地或中途经停地领取行李，航空公司可以视情况办理。

④ 旅客遗失行李牌的识别图，应立即向承运人挂失。旅客如果要求领取行李，应向承运人提供足够的证明，并在领取行李时出具收据。

⑤ 旅客行李延误到达后，航空公司应立即通知旅客提取，或者将行李直接送达旅客住处交付给旅客。

⑥ 旅客在领取行李时，如果没有提出异议，即托运行李已经完好交付。

2. 无人认领行李的保管

（1）航空公司应按照相关标准设立行李库房，妥善保管无人认领行李。

（2）行李保管期间，不得私自开启行李。由于安全等原因需开启行李核实内物时，应由行李查询部门当日值班经理会同2名工作人员开箱并做好记录，国际航班和地区航班的行李开启还必须有海关人员在场。

（3）行李中的鲜活易腐物品，国内航班有权在行李到达24小时后进行处理，国际航班和地区航班有权在行李到达72小时后进行处理。

（4）挂有特殊行李标识的行李，应单独存放保管，并与其他行李隔离。

（5）无人认领行李保管90天后仍无人提取，按无法交付的行李处理，处理方式：国际或地区航班无法交付的行李，移交海关；国内航班无法交付的行李，应报上级主管部门处理。

九、行李的不正常运输

1. 迟运行李的处理

迟运行李，指未与旅客同机运输而使用后续航班运出的行李，其运输处理的关键在于始发站和到达站两个环节。

1）迟运行李始发站的处置要求

（1）将迟运行李进行登记或输入行李查询系统。

（2）在旅客到达目的站前，如尚未确定运送行李的后续航班，应拍发电报或以传真、邮件和电话等方式，将行李迟运信息通知旅客的到达站；通知内容应包括旅客乘坐航班、迟运行李的件数和行李牌号码。

（3）已确定迟运行李运送航班的，应拍发行李运送电报（FWD）或在行李查询系统中输入信息，以传真、电话、邮件等形式通知行李的相关航站。

（4）迟运行李运送时，应按速运行李办理。

2）迟运行李到达站的处置要求

（1）收到外站迟运行李的信息，应做好记录，并视情况将信息通知给旅客。

（2）收到行李后，将行李收入行李库房内保管，并按速运行李办理交付。

（3）收到迟运行李运送信息，但航班到达后未收到行李，应向相关航站反馈。

（4）未收到外站迟运行李信息但收到行李，按多收行李处理。

2. 少收行李的处理

少收行李是指未与旅客同机到达、尚待查找的行李。

1）少收行李航站的处理程序

（1）进行本站查询，确认行李少收后会同旅客填写《行李不正常运输记录》，并录入行李查询系统。

（2）索取旅客遗失行李的行李牌领取联、纸质客票旅客联（或复印件）、电子客票打印件、逾重行李票旅客联（或复印件）和登机牌。

（3）如果旅客向航空公司提出申请，可按规定支付临时生活补偿费。补偿费申请的程序如下：

第一步，填写《临时生活日用品付款单》（见图 4-12），并请旅客签字。如果旅客拒绝签字，可不予办理。

第二步，《临时生活日用品付款单》一式三联：一联为存根联，附在《行李不

HNA
TJA GROUND HANDLING
天航地服

临时生活日用品付款单

RECEIPT FOR ACCOMODATION
FOR DAILY NECESSITIES

案件号
Reference No 0000061

兹有我(签名人)在乘坐________航空公司航班旅行时未收到我的交运行李，愿接收________航空公司支付的如下金额以购买临时生活必需品。我理解并同意将来如找不到我的行李，如下金额将计算入________航空公司对我的赔偿款项内。

I, THE UNDERSIGNED, RECEIVED FROM________THE FOLLOWING SUM FOR THE PURCHASE OF TEMPORARY NECESSARY PERSONAL ITEMS DUE TO THE NON-DELIVERY OF MY CHECKED BAGGAGE DURING THE COURSE OF MY TRAVELON________________FLIGHT . IT IS UNDERSTOOD AND AGREED THAT ABOVE PAYMENT WILL BE APPLIED AND GEEDITED TO ANY FUTURE ADJUSTMENT MADE TO ME BY______________IN THE EVENT THAT MAY BAGGAGE IS NOT LOCATED.

旅客姓名
Passenger's name ________________

客票号码
Ticket form and serial No________________

地址
Address ________________

航班/日期
Flight/Date ________________

行李牌号码
BassTagserialNo ________________

金额
Thesumof________________

旅客签字
Passenger'ssignature ________________

经手人
Preparedby________________

批准人签字
Approvedby________________

一式三联复写式：第一联（白联）存根 第二联（粉联）财务 第三联（黄联）存档

图 4-12 天航地服临时生活日用品付款单

正常运输记录》上，以便赔偿时参考；一联为财务联，送交财务；一联为存档联，由旅客自行存档。

第三步，临时生活补偿费应作为航空公司对遗失行李赔偿的一部分，从赔偿总金额中扣除；如行李找到，旅客无须退回补偿费。

（4）请旅客填写《丢失行李调查表》。

（5）拍发电报或使用行李查询系统查询行李。具体要求如下：

第一次查询，行李申报遗失 24 小时内，向行李的始发站、经停站和航班的后续航站，用行李查询系统查询或拍发少收行李查询报（AHL）。

第二次查询，行李申报遗失 48 小时内仍无线索，向未予答复的航站，用行李查询系统查询或拍发第二次少收行李查询报（SND）。

第三次查询，行李申报遗失 72 小时内仍无线索，应向未予答复的航站和当日从行李始发站出发的、与该少收行李航班离站时间相近的有关航班的相关航站，用行李查询系统查询或拍发少收行李电报，即泛查电报（O/L TRACE）。

必要时，对重点航站进行重点查找。

（6）在查找过程中，应及时以信函、电话、邮件等方式将查找情况通知旅客。具体要求如下：

第一次通知，第一次查询后的 24 小时内。

第二次通知，第二次查询后的 24 小时内。

第三次通知，第三次查询后至确定行李丢失期间，但不迟于第三次查询后 72 小时。

（7）行李找到后，应尽快交付给旅客。

（8）行李经三次查询后仍无线索需查找的，如果旅客需要行李，不接受赔偿，应按泛查电报的内容再次用行李查询系统查询或拍发少收行李查询电报（SND），并在电报备注栏内注明“请各站协助详查字样”。

（9）经多次查找行李仍无下落，在航班到达后第 21 天将该行李的全部查询电报和文件提交给本站的行李赔偿部门，准备进行最后的查找和办理赔偿。

（10）在 21 天后行李查询仍无下落，可根据情况拍发最后查询电报（FNL TRACE）。

2）收到少收行李查询电报的处理

（1）利用行李查询系统核对本站多收行李记录。

（2）如所查行李系本站发运的行李，应核对本站掉牌行李的记录。

（3）如行李找到，应将行李按速运行李运至少收航站或少收电报指示的航站，并将运送信息输入行李查询系统。

（4）核对外站发来的多收电报，如发现线索，应发报或通过输入行李查询系统通知少收站或直接通知多收站。

3. 多收行李的处理

1）多收行李的定义及分类

多收行李指航班到达后，行李交付工作完毕时，无人领取的行李。

多收行李的种类包括：挂有到本站的行李牌；挂有到非本站的行李牌；无行李牌。

2）多收行李航站的处理程序

（1）多收行李应进行登记，按规定填写和贴挂多收行李牌，收入行李库房保管。

（2）对挂有到非本站行李牌的多收行李，应按速运行李办理，选择最早可利用航班将行李运至行李牌上列明的目的站或退回始发站，并将相关信息输入行李查询系统。

（3）对挂有到本站行李牌的多收行李和无行李牌的多收行李，应做如下处理。

① 核对本站的少收记录，确认为本站的少收行李后，尽快交付给旅客。

② 核对外站发来的少收行李查询电报，确认为外站的少收行李后，按其指示运送或交付行李。

③ 核对后，无线索的行李应在航班到达后1小时内将多收行李信息录入行李查询系统。

④ 由于安全原因，开箱核实内物的行李可根据箱内线索查找。

⑤ 多收行李7天后仍无人领取的，退回航空公司指定航站待查。

⑥ 多收行李超过90天无人认领，按照无人认领行李处理。

（4）掉牌行李应在航班到达后1小时内将多收行李信息录入行李查询系统。

（5）掉牌行李保留90天后仍无人认领，按无人认领行李处理。

3）收到多收行李电报的处理

（1）核对本站少收行李记录，确认为本站的少收行李后，向多收站拍发索要行李电报（ROH），待收到行李后，尽快交付给旅客。

（2）如是本站的少收行李，旅客不在本地，可将行李转运至旅客要求的航站，并将运送信息录入行李查询系统。

（3）非本站的少收行李，可不予回电，但如发现行李线索，可将相关情况通知多收航站。

4. 内物丢失行李的处理

内物丢失行李，指旅客的托运行李在航空公司保管和运输过程中发生部分内装物品遗失。根据内物丢失的原因可分为航空公司原因和非航空公司原因，具体处理程序如下。

1）航空公司原因造成的内物丢失行李的处理程序

（1）仔细在本站查询所丢失物品。

（2）确认内物丢失的重量标准。确认时，必须对旅客已经提取到的行李重新称重。行李外包装完好且行李的重量不低于旅客客票或行李领取联上填明的重量数而旅客申报内物丢失，通常视为内物丢失重量不足1千克。

（3）填写《行李不正常运输记录》和《丢失行李调查表》，并将相关信息输入行李查询系统。

（4）索取旅客内物丢失行李的行李牌领取联、纸票客票旅客联（或复印件）、电子客票行程单（或复印件）和登机牌（或复印件）。

（5）向行李相关航站拍发电报查询，并在行李查询系统中录入行李信息。

（6）在查找过程中，应及时以电话或邮件的方式将查找情况通知旅客。一般具体要求：第一次通知在申报丢失后48小时内完成；第二次通知在第一次通知后72小时内完成。

（7）丢失物品找到后，应尽快交付给旅客。

（8）经查找无下落，在航班到达后第21天将该行李的全部查询电报和文件提交给本站的行李赔偿部门，准备办理赔偿。

（9）内物丢失行李也可根据情况提前对旅客进行赔偿。

（10）如果旅客非现场申报行李内物丢失，航空公司受理旅客后续申报时，除非同时满足下列三个条件，否则航空公司一般不予受理。

① 旅客必须通过书面方式，用传真、邮件或邮寄信函等方法向航空公司提出申报。

② 旅客应提供其他旁证，如行李破损和事故行李的照片或其他同行者书面证明材料等。

③ 旅客必须提供机票或登机牌的原件或复印件。

2）非航空公司原因造成的内物丢失行李的处理程序

（1）可向有关航站拍发电报，为旅客进行一次性查询。

（2）丢失物品找到后，应尽快交付给旅客。

（3）如未找到，应告知旅客，但航空公司不承担赔偿责任。

3）收到内物丢失行李查询电报的处理要求

（1）核对本站的捡拾物品。

（2）如丢失物品找到，应妥善包装，按速运行李运至查询航站。

（3）如未找到，应拍发无行李电报（NEG）。

5. 行李破损的处理

行李破损是旅客的托运行李在运输过程中，外部受到损伤或受污染，因而使行李的外包装或内装物品遭到破坏。

不同航空公司破损行李的处理方法各不相同，一般行李破损的处理程序如下。

（1）确认是航空公司原因造成行李破损的，应会同旅客填写《行李不正常运输记录》或将有关信息输入行李查询系统，并按航空公司相关赔偿标准对旅客进行赔偿。

（2）办理行李破损赔偿后，应收回旅客的《行李不正常运输记录》，并在行李查询系统中结案。

（3）行李受损导致内物丢失时，在办理完行李破损手续后，再按内物丢失行李处理程序办理。也可以视具体情况与旅客进行协商后，将两项合并办理。但行李破损和内物丢失赔偿的总额不应超过每位旅客的行李赔偿规定的最高限额。

6. 速运行李的处理

速运行李指发生不正常运输后，需要迅速运出的行李。

1）速运行李的运送及要求

（1）速运行李可使用本航空公司或其他航空公司的最早可利用航班免费运送，并将速运行李的件数和重量报配载部门或输入离港系统。速运行李原则上应尽量使用本航空公司的航班运送。

（2）速运行李应贴挂速运行李牌（见图4-13），并按要求逐项填写牌上的各项内容。

（3）速运行李运送前必须经过安全检查。

（4）向行李的相关航站拍发运送电报（FWD）或在行李查询系统中输入速运信息。

（5）按照收到的运送信息和速运行李牌上指定的航班运送行李。

2）速运行李运送的责任划分

使用其他航空公司的航班承运本航空公司的速运行李，在运输过程中发生行李

图 4-13　海南航空股份有限公司速运行李牌

损失，责任由本航空公司承担。

本航空公司承运其他航空公司的速运行李，如在运输过程中发生行李损失，本航空公司不承担责任。

3）速运行李的交付要求

（1）速运行李到达后，应尽快通知旅客提取，或者按旅客要求将行李送达旅客指定的地点。

（2）行李交付时，应收回旅客的《行李不正常运输记录》。

（3）速运行李交付时所发生的地面交通费用，由造成该行李不正常运输的原航空公司承担。

7. 代查行李的处理

代查行李，指负责为旅客查找而不承担赔偿责任的行李。一般代查行李的范围包括：

（1）旅客的行李在外站就已遗失，且在旅客申报遗失前，行李并非本航空公司承运。

（2）行李牌丢失，客票上未注明有托运行李。

（3）旅客所持的行李牌多于客票上填列的行李件数，且收到的行李件数不低于客票上的行李件数。

（4）旅客行李的外包装完好，且收到的行李重量不低于客票上填列的重量。

（5）旅客无法提供所乘航班的客票或登机牌。

（6）旅客在非行李运送的目的站申报行李遗失。

（7）因旅客原因造成的非托运行李丢失。

代查行李的处理应填写《行李不正常运输记录》，在备注栏内注明“代查”字样；代查行李找到后，应尽快交付给旅客。

8. 临时生活补偿费

临时生活补偿费，指旅客乘坐航空公司航班，其托运行李未能与旅客同机到达而导致旅客无行李过夜，造成旅客旅途生活不便，旅客提出申请后，航空公司给予旅客购买临时生活日用品的费用。临时生活补偿费的给付情况和补偿标准因航空公司不同而存在很大差别，一般申领程序和补偿标准如下。

1）不提供临时生活补偿费的情况

（1）旅客乘坐的航班到达本站，但行李在外站已填写行李运输事故记录且在本站申报遗失前，行李并非本航空公司运输。

（2）行李在当天的后续航班运达。

（3）行李拴挂有免除责任行李牌，其免责项目为“旅客晚交运行李”。

（4）行李属于逾重行李，因航班载量不足而被迟运。

（5）旅客的永久或长期地址为托运行李的目的地。

（6）延误的行李当天能够送达旅客的。

2）临时生活补偿费的一般标准

国内航班补偿标准：行李延误造成旅客无行李过夜时，给予一次性补偿100元人民币。

国际航班补偿标准：行李延误造成旅客无行李过夜时，给予一次性补偿，头等舱旅客补偿500元人民币（或等值货币）、公务舱旅客补偿400元人民币（或等值货币）、经济舱旅客补偿300元人民币（或等值货币）。

3）临时生活补偿费的申领程序

（1）支付旅客临时生活日用品补偿费时，应填写《临时生活日用品付款单》，并请旅客签字。如果旅客拒绝签字，可不予办理。

（2）《临时生活日用品付款单》一式三联：一联为存根联，附在《行李不正常运输记录》上，以便赔偿时参考；一联为财务联，送交财务；一联为存档联，由旅客自行存档。

（3）临时生活补偿费应作为航空公司对遗失行李赔偿的一部分，从赔偿总金额中扣除；如行李找到，旅客无须退回补偿费。

第二节　行李查询业务

案例导入：

旅客潘先生购买联程机票从 A 地出发，经 B 地中转到达 C 地，到达后他未能提取到托运行李，故向航空公司提出索赔要求。C 地联系 A 地与 B 地查找，A 地回复装机单上显示已装机，B 地回复此行李在中转当天没有找到，故没有装上 B 地到 C 地的航班。

案例解析：

本案例中，C 地作为目的站联系经停站 B 地查找，B 地才反馈此行李在中转当天没有找到也没有装上 B 地到 C 地的航班，B 地负有一定的工作失职责任。因旅客是中转旅客，在经停站无须提取。这就要求中转、装卸服务人员高度负责，对行李进行复核。如问题已发生，经停站有必要及时向始发站进行核查，并做好相关记录，及时将查询到的进展情况反馈至始发站、到达站。

一、行李查询系统的发展

在 1980 年前，世界各航空公司都没有专门的行李查询系统，有关行李的各种信息都是通过电报传输的形式进行传递的。1980 年后，行李查询系统经历了两个发展阶段：BM 系统和 WT 系统。

第一代行李查询系统的英文全称 BAGGAGE TRACING SYSTEM，简称 BT 系统。该系统出现在 1980 年，使用该系统的各航空公司之间的行李查询开始使用标准格式。随着 BT 系统发展，1984 年第一代行李查询管理系统（BAHAMAS）诞生，英文全称 BAGGAGE HANDLING MANAGEMENT，简称 BM 系统。该系统除能获得信息和各种报告外，还能延长信息储存的时间。

WORLD TRACER 系统诞生于 1989 年，包括 WORLD TRACER TRACING SYSTEM（环球行李查询系统，简称 WT 系统）和 WORLD TRACER MANAGEMENT SYSTEM（环球行李查询管理系统，简称 WM 系统）。它们是第二代行李查询系统和行李查询管理系统。

二、环球行李查询系统介绍

环球行李查询（WORLD TRACER）系统是一个运用计算机技术对行李档案进行环球管理的高级系统，主机设在美国亚特兰大的 SITA 数据处理中心，具有操作无纸化、档案存储时间长、储存量大、提取方便、打印方便、自动查询、自动追踪、及时获得信息和可设置自动提示等特点。

WORLD TRACER 系统中有以下 7 种行李档案类型。

（1）AHL——少收行李。

（2）QAH——快速建立少收行李的档案。

（3）OHD——多收行李。

（4）QOH——快速建立多收行李的档案。

（5）DPR——破损/内物缺少行李。

（6）FWD——运送行李（包括 FOH、FAH、FLZ）。

（7）RFP——多收遗留物品记录。

WORLD TRACER 系统中的信息区域分为以下几大类。

（1）DRY-Diary：日志信息区域，包括 AR、DC、DN、DQ、WT 等项目组的信息。

（2）PAX-PASSENGER INFORMATION：旅客信息区域，包括 DA、FL、IT、NM、PA、PN、PR、PT、TA、TK、TP 等项目组的信息。

（3）BAG-BAGGAGE INFORMATION：行李共有信息区域，包括 AB、BL、BW、BX、DW、NW 等项目组的信息。

（4）BAG#-BAGGAGE#行李个别信息区域，包括 AR、BI、CC、CT、TD、TN 等项目组的信息。

（5）RTI-ROUTING：航程信息区域，包括 RT、FD、BR 等项目组的信息。

（6）CLM-CLAIM：赔偿信息区域，包括 CA、CS、DQ、FS、RL 等项目组的信息。

（7）MCH-MATCH INFORMATION：匹配信息，区域内可存储 20 个与档案有关的匹配信息，项目组为 MR。

（8）DPI-DAMAGE/PILFER：破损/内物缺少信息区域，包括 CD、LP 等项目组的信息。

（9）OSI-OTHER INFORMATION：附加信息区域，包括 FF、FI、SI 等项目组的信息。

（10）INV-INVENTORY：行李信息清单区域，多收行李档案在该区域，包括 BI、CC、CT、FD、NM、IT、RT、TN 等项目组的信息。

（11）SHO-SHORTENED FILE DISPLAY：档案简短信息区域，用户选择的项目组在此处显示，包括 BI、CT、DV、FD、IT、NM、PA、RT、TA、TN 等项目组的信息。

（12）HIS-HISTORY：历史记录信息区域，这里显示的是整个档案的历史情况，包括指令操作和项目组两部分信息。主要操作指令有 AAH、AOH、CFI、DPR、MDO、RIB、RIT、ROH、SHC、SUS、XTR；主要的项目组有 AG、AR、TX 等。

（13）SMS-SHORT MESSAGE：短信服务区域，包括 SM 项目组的信息。

（14）MSG-MESSAGE：信息区域，包括 MG 项目组的信息。

（15）INT-INTERNET REMARKS：网上留言区域，包括 IR 项目组的信息。

1. 系统基本操作指令介绍

（1）查阅指令（CXF）。

指令格式：WM CXF PEKCA

指令说明：按回车键后，系统将显示 7 天内各信息栏存放的信息条数。

（2）显示指令（DXF）。

指令格式：WM DXF PEKCA FW

指令说明：显示昨天 WM 栏内的第 3 ~ 7 条匹配信息。

（3）放置电报指令（PXF）。

指令格式：WM PXF BKKTG AP

. CAN

TEXT

（BKKTG——放置站；AP——处理档案栏；CAN——发报站；TEXT——电报内容）

指令说明：可用此指令给外站发自由格式的电报；电报发送栏可以是AA、FW或AP，如无此项，则系统自动把电报放到AP栏中；一份电报最多可放置于5个不同的处理档案中，以“/”分隔。

（4）清除指令（EXF）。

指令格式：WM EXF PEKCA AP D2/3

指令说明：清除昨天AP栏内的第三份电报。

指令格式：WM EXF PEKCA WM D1

指令说明：清除今天WM栏内所有行李匹配档案。

系统显示“OK”，表示指令已接收。

（5）转移指令（TXF）。

指令格式：WM EXF PEKCA AP D2/3

AHL PEKCA12089

指令说明：将AP栏中的D2/3条信息包转移到BAH档案中的MCH栏内。

（6）其他辅助指令。

① 菜单指令（MENU）。

指令格式：WM MENU/A

指令说明：显示WORLD TRACER系统提供的所有指令。

② 帮助指令（HELP）。

指令格式：WM HELP+待查的指令或项

指令说明：用于查阅系统指令或各项的解释内容和使用说明。

③ 翻页指令。

WMPN——翻至下一页；

WMPB——翻回至前页；

WMPF——翻回至第一页；

WMPG——翻当前页；

WMPL——翻至最后一页；

WMRB——退回前一屏。

④ 计算机中发电传电报的指令（TTY）。

指令格式：BM CZ TTY ZZZLLBB/AAALLBB

. PEKLLCA XX

TEXT

（ZZZLLBB 和 AAALLBB——收报地址；XX——责任航空公司二字代码；TEXT——电报内容）

⑤ 货币转换指令（CCY）。

指令格式：WM CCY USD290/CNY

WM CCY CNY100/USD

指令说明：只能用于美元与其他货币间的转换。

⑥ 查阅外航赔偿地址（DFT）。

指令格式：WM DFT C/XX

（XX——要查询的航空公司）

指令说明：用此指令可查询航空公司行李查询部门的地址、电话、电传地址和负责人。

⑦ 复制档案到指定的电传地址（SHC）中。

指令格式：WM SHC AHL PEKCA

TX HKGLLCA/HKGLLCX

TI UP TO THREE LINES OF FREE FORM TEXT

指令说明：TI 是自由格式的查询内容，最多为三行，行首使用“-”；该档案将通过 ATL 电报处理中心（ATLBMXS）转给 TX 项所示的电传地址，并以“RFI”提示。

⑧ 查阅多收行李（ROF）。

指令格式：WM ROF PEKCA

MS HKG

DT 22NOV～25NOV

CT BK22HWX

指令说明：查阅 HKG 在 22NOV～25NOV 期间建立的行李类型为 BK22HWX 的多收行李。

⑨ 延长系统查询时间（XTR）。

指令说明：该指令用于将少收档案在查询 180 天后再延长查询 100 天。此指令只对少收档案有效。

2. 少收行李查询的输入

（1）行李牌号码查询指令（TNT）。

指令格式：WM TNT PEKCA

TN CA123456

指令说明：该指令用于行李牌号码的最初查询。如果该号码没有消息，AHL表格将自动显示；如果找到相似的行李，表中将显示AHL/N，并在“MR”栏中显示BOH的航站和多收编号或其他相关内容；“/N”表示不进行查询，只记录；一个TNT指令最多可输入5个行李牌号码；在行李牌号码中，最多可输入3个未定义符“X”，如CA123XXX；每个行李牌号码之间以“/”分隔。

（2）建立少收档案指令（AHL）。

指令格式1：输入TNT

指令格式2：WM AHL

指令说明：每份AHL档案最多可输入5个行李牌号码；每项内容不能超过58个字母，如一行未写完，再另起一行，行首加一个连接符（-）；不可缺项为CT、FD、IT、NM、RT；缺少其中任何一项，系统都不接收，若输入某项内容在一个以上，则用“/”分隔。

（3）填写内物明细指令（CC）。

指令格式：在CC项输入Y，将出现一份内容表，在内容表中选择相应的物品，在“/”前输入“7”，按回车键后出现一份内容细表；在内容细表中详细填写内物。

输入以上所有项目后，按回车键，系统回复OK，并给出查询号码，表示系统已接收指令并自动开始查询。AHL档案将在系统中保存180天，结案后保存60天，退出查询的档案，将在系统中保存3年。

3. 破损/内物丢失行李查询的输入

（1）建立行李破损和内物丢失行李记录档案指令（DPR）。

指令格式：UM DPR U

指令举例：WM DPR PEKCA

NM THATCHER. IT DT

RT MIA/JFK/LHR. FD CA110/14FEB/CA923/16FEB

TN ZZ123321

CT BU03CWX

BI SAMSONITE

BD ONE OF A SET OF THREE/RIPPED DOWN THE SIDE

TD SIDE/04MA. RL 80

CD MENS BLUE SUIT AND BEIGE RAINCOAT TORN

指令说明：一份 DPR 最多只能输入 10 个行李牌号码；在 RT 项第一个城市应该是发现行李的城市；DPR 档案可保留 180 天，已结案的 DPR 档案可保留 45 天；DPR 档案可用 DDP 指令显示，用 ADP 指令修改；TD 项（破损情况）的输入信息包括破损种类、破损位置、破损程度，每个 TD 项可输入两处破损情况。

如下为 TD 详细代码。

破损种类：

01 （HANDLE）把手	09 （FRAME）框架
02 （LOCK）锁	10 （CRUSHED）压坏
03 （HOLE）破洞	11 （STAINED）污染
04 （TORN）撕破	12 （BINDINGS）包扎
05 （SCRATCHED）划破	13 （HINGES）装铰链
06 （FOOT/WHEELS）轮子	14 （DENTED）凹陷
07 （ZIPPER）拉链	15 （CONTENTS）内物
08 （STRAP）捆带	16 （OTHER）其他

破损位置：

TOP——顶部　BOTTOM——底部　SIDE——旁边　END——侧边

破损程度：

MI （MINOR）轻微　MA （MAJOR）大部分　TL （TOTAL）全部

RL 项原因的填写使用 IATA 规定的数字代码。与 DPR 相关的代码如下：

80 破损	81 锁/拉链破损	82 把手/绑带破损
83 撕烂	84 凹陷	85 压坏
86 构架破损	87 表面擦损	88 浸湿
89 内物破损	90 行李内物丢失	91 内物丢失兼行李破损
95 机组行李内物丢失	96 机组内物丢失兼行李破损	

（2）显示 DPR 记录指令（DDP）。

指令格式：WM DDP PEKCA10023

指令说明：显示 DPR 编号为 PEK10023 的行李档案。

4. 多收行李查询的输入

（1）建立简易多收行李档案指令（QOH）。

指令格式：WM QOH PEKCA

TN CA122265

指令说明：如果TN项的输入超过一行，下一行要以“TN”开头；每个行李牌之间以“/”分隔；连号的行李牌之间可用“-”连接；一个QOH指令最多可输入10个行李牌号码；QOH只能使用TN项，按回车键后，显示“OK”表示系统已接收；QOH在系统中只保留24小时，如超时未结案需转入OHD。

（2）建立一件行李多收档案（OHD）。

指令格式：WM OHD U

指令说明：用于多收行李记录，一份OHD档案只能记录一件多收行李；档案中的CT、FD、RT项是不可缺项；如不知道多收行李的航班，可以用YY代替，如YY/14FEB；FD最多可输入4个航班，且航班不能为零；RT项先填多收站，再按旅客航程顺序输入；如输入OHD/N，则只用于本站记录，多收行李的资料不进入系统匹配；档案在系统中保存180天，结案后保存45天；按回车键后，将显示“OK”并显示多收编号；使用AOH指令修改内容，使用DOH指令查阅档案内容。

（3）建立多件行李的多收档案指令（BOM）。

指令格式：WM BOM U

指令说明：一份档案最多可容纳5件多收行李；只有当多收行李属于同一旅客时才使用；在档案中，CT、TN、BI、BW共有五行，每行输入一件行李的资料，不能混淆；CT、FD、NM、RT是不可缺项；BOM档案在系统中的保存时间与OHD一样；系统接收后，将显示每件行李的编号。

（4）显示多收行李档案指令（DOH）。

使用DOH指令可通过姓名、多收航站、航空公司、多收编号、日期来显示多收档案记录。

指令格式：WM DOH/A

NM COTTON（要求输入多收档案NM项的全名）

MS PEKCA

指令说明：如未注明“/A”，则仅显示未结案的档案；如在MS项中输入“ALLCA”，将显示所有航站的多收行李。

三、旅客、行李运输业务电报

1. 运输业务电报知识概述

旅客、行李运输业务电报是旅客、行李运输业务的重要内容，也是旅客服务的重要依据，必须及时、正确地拍发。使用离港系统办理乘机手续的航班，需要拍发旅客出发业务电报。例如，旅客服务报、座位占用报、旅客最后销售报等可根据系统设定情况自动拍发。

拍发电报时，应根据电报内容、拍发时间、航班飞行时间等决定电报的轻重缓急程度，一般选用下列等级代号：QU——急电；无等级代号——普通电报；QD——可缓送（但不迟于次日上午送达）电报。

拍发电报时间应使用国际标准时间（GMT），拍发业务电报应尽量使用电报简语。发电地址和收电地址由七个字母组成：前三个字母为城市或机场代号，第四个、第五个字母为部门代号，第六个、第七字母为承运人代号，如 PEKTZCA。在发电地址前应冠以“.”符号。如果使用 WORLD TRACER 系统，必须严格按照系统格式发报，否则电报无法输入计算机。

2. 旅客运输业务电报

（1）旅客服务报。

旅客服务报的英文全称为 PASSENGER SERVICE MESSAGE，简称 PSM。其主要内容及用途是将旅客登机站的特殊服务旅客乘机信息传递给相关航站。旅客服务报一般的接收地址为旅客经停站和到达站的特殊旅客服务部门或客运部门。

电报格式：

航班号/日期 月份 出发站

到达站 旅客姓名 特殊服务类别 座位号

格式举例：

```
QU   SHAKIMU
. PEKTZCA   1901900
PSM
CA1501/14 FEB PEK
SHA   ZHANG/XIAOMING   UM09   16C
      FAN/WEI          STCR
      SUN/LI           WCHS   17D
=
```

（2）重要旅客报。

重要旅客识别码是 PSM/VIP 或 PSM/VVIP。其主要内容及用途是将登机站的重要旅客乘机信息传递给相关航站。重要旅客报一般的接收地址为旅客经停站和到达站的特殊旅客服务部门或客运部门。

电报格式：

航班/日期　月份　到达站

要客姓名　职务　要客一行总人数

要客座位号

要客一行行李件数/重量 装载舱位 集装箱号码

服务要求及备注（无特殊要求应注明“NIL”）

格式举例：

QU　SHAVPMU　SHAAPCA

. PEKVPCA　　1409000

VIP

CA1510/14 FEB　SHA

ZHANG/XIAOMING　FOREIGN-MINISTER　TCP3

S/N　1A　2A　3A

B　　5/100K　H6　C/N　AVE 0377CA

SI　NIL

=

格式说明：重要旅客报也可根据离港系统设定情况按 PSM 自动拍发，其内容不包括行李件数、重量及其装载情况。旅客职务可使用汉语拼音，如 WAIJIAOBU ZHANG。

（3）旅客中转报。

旅客中转报的英文全称 PASSENGER TRANSFER MESSAGE，简称 PTM。其主要内容及用途是登机站将旅客的中转信息通知到达站。旅客中转报的接收地址是旅客到达站的中转部门。

电报格式：

航班号/日期　月份　航段

转乘航班号　目的站　中转旅客舱位等级占座数 托运行李情况 备注

转乘旅客姓名　目的站　托运行李情况 座位号

格式举例1：

QU SHAAPCA

. PEKTZCA　141130

PTM

CA1501/14FEB　PEKSHA

MU5432/09-KMG　Y1　BO

FM7123/10-CAN　Y3　B2　INF1

MF8765/10-XMN　Y4　B3　CHD1

=

格式举例 2：

QU SHAAPMU

. PEKTZCA　141130

PTM

CA1501/14FEB　PEKSHA

MF8765/10-XMN　Y4　B3　CHD1

1LI/LI　B/1/15　23C

1WANG/NAN　B/0/0　24A

=

（4）旅客最后销售报。

旅客最后销售报的英文全称为 PASSENGER FINAL SALES MESSAGE，简称 PFS。其主要内容及用途是起飞站将该航空旅客的实际登机人数通知到达站。旅客最后销售报的接收地址是航班订座控制中心。

电报格式：

航班号/日期　月份　登机站

到达站 登机的不含 PAD 的头等舱旅客人数/公务舱旅客人数/经济舱旅客人数

PAD（无收益旅客）登机的 PAD 头等舱旅客人数/公务舱旅客人数/经济舱旅客人数

格式举例：

QD SHAZZCA

. PEKTZCA 141040

PFS

CA1501/14 FEB　PEK

SHA　08/20/185　PAD　00/02/000

=

格式说明：旅客最后销售报可根据 PNL/ADL 报和实际乘机情况对比将登机和

未登机的旅客分类，如 NOSHO、NOREC、GOSHO 等，并列出旅客名单。

3. 行李运输业务电报

（1）少收行李查询报。

少收行李查询报识别码包括 AHL（ADVISE IF HELD BAGGAGE TRACE）、SND（STILL NEED）、O/L TRACE（OFF LINE TRACE）和 FNL TRACE（FINAL TRACE）。其主要内容及用途是少收行李航站向相关航站发出的行李少收信息，请求帮助查询。少收行李查询报的接收地址是有关航站的行李查询部门。

电报格式：

少收行李查询编号

NM 旅客姓名

IT 旅客姓名缩写

TN 行李牌号码

TC 行李颜色类型

RT 航线/查询地点

FD 航班/日期

BI 行李箱品牌/箱外标志

CN 行李内容（行李内明显而易认的物品）

FI 运送指示

格式举例：

QD CTULNMU

. PEKLNMU 141021

AHL

PEKMU10631

NM LI/NAN

IT LN

TN MU432156

TC BU01PSX

RT CTU/PEK

FD MU5406/14FEB

BI SAMSONITE/HILTON HOTEL STICKER

CN CLOTHES/SHOES/MEDICINE

FI FWD PEKLNMU

=

（2）多收行李查询报。

多收行李查询报识别码包括 OHD（ON HAND BAGGAGE TRACE）和 SHL（STILL HELD）。其主要内容及用途是多收行李航站发出行李多收信息，寻找失主。多收行李查询报的接收地址是运送多收行李航班的始发站、经停站、后续航站的行李查询部门。

电报格式：

发电报航站的英文三字代码，承运人的英文二字代码，多收行李的查询编号

NM 旅客姓名

IT　旅客姓名缩写

TN 行李牌号码

TC 行李颜色类型

RT 多收行李的航站/可能遗失行李的航站

FD 多收行李到达的航班/日期

BI　行李箱品牌/箱外标志

CN 行李内容

FI　备注

格式举例：

QD SHALNMU

. PEKLNCA 141612

OHD

PEKCA12345

NM ZHANG/XIAOMING

IT ZXM

TN CA432165

TC RD01CWX

RT PEK/SHA

FD CA1502/14FEB

BI SAMSONITE

CN CLOTHES

FI

=

（3）运送行李报。

运送行李报的主要内容及用途是运送不正常运输行李时，发运站将运送行李的信息通知运达站，运送行李报的接收地址是行李运达站的行李查询部门。

电报格式：

OHD 多收行李识别代号及本站（持有行李站）多收行李查询编号

AHL 少收行李识别代号及运达站少收行李记录编号

原行李牌号码/旅客姓名/多收行李到达航班号/日期

运送航班/日期 航程

速运行李牌号码

备注

格式举例：

QD CANLNCA

. PEKLNCA 140810

FWD

OHD PEKCA14605

AHL CANCZ2612

CA236543/ZHANGXIAOMING/CA1302/14FEB

O/B CZ3301/15FEB PEK/CAN

EXT CZ543267

SI PLS ACK RCPT

=

格式说明：运送行李报也可按照多收行李的格式拍发，在备注栏中注明速运行李牌号码。

自我检测

（1）简要描述行李运输的一般规定。

（2）简要描述不同舱位免费行李额的规定。

（3）简要描述行李的收运要求。

（4）简要描述可作为行李的危险物品的运输规定。

(5) 简要描述行李不正常运输的类型。

(6) 简要描述行李查询系统的功能。

(7) 简要描述少收行李查询报的组成项目。

(8) 简要描述多收行李查询报的组成项目。

第五章

职业技能综合训练

第一节　乘机登记业务职业技能训练

一、经典习题

1. 单项选择题

（1）下面属于在我国注册的飞机的正确注册编号是（　　）。

A. CN5231　　B. B512　　C. B2166　　D. C5216

（2）在我国注册的飞机注册编号以 B 开头，后加（　　）位阿拉伯数字。

A. 3　　B. 5　　C. 4　　D. 6

（3）下面属于国内航班编号且描述正确的是（　　）。

A. CZ321　　B. CA921　　C. CN5213　　D. CZ3101

（4）国际航班编号开头的两个英文字母代表的是（　　）。

A. 随意的编排，没有特别意义　　B. 出发地所属国的两字代码

C. 到达地所属国的两字代码　　D. 执行该任务航空公司的两字代码

（5）下列不属于国内值机工作岗位职责的是（　　）。

A. 检查旅客乘机证件　　B. 乘机人数统计

C. 发放登机牌　　D. 收取交运行李

（6）（　　）是主权国家准许外国公民或本国公民出入境或经过国境的许可证明。

A. 护照　　B. 身份证　　C. 签证　　D. 出入境许可

（7）（　　）应将规定的停止办理乘机登记手续的时间以适当的方式告知旅客。

A. 售票处　B. 承运人　C. 业务处　D. 以上均不对

（8）一些国家之间相互签订协议，（　　）允许其他国家的公民可以在该国过境或转机，而不需要办理过境签证。

A. 移民签证　B. 落地签证　C. 非移民签证　D. 过境免签证

（9）以下关于电子客票的叙述，正确的是（　　）。

A. 购买电子客票必须通过互联网完成

B. 购买电子客票的旅客必须持有行程单方能通过安检

C. 购买电子客票的旅客能够得到更多的票价折扣

D. 购买电子客票的旅客只需持有效证件与登机牌即可通过安检

（10）下列哪个指令用于航班状态显示？（　　）

A. CFL　B. LR　C. SY　D. FI

（11）儿童是指在（　　）之日，年龄满二周岁，但不满十二周岁的旅客。

A. 购票　B. 实际旅行开始　C. 到达目的地　D. 以上均不对

（12）下列哪个指令用于航班初始化？（　　）

A. BP　B. FI　C. IF　D. SL

（13）下列哪个指令用于完全关闭航班？（　　）

A. CCL　B. CC　C. CI　D. CD

（14）乘机登记时接触危险物品，处理的第一步是（　　）。

A. 在怀疑是危险物品的第一时间通知值班主任

B. 在确认安全的情况下判断危险物品的种类

C. 在确认安全的情况下将疑似危险物品搬离

D. 组织相关旅客立即疏散

（15）下列哪个指令用于显示旅客名单？（　　）

A. PR　B. PD　C. RL　D. RN

（16）下列哪个指令不是提取旅客记录的简化格式指令？（　　）

A. FSN　B. RL　C. FB　D. RM

（17）安排旅客改乘其他航班时，应注意安排的顺序，（　　）优先安排。

A. 有特别困难急于成行的旅客　B. 头等舱、公务舱旅客

C. 需要在目的地转机的旅客　D. 重要旅客

（18）（　　）是主权国家发给本国公民出入境及到国外旅行、居留的合法身份证明和国际证明。

A. 户口簿　B. 签证　C. 护照　D. 国际身份证

（19）（　）是指一家航空公司的航班号可以用在另一家航空公司的航班上。

A. 座位超售　B. 代码共享　C. 航空联盟　D. GO-SHOW

（20）下列（　）部门不是国际航空出港所涉及的联检部门。

A. 海关　B. 工商局　C. 卫生检疫　D. 边防检查

2. 多项选择题

（1）国内乘机登记办理的准备工作包括（　）。

A. 根据飞机注册号了解需办理航班的机型信息

B. 了解需办理航班的载量和配额

C. 了解需办理航班的特殊服务项目，做好记录和预留座位

D. 准备两舱旅客休息卡、航班行李牌和各种标识牌

（2）以下航空公司的三位数字代码正确的是（　）。

A. CZ：784　B. MU：781　C. HU：880　D FM：774

（3）12周岁以下的儿童办理乘机登记时可使用的证件有（　）。

A. 学生证　B. 身份证　C. 户口簿　D. 出生证

（4）紧急出口座位的旅客在发生紧急情况时需履行的职责包括（　）。

A. 能够协助机组处理应急事件

B. 能正确理解紧急出口开启指令

C. 找到并开启紧急出口装置，认定紧急出口开启装置

D. 执行机组给予的口头指令或手势

（5）以下机型代号正确的是（　）。

A. METRO-23:MET　B. Y-7:AN4

C. BOEING 747-400:744　D. AIRBUS 330-200:B330

（6）发出登机牌数量和已办手续旅客人数不一致的原因是（　）。

A. 未将已事先办妥中转联程手续的旅客计算在内

B. 有旅客通过其他值机柜台办理登记

C. 忘记加两舱旅客发放的登机牌

D. 工作疏漏，重复向旅客发放登机牌

（7）接收电子客票旅客时，必须核对哪些事项？（　）

A. 旅客的证件号码　B. 旅客的行程单

C. 旅客的姓名　D. 旅客订座记录

（8）记录的行李件数与装运行李件数不一致的原因是（　　）。

A. 在离港系统中多输入或少输入行李件数

B. 装卸员失误，漏装了行李

C. 行李牌脱落而造成漏装或行李在运送途中丢失

D. 工作人员粗心，出现统计错误

（9）十二周岁以下的儿童，凭（　　）办理乘机手续。

A. 户口簿　　B. 暂住证　　C. 出生证　　D 学生证

（10）国际值机工作涉及的联检单位包括（　　）。

A. 安检　　B. 海关　　C. 边防　　D. 卫生检验检疫

（11）以下关于客票的叙述，正确的是（　　）。

A. 客票为记名式，只限客票上所列姓名的旅客本人使用

B. 客票不得转让和涂改

C. 成人旅客与其携带的不占座婴儿可使用同一张客票

D. 团体旅客可使用团体客票

（12）根据出入境的性质不同，签证可分为（　　）。

A. 入境签证　　B. 过境签证　　C. 出境签证　　D. 再入境签证

（13）根据中国民用航空总局的规定，如旅客符合以下任何一种情况，均不能将其安排在紧急出口座位上。（　　）

A. 年龄在 18 周岁以下的未成年人

B. 视觉障碍或语言障碍，无法阅读、理解或传达机组发出的紧急疏散指令

C. 因履行某种职责或其他特殊情况而无法完成紧急出口座位的乘坐要求

D. 不愿意履行紧急出口乘坐职责

（14）根据载体的不同，登机牌可以分为如下几种。（　　）

A. 普通纸质登机牌　　B. 简易版登机牌

C. 电子登机牌　　D. ATM 登机牌

（15）下列属于旅游信息手册规定部分的是（　　）。

A. 货币　　B. 健康信息　　C. 国家入境税　　D. 签证

（16）下列哪些是承运人原因而需要采取航班延误和取消处理的情况？（　　）

A. 机场设施故障　　B. 飞机调配不开

C. 飞机晚到　　D. 运力不足

（17）下列属于三大航空联盟的名称是（　　）。

A. 优飞联盟　B. 寰宇一家　C. 天合联盟　D. 星空联盟

（18）国际值机工作是（　　）办理或代办执飞国际航班的航空公司已购票旅客的乘机登记手续。

A. 航空公司　B. 民航机场　C. 代理公司　D. 空管部门

（19）计算机离港系统由（　　）组成。

A. 离港信息　B. 旅客值机　C. 配载平衡　D. 航班数据控制

（20）值机柜台可以划分为（　　）。

A. 普通值机柜台　B. 无行李交运柜台

C. 随到随办柜台　D. 特殊服务柜台

3. 判断题（正确的在括号里写“T”，错误的在括号里写“F”）

（1）定期航班运输飞行是根据班期时刻表，按照规定或非规定的航线，定机型、定日期、定时刻的飞行。（　　）

（2）无行李交运柜台可以为乘坐当天相应航空公司的航班且不需要托运行李的旅客办理航班的乘机登记手续。（　　）

（3）每位旅客均需单独持有一张客票乘机，每位成人最多可携带客票10%付费的婴儿两名。（　　）

（4）在编排航班号时，单数表示去程航班（由飞机基地出发的航班）、双数则表示回程航班（返回基地的航班）。（　　）

（5）因超售而非自愿提高舱位等级的旅客的座位，应与该等级的付费旅客分开。（　　）

（6）旅客在停办乘机登记手续前提出取消行程应收回已发放的登机牌，在离港系统中删除相应记录。（　　）

（7）全国人民代表大会代表凭本届“全国人民代表大会代表证”可以乘机。（　　）

（8）国际值机员无须检查旅客使用的护照和签证等旅行证件，此工作由联检单位负责。（　　）

（9）签证是主权国家发给本国公民出入境及到国外旅行、居留的合法身份证明和国籍证明。（　　）

（10）非指定用途旅费证的价值不能超过750美元或等值货币。（　　）

（11）为使旅客有较为宽敞的空间，可以将轮椅旅客安排在较为宽敞的紧急出口座位。（　　）

（12）在航班不满的情况下，可以将携带不占座婴儿的旅客安排在相邻座位无人占座的座位上。（　）

（13）代码共享是指一家航空公司的航班号可以用在另一家航空公司的航班上。（　）

（14）值机部门负责办理旅客的乘机手续即检查旅客乘机证件、发放登机牌、收取交运的行李等工作。（　）

（15）登机牌的作用是记录旅客登机信息，告知工作人员旅客登机注意事项。（　）

（16）状态码 VOID 表示电子客票的状态为已经退票。（　）

（17）由于值机员在离港系统中录入信息错误，可能会导致行李重量与常规不相符。（　）

（18）PA：1，UPGF 表示含义为接收一名旅客并升到头等舱。（　）

（19）当取消航班进行补班飞行时，未办理过乘机手续的旅客可以按照起飞当日正常手续办理。（　）

（20）护照是主权国家准许外国公民或本国公民出入境或过境的许可证明。（　）

二、课堂训练

课堂训练 1：

安排学生两人一组，一名学生向另一名学生陈述国内值机工作岗位职责，并总结注意事项。完成后彼此交换角色再训练。

课堂训练 2：

安排学生三人一组进行角色扮演，一名学生扮演值机员，一名学生扮演前来办理乘机登记手续的旅客，一名学生扮演评判员。分别对普通值机柜台、头等舱/公务舱柜台、召集柜台进行模拟表演，并由评判员进行记录和点评。一个场景结束再交换角色表演并记录。

课堂训练 3：

给每个学生发放一张空白纸质登机牌，请他们按照电子客票票面的内容，按照要求填写登机牌信息。两两交换进行核对后并打分。

课堂训练 4：

在黑板上展示一张飞机座位布局图，制作各种类型旅客的卡片，如一家三口、重要旅客、情侣、无成人陪伴儿童、盲人旅客、孕妇、携带婴儿旅客、军人旅客、罪犯旅客等，让学生抽取卡片并将其贴在飞机座位布局图的合适位置上，老师进行点评，强化学生对分配机上座位规则的应用能力。

课堂训练5：

安排学生两人一组，一名学生向另一名学生陈述接触危险物品的应急处理注意事项。完成后彼此交换角色再训练。

课堂训练6：

安排学生六人一组，一名学生扮演工作人员，其他五名学生扮演航班不正常时焦急万分的旅客。设计各种原因，如航路管制、天气恶劣、飞机机械故障、旅客抢占航空器等，由扮演工作人员的学生安抚旅客，由老师点评，并指导学生如何改进。

课堂训练7：

安排学生两人一组，一名学生向另一名学生陈述国际值机工作岗位职责，并总结注意事项。完成后彼此交换角色再训练。

课堂训练8：

在PPT上展示出一张国际纸质客票，要求学生回答出客票上的相关信息，以考查学生对国际客票信息的识读能力。

课堂训练9：

给每个学生发放一张TIM中某一国家的旅游信息，请他们回答关于该国家护照、签证、健康信息、海关、机场税、货币等方面的问询。

课堂训练10：

安排学生两人一组，一名学生向另一名学生陈述国际旅行文件检查的内容，并总结注意事项。完成后彼此交换角色再训练。

课堂训练11：

在PPT上显示在离港系统中用SE指令调出的飞机座位图，对座位图上显示的符号进行提问，以考查学生对飞机座位图的识读能力。

课堂训练12：

制作各种类型的旅客乘机登记情景卡片，让学生随机抽取并当众读出相关信息，所有学生写出相应的离港系统指令。

第二节 旅客服务业务职业技能训练

一、经典习题

1. 单项选择题

（1）下列哪一旅客不属于重要旅客的范畴？（ ）

A. 全国政协主席　　B. 中科院院士

C. 国际航协秘书长　　D. 农业部部长

（2）对无成人陪伴儿童年龄的限制范围，正确的是（ ）。

A. 4 ~ 12 周岁　　B. 4 ~ 13 周岁

C. 5 ~ 12 周岁　　D. 5 ~ 13 周岁

（3）重要旅客购票后，需要在订座记录的哪个项目中注明其身份？（ ）

A. SSR　　B. OSI　　C. TPM　　D. ISN

（4）遣返旅客的遣返原则是（ ）。

A. 根据公安局的要求　　B. 原路遣返

C. 根据入境国的入境规定　　D. 无特别要求

（5）在正常情况下，在指定机场由一个航班中转到其续程航班旅客所需要花费的最短时间简称（ ）。

A. OSI　　B. CTM　　C. MCT　　D. MIN

（6）如国际航班上有中转国内航班的旅客，应事先查看（ ）。

A. LDM　　B. PTM　　C. TPM　　D. CPM

（7）通常而言，A320 型飞机的经济舱最多可以接收（ ）名无成人陪伴儿童。

A. 2　　B. 3　　C. 5　　D. 6

（8）一般来说，航班延误超过（ ）小时，应提供饮料服务。

A. 1　　B. 2　　C. 2. 5　　D. 3

（9）无成人陪伴儿童旅客的特殊服务代码是（ ）。

A. CHD　　B. UM　　C. INF　　D. URP

（10）怀孕超过 32 周的孕妇乘机，其诊断证明需要在乘机前（ ）内开出。

A. 24小时　B. 36小时　C. 48小时　D. 72小时

（11）关于轮椅旅客的行李，不正确的是（　　）。

A. 轮椅旅客的轮椅作为托运行李在货舱内运输，其重量计入免费行李额

B. 使用干/湿电池驱动的电动轮椅，旅客应在订座时提出

C. 轮椅旅客的轮椅作为托运行李在货舱内运输，且重量不计入免费行李额

D. 经济舱轮椅旅客的免费行李额是20千克

（12）婴儿旅客的特殊服务代码是（　　）。

A. STCR　B. DJPX　C. BLND　D. YEC

（13）犯人旅客的押送人员必须至少有（　　）。

A 1名　B. 2名　C. 3名　D. 以上都不对

（14）日本餐的特殊餐食代码是（　　）。

A. JPML　B. OBML　C. LPML　D. SFML

（15）下列哪个位置不能安排无成人陪伴儿童就座？（　　）

A. 靠近厨房的位置　B. 靠近过道的位置

D. 邻近女乘客的位置　D. 紧急出口位置

（16）民航运输中儿童的年龄认定范围标准是（　　）。

A. 购票之日　B. 旅行开始之日

C. 旅行结束之日　D. 办理乘机登记之日

（17）下列哪一项是糖尿病病人餐的电报代码？（　　）

A. AVML　B. MOML　C. DBML　D. FPML

（18）婴儿旅客的特殊服务代码是（　　）。

A. CHD　B. INF　C. PETC　D. YEC

（19）过境免签政策适用于以下哪种类型的中转航班？（　　）

A. 国内转国内　B. 国内转国际　C. 国际转国内　D. 国际转国际

（20）中转旅客服务时如需查询最短中转时间，可以从下面哪一资料中获得？（　　）

A. PAT　B. TIM　C. OAG　D. ISO

2. 多项选择题

（1）以下属于高端旅客特殊服务的是（　　）。

A. 专属值机柜台　B. 专属安检通道

C. 专人引导登机　D. 机场内接送专车

（2）请指出以下哪些旅客属于重要旅客？（ ）

A. 重庆市市长　　B. 南京市委书记

C. 全国人大代表　　D. 新疆军区副政委

（3）下列属于重要旅客服务保障要求的是（ ）。

A. 重要旅客服务电报拍发　　B. 重要旅客航班的载运限制

C. 重要旅客进港服务　　D. 重要旅客出港服务

（4）以下属于高端旅客服务内容的是（ ）。

A. 高端客户经理专注旅客需求　　B. 个性化变更服务彰显旅客尊贵

C. 营造高端客户愉悦的候机体验　　D. 信息技术助力提升高端旅客服务

（5）以下属于航空公司中转服务业务的是（ ）。

A. 代办联检手续业务　　B. 一票到底业务

C. 机转机业务　　D. 隔夜中转免费住宿业务

（6）无成人陪伴儿童的座位安排应遵循的原则是（ ）。

A. 若有可能与其他旅客分开

B. 不得安排在紧急出口旁的位置

C. 靠近机上厨房，最好是过道位置

D. 若满座则应安排与女乘客一起坐

（7）轮椅旅客的座位安排在（ ）。

A. 靠近机舱口的位置　　B. 靠近乘务员的位置

C. 过道位置　　D. 紧急出口

（8）有关担架旅客运输的规定是（ ）。

A. 担架旅客是指无法在客舱中就座，在飞机上必须处于水平状态的旅客

B. 每个航班的每个航段上，只限载两名担架旅客

C. 担架旅客如有医生证明其身体状况可单独乘机，可不需要陪同人员同行

D. 担架旅客的陪同人员安排在拆卸座位邻近的位置上

（9）关于误机，以下不正确的是（ ）。

A. 旅客因自身原因误机要求退票，不收误机手续费

B. 旅客未按规定时间内办妥乘机手续而不能乘机

C. 旅客误机后要求改乘后续航班，承运人应积极协助

D. 旅客换领好登机牌后在过安检时因证件问题未能乘机也属于误机

（10）根据相关要求，孕妇旅客乘机时需要出示和填写的特殊文件有（　　）。

A. 计划生育证明　　B. 诊断证明书

C. 特殊旅客服务需求单　　D. 工作单位介绍信

（11）关于漏乘的规定，以下错误的是（　　）。

A. 漏乘是指旅客因未办妥乘机手续而未搭乘指定的航班

B. 由于旅客本身原因造成漏乘，按旅客误机处理

C. 由于航空公司原因造成旅客漏乘，旅客要求退票按自愿退票办理

D. 由于航空公司原因造成旅客漏乘应及早安排旅客乘坐后续航班成行

（12）航空公司通常把失明旅客分为（　　）。

A. 有导盲犬引路的盲人旅客　　B. 无导盲犬引路的盲人旅客

C. 无成人陪伴的盲人旅客　　D. 有成人陪伴的盲人旅客

（13）以下属于常见特殊餐食代码的是（　　）。

A. AVML　　B. ORVG　　C. AVIN　　D. LSML

（14）关于错乘的规定，以下错误的是（　　）。

A. 错乘是指旅客乘坐了不是登机牌上列明的航班

B. 航空公司应及早安排错乘旅客搭乘航班飞往目的地，票款不退不补

C. 若错乘到达站没有航班飞往目的地，则由旅客自费购买返回始发站的机票，再搭乘后续航班前往原客票目的地，原客票继续有效。

D. 错乘是指旅客乘坐了不是行李牌上列明的航班

（15）航空公司提供特殊餐食的原因通常包括（　　）。

A. 提高服务质量　　B. 饮食健康

C. 民族饮食习惯　　D. 宗教信仰

（16）下列哪些服务属于航空公司为高端旅客提供的特殊服务？（　　）

A. 专属值机柜台　　B. 专属安检通道

C. 专属候机休息室　　D. 专人服务

（17）中转旅客的类型可以分为（　　）。

A. 国内转国内　　B. 国内转国际

C. 国际转国内　　D. 国际转国际

（18）病残旅客的认定依据通常包括（　　）。

A. 医疗机构认定　　B. 身体缺陷

C. 精神病态　　D. 需要他人照料

（19）特殊旅客的类型可以分为（　　）。

A. 有成人陪伴儿童　　B. 犯罪嫌疑人

C. 酒醉旅客　　D. 担架旅客

（20）轮椅旅客的类型代码包括哪些？（　　）

A. WCHC　　B. WCHS　　C. WCHR　　D. WCHT

3. 判断题（正确的在括号里写“T”，错误的在括号里写“F”）

（1）工商界要客的代码是 VIP。（　　）

（2）无成人陪伴儿童的座位安排没有特殊要求。（　　）

（3）中转是旅客由于旅行的需要而在航程中的某一地点衔接续程航班。（　　）

（4）高端旅客通常是指头等舱和公务舱旅客、持高级别常旅客会员卡的客户。（　　）

（5）指定机场的最短中转时间是公布在 TIM 中的。（　　）

（6）病残旅客需出具“诊断证明书”，病情严重者的证明书应在起飞前 48 小时填开。（　　）

（7）航空公司无权拒绝任何类型的特殊旅客的登机要求。（　　）

（8）公务舱、头等舱乘务员应提前掌握登机信息，按时通知旅客准备登机。（　　）

（9）飞机客舱中的婴儿排是指飞机上能多提供一个氧气面罩的排。（　　）

（10）不正常航班是指由航空公司造成的不能按公布时间正常飞行的航班。（　　）

（11）在飞机上无法在客舱座位上就座，必须处于水平状态的旅客称为担架旅客。（　　）

（12）重要旅客是指那些社会地位显贵的高官政要或社会知名度高的人士。（　　）

（13）对不同类型的轮椅旅客，在航空运输中是有人数限制的，其中 WCHR 和 WCHS 类型旅客一个航班最多接收两名。（　　）

（14）中转旅客服务部门需要通过拍发 PTM 报来传递相关信息。（　　）

（15）从医学角度来说，出生不足 21 天的婴儿不适合高空飞机客舱的环境。（　　）

（16）婴儿餐的服务代码是 INML。（　　）

（17）酒醉旅客如被拒绝乘机需要退票处理的，可按照自愿退票程序执行。（　　）

（18）飞机客舱中会提供特殊餐食的服务，无须预订，先要先得，发完即止。（　　）

（19）旅客申请特殊餐食必须在购票或订座时提前预订。（　　）

（20）犹太餐的服务代码是 KSML。（　　）

二、课堂训练

课堂训练 1：

安排学生三人一组，一名学生扮演高端旅客服务人员，一名学生扮演高端旅客，一名学生扮演观察员，进行高端旅客服务过程表演，完成后由观察员进行点评和总结，改进后继续表演。

课堂训练 2：

安排学生上网搜索各大航空公司高端旅客服务的内容，总结出各自的特点。组织学生讨论高端旅客服务有待提升的环节，力争开展服务创新。

课堂训练 3：

安排学生四人一组，抽签决定其中一人陈述中转服务四种情况之一的业务流程要求，另外三名学生进行点评。

课堂训练 4：

在 PPT 上显示一张旅客转机报的图片，随机提问学生相关信息内容，以考查学生对旅客转机报的识读能力。

课堂训练 5：

安排学生四人一组进行角色扮演，两名学生扮演特殊旅客服务人员，一名学生扮演特殊旅客，一名学生扮演评判员。分别模仿无成人陪伴儿童、孕妇旅客、轮椅旅客、老年旅客并进行模拟表演，由评判员进行记录和点评。一个场景结束再交换角色表演并记录。

课堂训练 6：

安排学生上网搜索各种特殊餐食的图片，随机选择学生总结特殊餐食的特点。组织学生讨论特殊餐食服务有待提升和需要设计的内容。

第三节　行李运输业务职业技能训练

一、经典习题

1. 单项选择题

（1）危险品运输通用规则的英文简称为（　　）。

A. WXP　　B. GDR　　C. DGR　　D. PAT

（2）以下符合行李包装要求的是（　　）。

A. 用包装完好的篮子装着荔枝托运

B. 旅客的行李箱外裹布袋托运

C. 一把伞外插在背囊外一起托运

D. 两件上好锁的手提包绑在一起托运

（3）以下属于不得作为行李运输的物品有（　　）。

A. 易腐物品　　B. 双氧水　　C. 古玩字画　　D. 绝版手稿

（4）以下属于限制运输物品的有（　　）。

A. 干冰　　B. 旅客旅途中使用的电动轮椅

C. 外交信袋　　D. 以上全对

（5）头等舱五折机票的免费行李额是（　　）。

A. 20 千克　　B. 30 千克　　C. 40 千克　　D. 50 千克

（6）行李延误赔偿受理时限为从旅客到达后应收到行李之日起（　　）以内。

A. 7 天　　B. 14 天　　C. 21 天　　D. 90 天

（7）下列不属于特殊行李项目的是（　　）。

A. 帆布背包　　B. 高尔夫球袋

C. 睡袋　　D. 110 厘米长大提琴

（8）乘坐从中国境内机场始发的航班的旅客，其随身携带的液体每件容积不得超过（　　）。

A. 200ml　　B. 150ml　　C. 100ml　　D. 80ml

（9）对旅客提出的赔偿要求一般应由（　　）或事故发生的航站受理。

A. 始发站　　B. 到达站　　C. 经停站　　D. 以上全对

（10）破损或被污染行李必须在离开行李认领区域前向承运人或其代理人提出申明办理运输事故记录，并提出申明之日起（　　）提出索赔。

A. 当天　　B. 三天内　　C. 七天内　　D. 十天内

（11）旅客中转电报的识别码是（　　）。

A. TPM　　B. MPM　　C. PTM　　D. LZB

（12）运送行李电报的识别码是（　　）。

A. FWD　　B. OHD　　C. AHL　　D. YXB

（13）持经济舱客票旅客的免费非托运行李重量规定是（　　）。

A. 总重量不得超过5千克；件数不限

B. 重量不得超过5千克；只限一件

C. 限两件；每件重量不得超过5千克

D. 限两件；每件重量不得超过10千克

（14）不得作为托运行李但可作为自理行李运输的物品有（　　）。

A. 外交信袋　　B. 有价证券　　C. 贵重瓷器　　D. 以上都对

（15）在行李查询系统中，填写内物明细的指令是（　　）。

A. CI　　B. CC　　C. MX　　D. CM

（16）以下（　　）物品必须支付逾重行李费。

A. 轮椅旅客携带的轮椅　　B. 婴儿旅客的手推车

C. 盲人旅客的导盲犬　　D. 以上均不对

（17）在行李查询系统中，多收遗留物品记录的行李档案编码是（　　）。

A. OHD　　B. QOH　　C. RFP　　D. DPR

（18）经济舱旅客甲，行李总重40千克，其在始发地支付了10千克的逾重行李费，到目的地后所有行李均遗失，承运人应按（　　）进行赔偿。

A. 40千克　　B. 30千克　　C. 20千克　　D. 以上均不对

（19）（　　）行李应放入仓库内妥善保管。

A. 多收行李　　B. 丢失后找到，留待交付给旅客的行李

C. 当日不能装机发运的行李　　D. 以上全对

（20）临时生活补偿费的一般标准是国际和地区航班头等舱，一次性补偿（　　）。

A. 300元人民币　　B. 400元人民币

C. 500元人民币　　D. 600元人民币

2. 多项选择题

（1）以下符合行李包装要求的是（　　）。

A. 包装完好的纸箱装着荔枝托运

B. 旅客的行李箱外裹布袋托运

C. 特殊行李包装需符合其相应的要求

D. 两件上好锁的手提包绑在一起托运

（2）以下关于免费行李额的说法正确的是（　　）。

A. 凡购买了有效客票的旅客均享有免费行李额

B. 构成国际运输的国内航线，免费行李额按适用的国际航线标准计算

C. 不同舱位旅客享受的免费行李额不同

D. 随身携带物品的重量与件数超过规定标准应办理托运手续

（3）以下属于危险物品分类的是（　　）。

A. 易燃固体　B. 有机过氧化物　C. 磁性物质　D. 放射性物质

（4）不可以作为托运行李，但可以作为自理行李运输的物品有（　　）。

A. 易碎或易损坏物品　B. 货币

C. 汇票　D. 金、银制品

（5）属于不得作为行李运输的其他杂项物品的是（　　）。

A. 磁性物质　B. 麻醉注射枪　C. 榴梿　D. 活体动物

（6）关于行李交付的规定，正确的是（　　）。

A. 到达旅客凭行李领取联提取托运行李

B. 承运人有权利在到达站检查旅客是否已交付逾重行李费

C. 行李领取联是旅客领取托运行李的唯一凭证

D. 如果行李牌脱落，承运人有权要求旅客交验客票及行李领取联

（7）国际航线免费行李额的规定通常包括（　　）。

A. 计重制　B. 计时制　C. 计件制　D. 航线制

（8）行李破损是指在运输过程中，行李的外部受到损伤，因而使行李的（　　）遭受损失。

A. 外包装　B. 内装物品的价值

C. 行李箱本身　D. 以上均不对

（9）以下哪些航线采用计件制免费行李额？（　　）

A. 广州—新加坡　B. 温哥华—上海

C. 北京—洛杉矶　　　　　　　　D. 里约热内卢—东京

（10）关于行李赔偿的责任范围，正确的是（　　）。

A. 客舱行李如发生损失除能证明是承运人过失造成的，否则承运人不负赔偿责任

B. 由于行李本身的缺陷或内部物品所造成的行李损失，承运人不负赔偿责任

C. 除他人取得旅客签名授权书外，承运人不受理除旅客以外其他人的索赔

D. 对未支付逾重行李费的逾重行李部分，承运人可不负赔偿责任

（11）在收运行李时，航空公司具有（　　）。

A. 定价权　　B. 检查权　　C. 选择运输权　D. 拒绝运输权

（12）以下（　　）可作为自理行李，由旅客自己照管和负责。

A. 手提电脑　　B. 贵重金属　　C. 菜刀　　D. 氧化剂

（13）常见的行李标签和标识样式有（　　）。

A. 机打行李标签　　　　　　B. 手写行李标签

C. 免除责任行李标签　　　　D. 重要旅客行李标识

（14）由于各种原因，对当日不能装机发运的行李，以下叙述错误的是（　　）。

A. 应放在出发行李转盘内，以便当日发运

B. 应放在出发旅客候机室内

C. 应放在旅客到达厅内

D. 应放在行李仓库内

（15）行李的分类包括哪些项目？（　　）

A. 非托运行李　B. 托运行李　　C. 自理行李　　D. 手提行李

（16）下列符合特殊行李运输规定的有（　　）。

A. 占座行李　　B. 手动轮椅　　C. 高尔夫球具　D. 钓鱼用具

（17）下列属于可作为行李运输的危险物品的是（　　）。

A. 体育运动用枪支子弹　　　　B. 电动轮椅

C. 含锂离子电池的电子设备　　D. 干冰

（18）下列哪些电报代码属于行李运输业务电报？（　　）

A. AHL　　　　B. PFS　　　　C. OHD　　　　D. FWD

（19）下列属于行李查询系统简称的是（　　）。

A. CRS　　B. BM　　C. CRM　　D. WT

（20）到达站行李交付的时间规定通常分为（　　）。

A. 宽体飞机　　B. 窄体飞机　　C. 重要旅客　　D. 普通旅客

3. 判断题（正确的在括号里写“T”，错误的在括号里写“F”）

（1）行李是旅客在旅行中为了穿着、使用、舒适或方便而携带的物品和其他个人财务。（　　）

（2）不得作为行李运输的物品包括助听犬和导盲犬。（　　）

（3）持婴儿票旅客的免费行李额为 10 千克。（　　）

（4）当旅客的托运行李每千克价值超过 100 元人民币时，可自愿按行李原值申请办理行李声明价值。（　　）

（5）易碎或易损坏物品不得作为托运行李托运，可以作为自理行李带入客舱内运输。（　　）

（6）按照规定，宽体飞机第一件行李在飞机到达停靠后 15 分钟开始交付。（　　）

（7）自理行李的重量限制与随身携带物品的重量限制一样。（　　）

（8）旅客的托运行李，超过免费行李额的部分，称为逾重行李，自理行李不计在内。（　　）

（9）多收行李是指航班到达后，行李交付工作完毕时，无人领取的行李。（　　）

（10）在行李保管期间，保管人员可随意开启旅客行李进行清点，以便能了解行李的内物。（　　）

（11）如果旅客的行李在当天的后续航班运达，航空公司可不提供临时生活补偿费。（　　）

（12）由于天气恶劣造成的航班延误，承运人无须承担由此引起的旅客餐食或住宿费用。（　　）

（13）旅客在航空旅行中携带精密仪器进入客舱，其重量可以计入免费行李额。（　　）

（14）旅客服务电报识别码是 PSM。（　　）

（15）非托运行李的重量限制是不得超过 5 千克，体积不得超过 20 厘米×40 厘米×50 厘米每件。（　　）

（16）旅客托运行李时，超过免费行李额的部分应该支付逾重行李费。（　　）

（17）特殊行李规定中对一套滑水用具的数量规定：一个滑水板和一条牵引带。（　　）

（18）外交信袋在航空运输时，应该属于随身携带物品的范畴。（　　）

（19）在适用计重制的国际航线上，婴儿的免费行李额是10千克。（　　）

（20）每个占座行李总重量不得超过75千克，且体积不超过100厘米×60厘米×40厘米每件。（　　）

二、课堂训练

课堂训练1：

安排学生两人一组，一名学生向另一名学生陈述行李的定义、分类及各类行李收运的限制条件，并总结注意事项。完成后彼此交换角色再训练。

课堂训练2：

在PPT上显示各种托运行李包装的图片，随机抽取，让学生识别图片显示的行李外包装是否符合托运的要求，以此考查学生对托运行李包装要求的理解。

课堂训练3：

在PPT上显示各种物品（如危险品、枪支、管制刀具、杂项物品等）图片，随机抽取，让学生识别图片上显示的行李属于哪一大类不得作为行李运输的物品，以此考查学生对不得作为行李运输物品的识别能力。

课堂训练4：

在PPT上显示各种物品（如货币、珠宝、古玩字画、腐蚀物品等）图片，随机抽取，让学生识别图片显示的行李属于哪一大类不得作为托运行李运输的物品，并解释该物品应如何运输，有什么注意事项。以此考查学生对不得作为托运行李运输物品的识别和处理能力。

课堂训练5：

在PPT上显示各种物品（如助听犬、导盲犬、外交信袋等）图片，随机抽取，让学生识别图片显示的行李属于哪一大类限制运输的行李物品，并解释该物品应如何运输，有什么注意事项。以此考查学生对限制运输行李物品的识别和处理能力。

课堂训练6：

制作各种类型的旅客托运行李物品的情景卡片，让学生随机抽取并当众读出相关信息，所有学生写出相应的行李费用和处理情况。

课堂训练 7：

安排学生两人一组，一名学生向另一名学生陈述行李收运的基本要求，并总结注意事项。完成后彼此交换角色再训练。

课堂训练 8：

制作各种类型的特殊行李（占座行李、外交信袋、小动物、手动轮椅等）名称卡片，让学生随机抽取，并说出该行李的运输要求。

课堂训练 9：

安排学生两人一组，一名学生向另一名学生陈述行李交付的基本要求，并总结注意事项。完成后彼此交换角色再训练。

课堂训练 10：

制作各种类型的不正常运输行李（迟运行李、少收行李、多收行李、内物丢失行李等）名称卡片，让学生随机抽取，并说出该种情况下的运输要求。

课堂训练 11：

制作各种类型的旅客服务、重要旅客、旅客中转情景的信息卡片，让学生随机抽取并当众读出相关信息，所有学生写出相应电报。

课堂训练 12：

制作各种类型的少收行李、多收行李、速运行李情景的信息卡片，让学生随机抽取并当众读出相关信息，所有学生写出相应的电报。

参考答案

第一节　乘机登记业务职业技能训练

一、经典习题

1. 单项选择题

(1) C	(2) C	(3) D	(4) D	(5) B
(6) C	(7) B	(8) D	(9) D	(10) C
(11) B	(12) C	(13) B	(14) A	(15) B
(16) D	(17) D	(18) C	(19) C	(20) B

2. 多项选择题

(1) ABCD (2) ABCD (3) BC (4) ABCD (5) AC

(6) AD (7) ACD (8) ABCD (9) ABD (10) BCD

(11) AB (12) ABCD (13) BCD (14) ABC (15) ABD

(16) BCD (17) BCD (18) ABC (19) BCD (20) ABCD

3. 判断题

(1) F (2) T (3) F (4) T (5) T

(6) F (7) T (8) F (9) F (10) T

(11) F (12) T (13) T (14) T (15) F

(16) F (17) T (18) T (19) T (20) F

第二节 旅客服务业务职业技能训练

一、经典习题

1. 单项选择题

(1) D (2) C (3) B (4) B (5) C

(6) B (7) C (8) B (9) B (10) D

(11) A (12) A (13) C (14) B (15) D

(16) B (17) C (18) B (19) D (20) C

2. 多项选择题

(1) ABCD (2) AD (3) ABC (4) ABCD (5) BCD

(6) ABCD (7) AB (8) AD (9) AD (10) BC

(11) AC (12) AC (13) ABCD (14) CD (15) CD

(16) ABCD (17) ABCD (18) BCD (19) BCD (20) ABC

3. 判断题

(1) F (2) F (3) T (4) T (5) F

(6) T (7) F (8) T (9) T (10) F

(11) T (12) F (13) F (14) T (15) F

(16) F (17) T (18) F (19) T (20) T

第三节　行李运输业务职业技能训练

一、经典习题

1. 单项选择题

(1) C	(2) B	(3) B	(4) D	(5) C
(6) C	(7) D	(8) C	(9) B	(10) C
(11) C	(12) A	(13) B	(14) D	(15) B
(16) D	(17) C	(18) B	(19) D	(20) C

2. 多项选择题

(1) ABC	(2) BCD	(3) ABCD	(4) ABCD	(5) CD
(6) ABCD	(7) AC	(8) ABC	(9) BCD	(10) ABCD
(11) BD	(12) AB	(13) ABCD	(14) ABC	(15) AB
(16) ABCD	(17) ABCD	(18) ACD	(19) BD	(20) ABC

3. 判断题

(1) T	(2) F	(3) F	(4) F	(5) T
(6) F	(7) F	(8) T	(9) T	(10) F
(11) T	(12) T	(13) F	(14) T	(15) F
(16) T	(17) F	(18) F	(19) T	(20) T

第六章
解析真情服务理论和弘扬当代民航精神

第一节　民航真情服务底线思维的重要现实意义

一、民航运输场景的服务痛点

民航真情服务聚焦的是民航服务领域的质量问题，服务是民航行业各单位、各组织、各部门、各团队完成各岗位工作职责后系统性输出的最终结果，飞行安全、航班正常、品质服务是具体特征。但航班延误问题给人们带来了困扰。原国务院总理朱镕基在某年4月份访问西欧前，早晨到机场后才知道飞机不能按时起飞，原因是飞机油泵管坏了，需要更换，因此要晚点到14:30才能起飞。但是到14:30时飞机仍未能准时起飞，机长跟他解释这次延误的原因是给飞机装行李的临时工不懂装载业务，行李摆放得不平衡，后来是机长带头上机才把行李摆放好的。朱镕基总理说机长身先士卒，很感谢机长。可是摆放行李的工作，是否有制度，是否该有人监督呢？怎么能让临时工随便摆放？如果有制度却没有严格执行，就要从内部去找原因。这是朱镕基总理在全国民航工作会议上讲的经历，他的这篇讲话的题目就是《“正点”是民航服务质量的中心》。

除了航班延误，还有一件服务的“意外”让朱镕基总理又一次“挂不住脸”。当时，他在上海机场迎接一位外国总统，但在外国总统的专机抵达停机坪停稳之后，接机的客梯车却出现了故障，使这位外国总统无法下飞机，在飞机上等了很久。对此，朱镕基总理讲：“民航的一切作为，代表着国家的形象、民族的精神。外国人是从我们的民航、民航人员看这个国家的素质和精神状态的。你们是中华人民共和国的代表。要用这种感情来改善你们的服务态度。一个国家的民航服务水平很低，飞机总不正点，如果连这个都抓不上来，这个国家是没有前途的。应该有民族自尊心，中华民族是一个伟大的民族，这一点应该从民航的工作人员中体现出来，应该从民航的身上体现出社会主义的优越性。我们应该提到这个高度来检查我们的工作，改进我们的工作。”从党和国家的高度看产品质量，以及服务质量方面的问题，已经不再仅关系到经济发展和企业效益，还关系到国家形象，关系到民族自尊，关系到社会主义制度的优越性。从这个意义上说，服务水平不仅是民航行业的事情，也是国家和民族的大事情。

二、真情服务为何成为民航发展的底线之一

民航是由航空公司、机场、政府机构、保障单位等组成的环环相扣、精密复杂而有效运行的现代服务性组织系统。民航系统中的各个组成成员有的直接面向旅客提供运输服务，如航空公司和机场等；有的在幕后间接保障旅客出行，如空中管制、航空油料、民航信息、政府机构等。民航系统中的各个组成部分通过有效合作和业务协同保障整个民航系统安全、平稳、高效地运行。

服务是民航系统所有组成部分的共同业务属性，服务精神是民航发展必需的软实力。民航服务的方法、方式、途径、外在形式虽然千差万别，但其服务本质特征是一致的。注重服务质量、以真情对待旅客，这是新时代民航强国建设的应有之义。真情服务的本质是以真诚的情感服务，是真实诚恳、真心实意、坦诚相待的服务，是以发自心底的情感感动旅客而最终获得旅客认可的服务。

真情服务的底线思维是新时代民航强国建设顶层设计的有机组成部分，也是建设内容的关键。真情服务作为“飞行安全、廉政安全、真情服务”三个底线之一，绝对不能孤立地看待、思考和研究。这三个底线是民航行业回应新时代党和国家、人民群众的合理诉求，谋划民航强国建设伟大事业未来发展的基本遵循路径。其中，飞行安全的底线是前提、是基础，廉政安全的底线是政治保障、是发展基石，真情服务的底线是发展的关键指标、是建设的最终目标。正如中国民用航空局的一位领导所说：“飞行安全也好，廉政安全也罢，归根结底都是实现真情服务的基础和前提。真情服务是民航作为服务行业的本质要求，是全心全意为人民服务宗旨的根本体现，是坚持飞行安全、廉政安全的出发点和终极目标”。

三、真情服务是新时代民航高质量发展的关键

在 21 世纪，民航服务一贯是高质量服务的代名词，民航服务也一直是各行各业

纷纷效法、学习的榜样、标杆。随着国民经济的持续高速发展，航空公司加速引进飞机、新开航线，我国民航旅客运输量快速增加，并于2005年实现旅客运输量1.38亿人次，成为仅次于美国的世界民航大国。2019年，中国民航运输总周转量、旅客运输量、货邮运输量分别比“十二五”末增加441.6亿吨千米、2.2亿人次、123.8万吨，年均增速分别达到11.0%、10.7%和4.6%，2019年运输总周转量一年的增量相当于2009年全年的运量。2020年，在新冠肺炎疫情对全球民航业造成巨大冲击的情况下，由于我国疫情防控措施得力有效，中国民航业在全球率先触底反弹，成为全球恢复最快、运行最好的航空市场。2020年第四季度运输总周转量、旅客运输量、货邮运输量分别恢复至上年同期的76.3%、84.2%、95.8%，其中国内航线运输恢复至94.5%，2020年全年完成运输总周转量798.5亿吨千米、旅客运输量4.2亿人次、货邮运输量676.6万吨，相当于2019年的61.7%、63.3%、89.8%。也正是因为跨越式地推进了民航大众化，民航服务相较于运输量明显发展滞后，民航服务质量也走下了“优质的神坛”。航班正常、票务服务、行李运输、特殊服务、餐食质量这五个方面，已经逐渐成为制约民航服务旅客满意度的短板。中国民用航空局以真情服务为主题，以提升旅客获得感为目标的民航服务质量提升工作也主要聚焦在上述五个方面。以航班正常问题为例，近几年，航班延误一直都是广大旅客反映最强烈、投诉最集中、媒体最关注的首要问题。虽然从根本上来说，这是行业快速发展与空域资源不足的矛盾带来的后果，但民航从业人员还是要认真研究如何进一步挖掘，在保证飞行安全的前提下，进一步提升航班正常率，努力做好航班延误时的服务工作，让旅客切实感受到民航行业在狠抓服务质量改善和航班运行正常方面的提高和进步。同时，民航“真情服务”也是践行当代民航人“发展为了人民”思想共识的具体行动，是落实“一二三三四”民航工作总体思路的最终目标。如果没有“发展为了人民”的正确发展思想、理念这个“一”，后面“二三三四”的推动、坚守、构建、补齐得再好也等于“0”。人民是构建民航真情服务底线思维的出发点和落脚点。习近平总书记指出：“中国梦归根到底是人民梦”“人民对美好生活的向往，就是我们的奋斗目标”。民航“发展为了人民”的理念乃是中国梦在民航业的具象，建设新时代的民航强国就是践行“发展为了人民”的理念，就是满足人民对美好生活的向往，就是服务于“中国梦”“人民梦”的早日实现。民航发展的主体是人民——民航干部、职工，民航发展的客体更是人民——广大人民群众。因此，真情服务不应局限于对广大人民群众的真情，其内涵也应包括对民航干部、职工的真情。做好真情服务，信任是基础，监督是手段，真情服务最终要让数十万民航人和数亿民航旅客都能感受到满满的民航真情。

四、真情服务为民航高质量发展指明方向

当前，我国民航发展面临着国内外形势发生深刻而复杂变化的局面。在国内，我国经济发展呈现出速度换挡、结构优化、动力转换等新特点，消费结构升级成为我国经济增长的新动力，个性化、多样化消费渐成主流，人民对航空运输产品服务创新、结构优化的要求更加迫切，对安全性、便捷性、质量性等提出了更高要求。

虽然，世界经济在深度调整中曲折复苏，但国际金融危机深层次影响依然存在，全球经济贸易增长乏力，地区保护主义抬头，地缘政治关系复杂变化，全球范围内的民航运输竞争和博弈更加激烈，安全压力依然突出。

在我国民航发展步入新时代的当下，我国东西部民航发展区域不平衡，区域空域资源、枢纽机场时刻供给不充分，民航服务质量与人民期望之间不匹配，民航对经济发展战略作用发挥尚不显著，运输航空和通用航空发展的不均衡等问题客观存在，并且将在相当长一段时间内持续存在。因此，人民日益增长的安全、便捷、有质量的航空出行需求同不平衡、不充分的航空运输资源供给之间的矛盾必将成为新时代民航发展的主要矛盾。这要求我们必须正视新时代民航发展所表现出来的新趋势、新特点、新需求，修正新环境下民航发展主体和客体之间的相互关系和合理位置，以取得让人民群众满意的民航发展成效作为我们开展各项工作的出发点和落脚点。如期实现新时代的民航强国战略目标就是对民航行业“发展为了人民”的最生动、最具体、最圆满的诠释。

民航“发展为了人民”与践行“真情服务”是辩证统一的，前者是因、后者是果，前者是思想、后者是行动，前者是意义、后者是目标。在新时代民航发展中，务必要树立“发展为了人民”的理念，把握好“把方便留给旅客，把困难留给自己”的原则，把人民的利益放在心中，把人民的满意作为民航服务工作的标准，把如何让人民群众获得出行的最大便利作为民航服务工作的出发点。要通过民航真情服务，不断提高民航行业整体服务水平，让人民在航空出行中真实感受到民航优质、愉悦的服务。

民航是现代化综合交通运输体系的重要组成部分，民航服务质量有着重要的示范性作用。民航行业只有把真情服务作为一项民生工程来做，努力用真情打造民航服务品牌，方能真正扛起我国交通运输业的服务标杆这面大旗，才能真正让人民群

众安心、放心、舒心地出行。提升民航运输服务质量，是民航改革发展的核心任务，也是民航供给侧结构性改革的主战场。民航行业要加强制度构建、形成联合动力，优化运营流程、提高保障能力，有效拓展关键资源，不断克服困难，最大限度地提升运行质量，最大限度地确保航班正常，让人民群众有更强的满足感。通过严格行业管理，强化科技支撑，加强产品创新，提升服务质量，不断满足多层次、个性化旅客的航空服务需求，让人民群众更加满意。

第二节　基于民航运输场景的真情服务理论框架

一、辩证唯物视角的真情服务解析

真情是指事情的真相、实情，其中“真”是指真实、真相、真诚，与“假”相对，客观本体、自然本性、返璞归真，“真”是客观的、绝对的、形象的；“情”是指性情、情感、情怀，主观感受、人性本体、吾心归情，“情”是主观的、相对的、抽象的。真情是以客观之维度展现主观、以绝对之尺度呈现相对、以形象之揣度凸现抽象，又是以自然返璞来诠释人心吾情的。真情是一种发自内心的、融合自然万物的感情、感觉，真情可以为付出者和接受者带来至真幸福感和至高愉悦感。

服务是指为他人做事，并使他人从中受益的一种有偿或无偿的活动。服务不以实物形式而以提供劳动的形式满足他人的某种需要。服务是一个熟悉的陌生词。说到熟悉，服务渗透到每个人的吃、穿、住、行、用、游各个环节，并且无时无刻不存在着；提及陌生，服务因其无形、主观、场景等因素很难与产品区分，因此出现了产品服务和服务产品。产品是指能够供给市场，被人们使用和消费并能满足人们某种需求的任何东西，包括有形的物品、无形的服务、观念及其组合。究其实质，可以从三个层面理解和具象服务：第一，服务是供给方满足需求方需求的过程，任何服务均存在供给和需求双方，服务适用于经济学的供求关系理论；第二，服务是供给方和需求方互动交流的过程，服务客观供给质量和服务主观满足程度会因供需互动交流的差异性普遍存在过程损耗，这需要来自服务供给和需求双方之外的第三方以中立视角对其效果、质量做出判断；第三，服务是创造价值和交换价值的过程，供给方从服务中获得劳动报酬，需求方从服务中获得需要满足，服务适用于经济学的交换价值原理。

何谓“真情服务”？它辩证地将服务的客观与主观、绝对与相对、形象与抽象进行了有机统一。服务需要借助工具、环境、人员等外部因素，这都是客观、绝对、形象的，这属于“真”的层面；同时服务还需要辨识需求、赋予情怀、传递情感，这属于“情”的层面。

二、民航真情服务的具体特征诠释

真情服务具体到民航领域，应具备如下三个特征。

首先，民航服务的供给方和需求方是真实、客观的。例如，20 世纪我国民航业受制于机队规模、机场数量、风控能力等诸多因素，民航业能向服务需求方供给的航空运输服务数量十分有限，提供更多的航线、航班、座位是当时的“真情服务”。进入 21 世纪，民航业持续加速在航空运输服务数量供给方面的扩容，民航客货周转量以两位数增长，越来越多的人民群众愿意并且可以承受选择航空服务作为其出行方式，对于需求方而言，民航业实现了在数量层面的“真情服务”。随着人民群众能够飞、飞得起的需求被陆续满足，飞得准时、飞得舒适的需求逐渐萌生并成为新的主要服务需求。对于供给方而言，能提供准时、便捷、舒适、有品质的航空服务已经成为现今和未来“真情服务”的方向。民航服务供给和需求双方遵循着需求产生—供给满足—新需求产生—新供给满足……不断循环和迭代的动态发展过程。

其次，民航服务的供给方和需求方又是自然、主观的。近些年，民航业开始正视需求方在基本满足了服务“数量”层面诉求后对服务“质量”层面的新需求，以航空公司和机场为代表的服务供给方始终高度重视服务质量的提升，但作为服务需求方的旅客并不满意，民航旅客反馈出来的民航服务水平也差强人意，具体表现为各类投诉事件层出不穷、旅客与民航人员冲突事件频发、航班延误问题日益凸显等。民航业在提升服务质量方面不可谓不努力，旅客服务体验也有所改善。问题的症结在于民航服务互动交流过程环节的“错位”和“失位”。因此，民航业亟须通过直接获取需求方在接收服务过程中的真实主观体验数据，来挖掘自身服务需要提升的“正位”，并竭尽全力做到“补位”。

最后，民航服务的供给方和需求方之间的交换行为是合理的。这一点是被我们忽视，但又极为重要的。民航服务质量的提升必然要求更高的服务成本作为支撑，其中包括软硬件设备设施的升级、服务人员的高技能养成等诸多方面的成本。供给方有动力和理由努力输出具备全流程、多元化、个性化和高质量的航空服务，但需求方也必须接受为其能得到升级服务增加的合理成本分摊而支付的溢价。任何只期待、要求接受高质量服务而拒绝为之付费的非经济行为都是无法持续的。作为供给方的民航业，必须正视和接受推进“真情服务”无法脱离需求方，而必须能够运用客观、理性的经济思维去支配其服务消费行为这一基本事实。

第三节　弘扬和践行当代民航精神应关注“4个关系”

弘扬和践行“忠诚担当、严谨科学、团结协作、敬业奉献”的当代民航精神是中国民航广大干部、职工的心声。“当代民航精神”的弘扬和践行工作对于进一步加强行业文化建设、增强干部队伍建设、促进民航强国建设具有十分重要的意义。同时，弘扬和践行当代民航精神是一项根本性、引领性、长远性的工作，绝不能一蹴而就、只说不做，更不能只弘扬不践行。基于对此项工作的认知和理解，我们应从关注以下“4个关系”着眼，用当代民航精神重塑中国民航人的政治品格、专业精神、工作作风、职业操守。

一、正确认识行业精神与行业文化的相互关系

行业精神是一个行业基于自身特定的性质、任务、宗旨、时代要求和发展方向，为谋求生存与发展而在长期生产经营实践基础上，经精心提炼和培育而逐步形成的，并为整个员工群体认同的正向心理定式、价值取向和主导意识。行业文化是指行业内企业和员工共同遵守的行业道德规范。行业文化建设的核心就是要建设由行业核心价值观、行业使命、共同愿景、行业精神和职业道德等要素构成的行业核心价值体系。其中，行业精神是行业核心价值体系的精髓，是行业文化的灵魂。行业文化与行业精神的关系，不仅仅是简单的包含和被包含的关系，更是土壤与鲜花的关系，行业文化是孕育鲜花的土壤，行业精神是根植土壤的鲜花，只有在肥沃的行业文化土壤里，才能栽培和繁育出绚丽多彩的行业精神之花。因此，我们在重视弘扬和践行当代民航精神工作的同时，还应关注中国民航行业优秀企业文化的引导和养成。

二、正确认识行业精神与行业使命、愿景的联动关系

行业使命是指行业内企业在社会经济发展中所应担当的角色和责任。行业愿景是行业内企业员工共同持有的未来景象，是行业内企业的远大理想。民航的核心价值体系是行业发展的重要基础和精神家园，是一个内涵丰富、意蕴深厚的有机整体。

其中，行业使命在行业核心价值体系中起到的是统领作用，解决服务方向和肩负责任的问题；行业愿景在行业核心价值体系中起到的是驱动作用，解决价值取向和奋斗目标的问题；行业精神作为行业全体职工思想意志和精神风貌的总结和概括，是中国民航人履行行业使命、实现行业愿景的强大原动力，其内容必须彰显行业使命的要求，契合行业愿景的方向。因此，我们在重视弘扬和践行当代民航精神工作的同时，还应关注中国民航行业企业使命的明确和行业愿景的清晰。

三、正确认识行业精神形成与内外部影响因素的关系

影响行业文化的外部因素主要包括民族文化、制度文化、外来文化和地域文化等。在弘扬和践行当代民航精神的工作中，我们要客观地认识到，行业精神作为行业文化的精髓，其必然会受到民族文化、制度文化等外部因素的影响。切实做到符合社会主义核心价值观的要求，体现时代发展的新趋势将是我们始终坚持的原则。除此之外，行业精神源于企业一线的工作实践，源于员工们先进的群体意识，更源于领导人卓越的管理意识。行业精神集中反映了行业企业领导人的事业追求、理想目标和主导意识，这也正是行业精神形成的内部影响因素。因此，我们在重视弘扬和践行当代民航精神工作的同时，还应关注民族精神和时代精神在当代民航精神中的生动体现，这是民航广大从业者在社会主义核心价值体系的引导下共同创造的精神财富。

四、正确认识行业精神与行业价值体系的关系

明确弘扬和践行当代民航精神工作在构建民航业价值体系中的先导作用。我们要以弘扬和践行当代民航精神工作为契机，进一步重视和抓紧对中国民航核心价值观、行业使命、共同愿景、职业道德等方面的研究和总结工作，力争尽快构建起符合中国民航行业特点，兼具时代性、前瞻性、务实性、系统性、可行性的中国民航行业价值体系。笔者认为，在此过程中，要注意民航业与其他交通运输行业的核心价值体系相互之间的匹配性和承接性，将行业特色鲜明、标准要求领先的中国民航行业价值体系建设成中国交通运输产业核心价值体系建设的重要参考依据和核心组成部分。因此，我们在重视弘扬和践行当代民航精神工作的同时，还应关注行业精神与行业价值体系的逻辑关系，将行业精神不仅置于民航行业，更置于大交通的范畴。

在狭小的驾驶室里，飞行员专注地盯着仪表，他们要确保飞机上每一名旅客的安全；在停机坪上，机务人员严谨地进行排故，他们要确保飞机上每一个部件的适航；在严密的指挥室中，管制员用心地注视屏幕，他们要确保航路上每一架飞机的位置正确；在鼎沸的出发厅里，值机员高效地办理手续，他们要使前来的每一位旅客满意；在拥挤的安检通道里，安检员尽责地核查细节，他们要排除上机的每一处可能的风险……在这里，在那里，在每个工作岗位上，无数中国民航人用自己的辛勤劳动维护和保障着中国民航安全、有序、高效的社会服务。当代民航精神就孕育在这些看似普通但绝不平凡的中国民航人的劳动中，从中提炼和培育的当代民航精神是对老一辈中国民航人的致敬，是对这一批中国民航人的鼓舞，更是对新一代中国民航人的激励。弘扬当代民航精神、践行当代民航精神，这条路十分艰辛，民航强国之路更是任重道远。

第四节　行业发展需要弘扬和践行当代民航精神

思想决定方向，方向决定道路，道路决定命运。一切伟大的事业，总是在承前启后、继往开来中不断推进。国家如此，行业亦然。2012 年，《国务院关于促进民航行业发展的若干意见》明确指出：“民航行业是我国经济社会发展重要的战略产业”。如何更好地发挥民航业的战略作用，做到延续辉煌、不辱使命、不负期望？关键在于思想；关键在于以何种精神凝聚当代民航人再创佳绩、达成使命、实现期望所必需的思想共识。这是当代民航人必须要直面并务必用实际行动圆满回答的新时代命题。新时代要求当代民航人以新精神开启新事业。

一、民航砥砺奋进发展实践孕育当代民航精神

作为经济社会发展的重要战略产业，民航业坚持安全第一、稳中求进、深化改革，各项工作都取得了优异成绩，为社会经济发展保驾护航。

当代民航人砥砺奋进，推动民航发展实践，在“十二五”和“十三五”期间取得了瞩目的成绩。

一是民航发展质量稳步提升。我国民航安全形势平稳，“十三五”期间，运输航空百万小时重大事故率和亿客公里死亡人数均为 0；运输航空责任原因严重征候万时率降至 0.0065，降幅达 16.6%；未发生重大航空地面事故；连续 18 年确保了

空防安全。截至 2020 年 8 月 25 日，全行业实现运输航空安全飞行 10 周年，在此基础上开始创造新的安全纪录，截至目前，持续安全飞行“120+4”个月、8943 万小时，安全水平稳居世界前列。2020 年，全年完成运输总周转量 798.5 亿吨千米、旅客运输量 4.2 亿人次、货邮运输量 676.6 万吨。“蓝天保卫战”成效明显，全行业能源消费和碳排放强度稳步下降。2019 年，我国机场平均每客能耗 0.898 千克标煤，每客二氧化碳排放 0.553 千克，分别较基线下降 15.8% 和 28.81%。运输航空每吨千米油耗和碳排放分别为 0.285 千克和 0.898 千克，较基线下降 16.2%，在全球主要航空大国中处于领先位置。

二是保障能力不断增强。我国民航坚持外延式和内涵式发展并重，着力提升空域资源、空管运行、机场保障、运行控制、人力资源五大核心保障能力的内涵建设、提质增效，努力使保障能力达到行业持续快速增长的客观要求。截至 2020 年年底，我国民航机队规模达 6747 架，国产民机在支线机队中的比例达 33%。新增航路航线 263 条，全国航路航线总里程达到 23.7 万千米。基础设施建设总投资 4608 亿元，特别是在 2020 年，民航基础设施投资突破 1000 亿元，达到 1050 亿元。“十三五”期间，新建、迁建运输机场 43 个，全国颁证运输机场数量增加到 241 个，新增跑道 41 条、航站楼 588 万平方米、机位 2300 个、航油储备能力 5.3 万立方米，机场新增设计容量约 4 亿人次，总容量达 14 亿人次。我国民航业较好地完成了以整体综合保障能力支撑行业规模的持续增长的目标。

三是战略地位日益凸显。民航是我国综合交通运输体系的重要有机组成部分，其地位和作用随着人民群众消费升级时代的到来呈现不断提升的趋势，尤其是在旅客运输方面更为明显。2019 年，中国民航运输总周转量、旅客运输量、货邮运输量分别比 2015 年增加 441.6 亿吨千米、2.2 亿人次、123.8 万吨，年均增速分别达到 11.0%、10.7% 和 4.6%，2019 年运输总周转量一年的增量相当于 2009 年全年的运量。民航旅客运输量在国家综合交通运输体系中占比达 33.1%，提高了 8.9 个百分点。民航战略地位不断提高，对我国经济社会发展的贡献不断加大，对相关产业和地方经济的带动作用和引导效果不断增强。

四是国际影响力逐步扩大。民航是国际性极强的行业。2019 年，国际航线旅客量比“十二五”末分别提高 28.5%、37.6% 和 69.7%。围绕“一带一路”合作倡议，打造西安、郑州、昆明、乌鲁木齐等“空中丝绸之路”核心节点，截至 2020 年，我国已与 128 个国家或地区签署了双边航空运输协定，其中“一带一路”沿线国家 100 个，与 64 个国家保持定期客货运通航。我国继续高票当选国际民航组织一类理事国，我国候选人首次当选国际民航组织秘书长。我国民航国际影响力的增强也是我国长期支持多边贸易体制，促进自由贸易区建设，推动建设开放型世界经济的成果。

五是行业管理能力不断提高。民航持续安全理念不断深化，安全工作法治化进程不断深入，民航价格改革稳妥推进，市场管理手段不断丰富，行业财经政策逐步完善。适航审定能力实现突破，三大审定中心相继运行，颁发 ARJ21 国产支线客机获得型号合格证，C919 飞机型号合格审定工作有序推进。中国民用航空局与美国联邦航空局签署《适航实施程序》，从而实现中美两国民用航空产品的全面对等互认。我国民航提供高水平、高效率的行业管理能力是推动行业持续发展的核心保障。

除此之外，民航砥砺奋进发展实践还具体表现在以下几个方面。民航为百姓便捷出行，不断夯实民航强国基础，点连成线，线织成面，编织起保障亿万群众生活的幸福空中网；民航为推动“一带一路”建设，当好“先行军”，构建“空中丝路”，在经贸往来和文化交流中积极发挥桥梁、纽带的作用；民航积极响应国家建设世界级城市群的规划，主动作为，着力打造京津冀、长三角和珠三角三个世界级机场群，以机场群建设服务城市群建设。

当代民航人亟须找到全新的理论支撑和精神支柱，并以新时代理论和新时代精神，扎实、全面、科学地推进和实践建设新时代民航强国的伟大事业。当代民航精神必将从民航强国建设的实践中孕育产生，并为即将开展的新时代民航强国实践提供不可或缺的重要思想保障。

2016 年 4 月 8 日，中国民用航空局的一位领导在南海永暑礁新建机场校验试飞总结表彰座谈会上的讲话中提出将“忠诚担当的政治品格、严谨科学的专业精神、团结协作的工作作风、敬业奉献的职业操守”作为当代民航精神，分别从政治品格、专业精神、工作作风、职业操守四个方面指明了当代民航人在精神层面应该追求的具体目标。当代民航精神是中国民用航空局顺应建设民航强国实践在新时代所必需的新要求，在总结新中国民航发展多年经验和教训的基础上，汇聚了集体智慧的极具方向性、思想性、指导性的行业文化成果。当代民航精神是用于总结、培育、形成符合建设新时代民航强国新要求的，并能启迪和激发当代民航人投身于民航发展事业的优秀行业思想、先进行业文化的工作方法和行动指南。

二、民航发展新时代亟须行业思想认知新高度

回顾“十三五”期间民航业的发展实践，当代民航人在面对国内外环境的复杂

变化和各种风险挑战的情况下，取得了全行业确保航空运输持续安全、发展质量稳步提升、保障能力不断增强、战略地位日益凸显、国际影响力逐步扩大、行业管理能力显著提高的可喜成绩。展望民航业“十四五”的发展蓝图，中国民用航空局提出根据行业发展规律和“十四五”民航发展阶段性特征，适时调整“十三五”时期“一二三三四”总体工作思路，确定“十四五”时期民航总体工作思路，即践行一个理念、推动两翼齐飞、坚守三条底线、构建完善三个体系、开拓四个新局面。这其中，践行一个理念就是践行“发展为了人民”的理念，这是做好民航工作的根本出发点。推动两翼齐飞就是推动公共运输航空和通用航空“两翼齐飞”，这是民航协调发展、均衡发展的必然要求，“十四五”期间将继续大力推动运输航空优化结构、提质增效，推动通用航空真正飞起来、热起来。坚守三条底线：一是坚守飞行安全底线，这关系到人民群众的生命财产安全，是民航的头等大事；二是坚守廉政安全底线，这关系到党员干部的政治生命，是确保民航各项工作顺利开展的政治保障；三是坚守真情服务底线，这是民航作为服务行业的本质要求，是全心全意为人民服务宗旨的根本体现。三条底线是做好民航工作的基本要求。“一个理念、两翼齐飞、三条底线”是我国民航发展的基本原则，必须始终牢牢坚持，不能动摇。“构建完善三个体系”是“打造三张网络”的升级版，一是构建功能健全的现代化国家机场体系，就是要更加注重每个机场的功能和作用，更加注重机场间的协同效应，更加注重以机场为核心的航空服务覆盖范围，构建包括三个世界级机场群、数十个区域性枢纽机场及数百个干支机场和通用机场组成的综合机场体系。二是构建完善系统布局、高效运行的航空运输网络体系，就是要更加注重航线的通达性，更加注重航线之间的衔接度，更加注重航线的运行效率，进一步织密国内国际航线网络，大力提升我国民航在国际民航市场中的核心竞争力，以及激活支线航空运输、增强国内航空市场的活力。特别是要打造适应需求的国际航空物流网，助力国家产业链供应链稳定，服务构建以国内大循环为主体、国内国际双循环相互促进的新发展格局。三是构建完善安全、高效的生产运行保障体系，就是要更加注重运行链条的完整性和系统性，更加注重保障体系的安全性和可靠性，更加注重生产运行的高效性和经济性，在运行监控信息网的基础上，将工作重点拓展到空管、机场运行、空防安保、适航维修、航油、航信和航材等专业领域，延伸到民航安全运行保障体系的全链条、全过程。总体上讲，这一调整是着眼于推动民航发展形态从解决“有没有”的问题向“好不好”“强不强”转变。开拓四个新局面：一是民航产业协同发展有新格局，就是要进一步深化对民航战略产业地位的认识，更加科学地引导、统筹全国民航产业的总体布局，更好地提升民航产业的战略承载能力，更好地提升民航产业的开放性和包容性，推动民航业与上下游产业深度融合，推动民航与其他交通方式深度融合，推动民航与地方经济社会发展深度融合。二是智慧民航建设有新突破，就是要实施以智慧民航建设为牵引的发展战略，把推进智慧民航建设贯穿到行业发展的全过程和各领域，以智慧民航建设构建新的竞争优势，使智慧民航建设成为驱动行业创新发展的主要动力。三是资源保障能力有新提升，就是要千方百计地提升资源保障能力，确保资源保障能力与行业发展需求相适应、相匹配。既要抓好空域、航权、基础设施、资金等资源要素的增量投入，也要通过制度创新、管理创新、模式创新，提升各类资源要素的配置和使用效率。尤其要重视人力资源建设，着力加强科技创新人才、专业技能人才和国际化人才建设。四是行业治理体系和治理能力有新成效，就是要瞄准行业治理体系和治理能力不适应民航高质量发展的问题和矛盾，着力破除制约行业发展的体制机制性障碍，形成更加具有适应性、引领性和前瞻性的行业治理体系和治理能力。这一调整主要是着眼于深化对民航战略作用、发展路径、能力手段、治理效能的认识，进一步明确“十四五”民航改革发展的主攻方向。如何将中国民用航空局的新思路在民航发展进入新时代的背景下转化为当代民航人的工作新目标、行动新举措？这要求当代民航人的思想认知必须提升到新高度，尤其是要牢固树立起“发展为了人民”的思想共识。

思想认识的深度决定工作开展的程度，实现民航强国任重道远。民航行业所承担的艰巨时代任务必然要求当代民航人在思想认知层面有更高的觉悟和更深的意识。纵观中国民航业砥砺前行、勇于发展的历程，各种成功经验和失败教训让我们越发清晰地认识到和越发急切地感受到，牢固树立“发展为了人民”的思想共识对于建设新时代民航强国这一伟大事业的重要性和紧迫性。作为新时代民航强国伟大事业建设者的全体民航干部、职工，亟须补齐和增强在政治品格、专业精神、工作作风、职业操守方面的短板和内功，为即将在建设新时代民航强国道路上经历的披荆斩棘、攻坚克难的伟大实践，打下并夯实坚不可摧、毫不动摇的思想基础。

第五节　夯实以当代民航精神为内核的民航行业文化新基础

问题是时代的声音。当今世界，国际力量对比发生新的变化，我国在日益走近世界舞台中心的同时也面临着许多严峻的挑战。国家如此，行业亦然。如何应对国际环境的深刻复杂变化，在激烈的国际竞争中赢得主动权？今日，中国正处于由民航大国发展成为民航强国这一具有历史性、划时代意义的伟大事业建设的关键阶段。民航改革真正步入深水区，民航发展进入新常态，各种矛盾叠加，风险隐患集聚，发展不平衡、不充分、不协调、不可持续问题比较突出。如何更好地把握行业发展机遇，破解行业发展难题，厚植行业发展优势？这是当代民航人在建设新时代民航强国实践中需要回答的新命题。

“世异则事异，事异则备变。”在谋划和推进新时代民航强国建设的各项工作中，我们必须深入分析和准确判断当前世情、国情、行情，分析和判断的“指南针”“方向盘”就是当代民航人与时俱进的思想共识。思想共识不可无中生有，更不可信手拈来，而是需要以能够充分彰显社会主义核心价值观的行业文化为土壤，才能从中孕育，才能做到不忘初心、方得始终。文化是什么？文化就是要相信自己的口号。当代民航精神就是当代民航人建设新时代民航强国伟大事业提出的口号，是当代民航精神层面的最强音。我们务必以当代民航精神之旗帜引领、培育当代民航文化之征程，务必将当代民航精神之口号变成当代民航文化之信仰。这是当代民航人的责任之所在，也是将新时代民航强国伟大事业向前推进的内生动力之源泉。

事非经过不知难，攻坚克难谱新篇。在建设新时代民航强国伟大事业的征途上，当代民航精神的弘扬和践行工作对于进一步促进新时代民航强国发展建设、增强全体民航干部、职工的凝聚力和执行力、加强当代民航文化培育和形成，均具有极其重要的现实意义。弘扬和践行当代民航精神是民航未来发展规划乃至新时代民航强国战略目标如期达成所不可或缺的关键思想新保障和重要文化新基石。

一、铸就忠诚担当的政治品格，增强政治责任感

“人之忠也，犹鱼之有渊。”民航业作为有高技术要求和高服务需求的行业，有着独特且鲜明的行业特点，具体表现在安全水平要求高、专业技能标准高、服务需求规格高、国际交流频度高等方面。与其他行业相比，民航业的特点决定了其对民航从业者有着更高的政治要求，这是党和国家对当代民航人的基本要求。因此，忠诚担当的政治品格绝不只是评判民航领导干部的底线，更是对每一名民航从业者的统一标准和必然要求。作为当代民航人，必须要铸就忠诚担当的政治品格，增强政治责任感。

忠诚担当是当代民航精神要求的政治品格，也是当代民航文化的政治基础。忠诚担当首先要做到对党绝对忠诚。要牢固树立“四个意识”，特别是核心意识和看齐意识，坚定理想信念，在大是大非面前头脑清醒，旗帜鲜明，具体表现为当代民航人在思想上、政治上、工作上、行动上坚如磐石、毫不动摇。民航承担着国家领导人的专、包机保障工作，维护着国家的核心利益。在这方面，当代民航人忠诚担当的政治品格是具体的，是看得见、摸得着的。忠诚担当其次要做到对人民绝对忠诚。要牢固树立发展为了人民的理念，要时刻秉持并持续强化民航“发展为了人民”的理念，不断加深对人民群众的感情，把人民群众的期盼作为民航各项工作开展的方向。民航始终在抗震救灾、维和行动、海外撤侨等关乎人民群众生命财产安全的最危急时刻，当仁不让、义无反顾地冲向第一线，维护着人民的核心利益，展现着对人民的忠诚之心。在这方面，当代民航人忠诚担当的政治品格是生动的，是能被真切感受得到的。忠诚担当最后要做到对民航事业绝对忠诚。党中央要求民航业要把稳中求进的工作总基调贯彻到各个方面。稳定是发展的基石，行稳是致远的前提。具体到当代民航工作，确保民航安全就是最大的“行稳”，只有在确保民航安全的基础上，才能真正谋求民航业的高质量发展，才能扎实推进由民航大国向民航强国迈进的伟大事业。在这方面，当代民航人忠诚担当的政治品格是明确的，是能经得起时间检验和实践证明的。

忠诚担当充分体现了当代民航人围绕中心、服务大局的高度政治责任感和时代使命感，展现了当代民航人在关键时刻能挺身而出、拼搏奉献，为党分忧、为民解困的时代传承、崇高境界和庄严承诺。我们必须坚持不懈、毫不动摇地把确保民航安全在内的各项工作职责扛在肩上。全体民航干部、职工要敢于面对各种现实矛盾，要做到矛盾面前不躲闪、挑战面前不畏惧、困难面前不退缩，关键时刻和危急关头能豁得出去、顶得上来，增强和保持当代民航人的政治责任感，最终能经受住各种考验，将忠诚担当的政治品格书写到当代民航文化的新时代丰碑上。

二、塑造严谨科学的专业精神，寻求行业归属感

“天下将兴，其积必有源。”当今时代，日新月异，要做到紧跟时代进步，行业发展必有其正确之法，而法则源自寻觅之人以严谨科学之态度对事物客观发展规律持之以恒的追求。民航业是一个专业性极强的行业，也是高技术要求的行业。做好新时代民航工作必然要求其从业者具备扎实的专业素养。这种专业素养远不止“狭

义”的提升各种专业技术技能，更应是“广义”的在全行业倡导塑造崇尚严谨科学的专业精神的文化氛围。严谨科学的专业精神，其含义不仅包括了当代民航人做好本职工作所必须具备的专业技术技能，也包括了当代民航人为建设新时代民航强国所必备的学习科学、尊重科学、严谨细致、精益求精的工作态度。

在提升安全监管能力方面，以严谨科学的专业精神创新安全管理体制、机制和方式、方法；深化安全管理体系建设，推进安全绩效监管试点，积极探索和试行基于安全绩效的安全监管模式；建立科学合理、简明有效、分类分级的民航安全保障衡量体系。在提升枢纽机场集散功能方面，以严谨科学的专业精神推动国家综合机场体系建设，力争早日建成功能健全、相互协调、相互支撑的运输机场网络，以及覆盖面广、衔接度高、通达性强的航空网络。在提升运行信息监控能力方面，以严谨科学的专业精神建立健全民航运行信息资源管理机制，加快形成信息开放、资源共享、协同决策的运行信息监控网络。在提升空域资源保障能力方面，以严谨科学的专业精神推动国家空管调整改革，深化军民航联合运行，扩大民航可用空域资源，提高民航空域使用效率。在提升民航服务品质方面，以严谨科学的专业精神完善民航服务管理体系，持续改进服务质量，打造民航“真情服务”品牌，增进旅客对民航真情服务的满足感。在提升适航审定能力方面，以严谨科学的专业精神健全适航审定体系，全面提升适航审定能力，满足我国民航和国产民用飞机发展需求。在提升应急处置能力方面，以严谨科学的专业精神健全规章制度、强化工作机制，全面提高民航应对各类突发事件的能力。在提升通用航空服务能力方面，以严谨科学的专业精神制定通用航空发展政策，建成功能齐全、服务规范、类型广泛的通用航空服务体系。在提升民航行政管理能力方面，以严谨科学的专业精神持续推进政府职能转变，进一步简政放权，在促进行业发展中更好地发挥政府作用。在提升民航科教支持能力方面，以严谨科学的专业精神深化民航科技教育改革，为行业持续发展提供科技和智力支撑。

“严谨科学”是开展进一步深化民航改革工作的“金钥匙”，是建设新时代民航强国伟大事业的“百宝囊”，充分体现了当代民航人围绕行业的科学发展、持续安全发展的路径和方法选择，展现了当代民航人运用自己的聪明才智完成新时代民航强国战略目标的正确实践道路。全体民航干部、职工要善于运用严谨科学的专业精神，在民航这个高技术、高专业、高要求的行业，以攻坚克难、勇往直前的大无畏精神，寻找和探求当代民航人的行业归属感，实现建设新时代民航强国的目标，以实实在在的行业发展成就将严谨科学的专业精神书写到当代民航文化的新时代丰碑上。

三、形成团结协作的工作作风，启迪事业认同感

端起历史规律的望远镜，打开发展规律的探照灯。在建设新时代民航强国的现阶段，我们面临着许多深层次的矛盾，安全保障资源不足、发展结构不平衡、发展方式比较粗放等问题还没有得到根本改善，制约民航发展和民航强国实现的体制、机制障碍仍然存在。众所周知，民航业是一个涵盖了航空公司、民航机场、空中管理、服务保障、运行监管等多个子系统的复杂系统。这是由民航的行业特性所必然决定的。相比其他运输方式，民航业的最高安全水平正是得益于和源自其系统的复杂性。民航系统不会因为其某一个子系统的某一点疏漏而导致不可挽回的全系统性的不安全后果。

民航系统的复杂性是民航业安全保障的需要，但同时也对其自身运行、管理提出了更高要求和更多挑战。民航业向来注重各子系统、各单位、各部门之间的团结协作，这是民航能够保持安全高效顺畅运行的基础要求。当代民航人正在如火如荼地进行着建设新时代民航强国的伟大事业，必须仰仗民航各子系统、各单位、各部门内部的上下协调、牢固树立本位职责的思想认识，以及它们之间“打破边界齐心协力、目标统一协同奋进”的工作作风，方能顺利开展。“内部团结、外部协作”要求当代民航人拧成“一股绳”，以团结协作的工作作风投身到建设新时代民航强国伟大事业的实践中去。这样，就没有克服不了的困难，再艰巨的任务也能被出色地完成。

团结协作的工作作风不仅要体现在思想认识的协同上，更要体现在建设新时代民航强国的行动中。当代民航人唯有秉持团结协作的精神才能实现进一步深化民航改革工作的既定目标。没有团结协作，就无法建成提升安全保障能力、巩固民航发展安全基础的安全管理系统；没有团结协作，就无法制定促进行业调整结构、提质增效、转型升级的政策措施；没有团结协作，就无法推出提高政府行政效率、增强行业监管能力的体制机制；没有团结协作，就无法构建激发市场活力、规范市场行为的法规体系；没有团结协作，就无法实现民航治理体系和治理能力的现代化。

团结协作简明扼要地阐释了建设新时代民航强国伟大事业的工作方针。民航各子系统、各单位、各部门必须要共同努力打造团结协作的工作作风，坚决打破系统、单位、部门的本位思想和“一亩三分地”思维，既要做到守土有责，还要秉承大局意识、树立全局思想。建设新时代民航强国，就要在继续推动民航发展的基础上，着力解决好发展不平衡、不充分的问题，大力提升民航发展的质量和效益，更好地

满足人民在航空出行的安全、便捷、品质等方面日益增长的需求，更好地推动民航的全面发展与进步。完成这一艰巨任务需要涉及方方面面，需要民航各子系统、各单位、各部门的团结协作、密切协助、协同发力、共同推进，努力在关键领域和重点环节实现改革新突破，形成重点牵引、全面推进的改革整体效应。全体民航干部、职工要保持团结协作的工作作风，在民航这个由多个子系统构成的复杂系统中，勇于打破本位主义、摒弃局部最优思想，启迪和召唤当代民航人的事业认同感。最终以团结协作的“一盘棋”思想、“一股绳”意识，实现新时代民航强国战略，在具有复杂性的民航发展过程中谱写出彰显和谐、合作、协同精神的新篇章，将团结协作的工作作风书写到当代民航文化的新时代丰碑上。

四、坚守敬业奉献的职业操守，增加职业荣誉感

“长风破浪会有时，直挂云帆济沧海。”建设新时代民航强国伟大事业、服务两个一百年目标的时代重托和历史使命被托付给我们这一代民航人。当代民航人如何做到不负重托、不辱使命？唯有爱岗敬业、甘于奉献，才能担负起祖国的重托，才能对得起时代要求和使命，才能经得起时间检验和历史考验。民航业虽然由航空公司、民航机场、空中管理、服务保障、运行监管等相对独立的各子系统、各单位、各部门构成，但“全国民航是一家”的情结始终魂牵梦绕在当代民航人的内心深处。这是新中国历代民航人的历史传承和精神延续。

当代民航人具有强烈的职业荣誉感和自豪感，具有爱岗敬业、甘于奉献的优秀品质。这种品质是其可以肩负起祖国重托的宝贵精神财富，是激励当代民航人为实现新时代民航强国伟大事业而奋斗的强大精神动力之源。随着持续安全战略、大众化战略、全球化战略的实施初见成效，尤其是大众化战略，让越来越多的人民群众体验到建设民航强国伟大事业的初步效果，让更多人民群众有机会体验和共享当代民航发展的累累硕果，这也让人民群众对新时代民航强国的实践成果有了更多的诉求和更高的期待。当代民航人从广大人民群众对民航服务的满满获得感中，收获了爱岗敬业的自豪感和乐于奉献的满足感。当代民航人有机会亲自经历并投身于建设新时代民航强国这一划时代的伟大事业中，奋斗本身就是当代民航人能真正体会到的获得感。这更激发了当代民航人加倍努力，为人民群众提供更加安全、便捷、有品质的民航运输服务的决心、信心和恒心。

敬业奉献是对民航业以实际行动践行“发展为了人民”理念的庄重誓言。它充

分体现了当代民航人紧紧围绕进一步提升广大人民群众的对民航发展的满足感要求的积极响应，展现了当代民航人在越是压力大、困难多的条件下，越能爱岗敬业、甘于奉献的优秀品质。全体民航干部、职工要勇于克服困难，做到知难而上、迎难而进，高举敬业奉献的大旗，心无杂念、持之以恒地投入建设新时代民航强国伟大事业的各项工作中，增加和获取当代民航人的职业荣誉感，最终以敬业奉献汇聚民航职业的感召力和凝聚力，全身心地扑在建设新时代民航强国的现实工作中，将敬业奉献的职业操守书写到当代民航文化的新时代丰碑上。

不言而喻，夯实以当代民航精神为理论内核的民航行业文化新基础是弘扬和践行当代民航精神所不可或缺的关键有机组成部分。

附 录 A

附表 A-1 常见城市三字代码

机场	三字代码	机场	三字代码	机场	三字代码	机场	三字代码	机场	三字代码
华东地区		中南地区		榆林	UYN	伊宁	YIN	港澳台地区	
安庆	AQG	北海	BHY	西南地区		华北地区		澳门	MFM
蚌埠	BFU	长沙	HHA	成都	CTU	北京	PEK	台北	TPE
常州	CZX	常德	CGD	重庆	CKG	长治	CIH	香港	HKG
福州	FOC	恩施	ENH	达县	DAX	赤峰	CIF		
阜阳	FUG	广州	CAN	大理	DLU	大同	DAT		
赣州	KOW	桂林	KWL	迪庆	DIG	海拉尔	HLD	韩国	
杭州	HGH	海口	HAK	广汉	GHN	呼和浩特	HET	釜山	PUS
合肥	HFE	衡阳	HNY	广元	GYS	秦皇岛	SHP	首尔金浦	SEL
黄山	TXN	柳州	LZH	贵阳	KWE	石家庄	SJW	首尔仁川	ICN
黄岩	HYN	洛阳	LYA	昆明	KMG	太原	TYN	济州	CJU
济南	TNA	梅县	MXZ	拉萨	LXA	天津	TSN		
晋江	JJN	南宁	NNG	丽江	LJG	通辽	TGO		
景德镇	JDZ	南阳	NNY	泸州	LZC	乌兰浩特	HLH	日本	
九江	JIU	三亚	SYX	芒市	LUM	锡林浩特	XIL	大阪	OSA
连云港	LYG	沙市	SHS	绵阳	MIG	包头	BAV	东京成田	NRT
临沂	LYI	汕头	SWA	南充	NAO			广岛	HIJ
南昌	KHN	深圳	SZX	思茅	SYM			名古屋	NGO
南京	NKG	武汉	WUH	铜仁	TEN				
南通	NTG	襄樊	XFN	万县	WXN				
宁波	NGB	宜昌	YIH	西昌	XIC	东北地区		东南亚	
青岛	TAO	永州	YGZ	西双版纳	JHG	鞍山	AOG	胡志明市	SGN
衢州	JUZ	湛江	ZHA	宜宾	YBP	长春	CGQ	吉隆坡	KUL
上海虹桥	SHA	张家界	DYG	昭通	ZAT	朝阳	CHG	金边	PNH
上海浦东	PVG	郑州	CGO	遵义	ZYI	大连	DLC	曼谷	BKK
苏州	SZV	珠海	ZUH	宝山	BSD	丹东	DDG	孟买	BOM
威海	WEH	西北地区		新疆地区		哈尔滨	HRB	新加坡	SIN
潍坊	WEF	安康	AKA	阿克苏	AKU	黑河	HEK	雅加达	JKT

续表

机场	三字代码	机场	三字代码	机场	三字代码	机场	三字代码	机场	三字代码
温州	WNZ	敦煌	DNH	阿勒泰	AAT	佳木斯	JMU	仰光	RGN
无锡	WUX	格尔木	GOQ	哈密	HMI	锦州	JNZ		
芜湖	WHU	汉中	HZG	和田	HTN	牡丹江	MDG	美国	
武夷山	WUS	嘉峪关	JGN	喀什	KHG	齐齐哈尔	NDG	安克雷奇	ANC
厦门	XMN	兰州	ZGC	克拉玛依	KRY	沈阳	SHE	关岛	GUM
徐州	XUZ	庆阳	IQN	库车	KCA	通化	TNH	火奴鲁鲁	HNL
烟台	YNT	西安	XIY	库尔勒	KRL	延吉	YNJ	旧金山	SFO
盐城	YNZ	西宁	XNN	且末	IQM			塞班岛	SPN
义乌	YIW	延安	ENY	塔城	TCG			西雅图	SEA
舟山	HSN	银川	INC	乌鲁木齐	URC			盐湖城	SLC

附表 A-2　民航业务部门二字代码

代码	部　门	代码	部　门
AP	机场国际值机/驻外办事机场办公室	KN	国内乘机手续及中转售票（机场）
DD	航空公司驻外办事处	KP	国际乘机手续及中转售票（机场）
FC	机场国际货运吨位控制	LD	国内货运查询（机场）
FD	机场国内货运部门	LI	国际货运查询（机场）
FF	机场货运部门/驻外办事处货运负责人	LN	国内行李查询（机场）
FI	机场国际货运部门	LL	国际行李查询（机场）
FS	国际货运销售（市内）	RC	市内国际客运订座控制
FT	国际货运提取（市内）	RD	市内国内客运订座控制
FU	市内货运营业处	RG	市内团体订座
HH	配餐部门	RM	自动订座电子计算机中心
KD	国内旅客服务（机场）	RP	市内预付票款通知
KI	国际旅客服务（机场）	RR	市内售票处/驻外办事处订座负责人
KK	航站站长/驻外办事处负责人	TZ	机场国内值机
KL	国际值机配载（机场）		

附表 A-3　机型代码

机型代码	机型全称
747	Boeing 747-400p/Boeing 747sp/Boeing 747-200B COMBI/Boeing 747-400　波音747系列
707/777/757/767/737/738	Boeing 707/777/757/767/737　波音系列
M82/M11/M90	McDonnell Douglas MD-82/MD-11/MD-90　麦道系列
ABF	Airbus A300-600　空中客车300系列
310	Airbus A310-200/A310-300　空中客车310系列
319/320/321	Airbus A320　空中客车320系列

续表

机型代码	机型全称
330	Airbus A330　空中客车 330 系列
340	Airbus A340　空中客车 340 系列
TU5	Topolev154　图 154
SH6	Shorts360　肖特 360
DH8	Dash8　冲 8
146	BAE146　英国宇航公司 146
YK2	Yak-42　雅克-42
SF3	Saab340　萨伯 340
ILW	ILLyushin IL-86　伊尔 86
FK1	Fokker FK100　福克 100
AN4	Antonov24　安 24
DHC	Twin Otter　双水獭
YU7	Y-7　运-7
MET	METRO-23　美多 23
ATR	ATR72-210A　雅泰 72
CRJ	EMB145　庞巴迪 145
ERJ	ERJ145　亚马逊 145
NA6	新舟 60
DON	DORNIER32　多尼尔 32

附表 A-4　行李查询电报简语

电报简语	英文全称	中文释义
ABV	ABOVE	在……上面
ACC	ACCORDING TO; IN ACCORDANCE WITH	根据……
ACPT	ACCEPT, ~ING; ACCEPTANCE	接收
ADV	ADVISE, ~ED, ~ING	告知
AGR	AGREE, ~ING	同意
AGRMT	AGREEMENT	协议，同意
ASAP	AS SOON AS POSSIBLE	尽可能快
ASST	ASSIST, ~ED, ~ING, ASSISTANCE	协助
AUTH	AUTHORIZE, ~ED, ~ING, AUTHORITY, AUTHORIZATION	授权，允许，当局
AVBL	AVAILABLE	有用的，可利用的
BTN	BETWEEN	在……之间
CHG	CHANGE, ~ED, ~ING	改变
CTC	CONTACT, ~ED, ~ING	联系

续表

电报简语	英 文 全 称	中 文 释 义
CURR	CURRENCY	货币
CUST	CUSTOMS	海关
DAPO	DO ALL POSSIBLE	尽一切可能
DTG	DATE/TIME GROUP	日时组
DMG	DAMAGE	破损
EXC	EXCEPT， ~ED	除外
FRAV	FIRST AVAILABLE	最早能订到的座位，在早班机
FWD	FORWARD， ~ED， ~ING	运送，向前
FYI	FOR YOUR INFORMATION	供你参考
HLD	HOLD， ~ED， ~ING	持有
IDENT	IDENTIFY， ~IED， ~ING；IDENTIFICATION；IDENTITY	辨认，验明，鉴定
INCL	INCLUDE， ~ED， ~ING；INCLUSIVE	包括，综合的
INFO	INFORM， ~ED， ~ING；INFORMATION	通知，问询，情报
MACN	MISCONNECTION	衔接错失
NEC	NECESSARY	必要的
NEG	NEGATIVE	否定的，拒绝的
NOCN	NO CONNECTION	不能衔接
PWCT	PASSENGER WILL CONTACT	旅客将前来联系
POSS	POSSIBLE	可能
QTA	CANCEL THIS TELEGRAM	此电取消
RPT	REPEAT， ~ED， ~ING；REPETITION	重复
TRF	TRANSFER， ~RED， ~RING；TRANSHIPMENT	转机，换机，转运
REF	REFERENCE	参照
RUSHR	RUSH REPLY	尽快答复
NM	NAME	姓名
TN	TAG NUMBER	行李牌号码
RT	ROUTING	航程
BI	BRAND NAME IDENTIFICATION	行李商标，外部特征
CN	CONTENTS	行李内物
TC	TYPE/COLOUR	行李的类型/颜色
FD	FLIGHT/DATE	航班/日期

附表 A-5　电报缩写

电报缩写	中文释义	电报缩写	中文释义
FR	查询编号	NM	旅客姓名
TN	行李牌号码	TC	行李类型
RT	航程	FD	航班/日期
BI	行李外部特征	CN	行李内容
FI	运送指示	FWD	运送
T/D	行李运送目的站	L/S	旅客最后见到行李的地方
AHL	少收	BOH	多收
DMG	破损	P/LOST	内物丢失
NEG	否定	CFI	结案
DV/BAG	声明价值行李	PC	件（单数）
PCS	件（复数）	ADV	告知
DFLD	确认已装机	R/T	速运行李牌号码

附　录　B

中华人民共和国交通运输部令

2021 年第 3 号

《公共航空运输旅客服务管理规定》已于 2021 年 2 月 24 日经第 4 次部务会议通过，现予公布，自 2021 年 9 月 1 日起施行。

部　长

2021 年 3 月 3 日

公共航空运输旅客服务管理规定

第一章　总　　则

第一条　为了加强公共航空运输旅客服务管理，保护旅客合法权益，维护航空运输秩序，根据《中华人民共和国民用航空法》《中华人民共和国消费者权益保护法》《中华人民共和国电子商务法》等法律、行政法规，制定本规定。

第二条　依照中华人民共和国法律成立的承运人、机场管理机构、地面服务代理人、航空销售代理人、航空销售网络平台经营者、航空信息企业从事公共航空运输旅客服务活动的，适用本规定。

外国承运人、港澳台地区承运人从事前款规定的活动，其航班始发地点或者经停地点在中华人民共和国境内（不含港澳台，下同）的，适用本规定。

第三条　中国民用航空局（以下简称民航局）负责对公共航空运输旅客服务实

施统一监督管理。

中国民用航空地区管理局（以下简称民航地区管理局）负责对本辖区内的公共航空运输旅客服务实施监督管理。

第四条 依照中华人民共和国法律成立的承运人、机场管理机构应当建立公共航空运输旅客服务质量管理体系，并确保管理体系持续有效运行。

第五条 鼓励、支持承运人、机场管理机构制定高于本规定标准的服务承诺。

承运人、机场管理机构应当公布关于购票、乘机、安检等涉及旅客权益的重要信息，并接受社会监督。

第二章　一般规定

第六条 承运人应当根据本规定制定并公布运输总条件，细化相关旅客服务内容。

承运人的运输总条件不得与国家法律法规以及涉及民航管理的规章相关要求相抵触。

第七条 承运人修改运输总条件的，应当标明生效日期。

修改后的运输总条件不得将限制旅客权利或者增加旅客义务的修改内容适用于修改前已购票的旅客，但是国家另有规定的除外。

第八条 运输总条件至少应当包括下列内容：

（一）客票销售和退票、变更实施细则；

（二）旅客乘机相关规定，包括婴儿、孕妇、无成人陪伴儿童、重病患者等特殊旅客的承运标准；

（三）行李运输具体要求；

（四）超售处置规定；

（五）受理投诉的电子邮件地址和电话。

前款所列事项变化较频繁的，可以单独制定相关规定，但应当视为运输总条件的一部分，并与运输总条件在同一位置以显著方式予以公布。

第九条 承运人应当与航空销售代理人签订销售代理协议，明确公共航空运输旅客服务标准，并采取有效措施督促其航空销售代理人符合本规定相关要求。

承运人应当将客票销售、客票变更与退票、行李运输等相关服务规定准确提供给航空销售代理人；航空销售代理人不得擅自更改承运人的相关服务规定。

第十条 航空销售网络平台经营者应当对平台内航空销售代理人进行核验，不得允许未签订协议的航空销售代理人在平台上从事客票销售活动。

航空销售网络平台经营者应当处理旅客与平台内航空销售代理人的投诉纠纷，并采取有效措施督促平台内的航空销售代理人符合本规定相关要求。

第十一条 承运人应当与地面服务代理人签订地面服务代理协议，明确公共航空运输旅客服务标准，并采取有效措施督促其地面服务代理人符合本规定相关要求。

第十二条 机场管理机构应当建立地面服务代理人和航站楼商户管理制度，并采取有效措施督促其符合本规定相关要求。

第十三条 航空信息企业应当完善旅客定座、乘机登记等相关信息系统功能，确保承运人、机场管理机构、地面服务代理人、航空销售代理人、航空销售网络平台经营者等能够有效实施本规定要求的服务内容。

第十四条 承运人、机场管理机构、地面服务代理人、航空销售代理人、航空销售网络平台经营者、航空信息企业应当遵守国家关于个人信息保护的规定，不得泄露、出售、非法使用或者向他人提供旅客个人信息。

第三章 客票销售

第十五条 承运人或者其航空销售代理人通过网络途径销售客票的，应当以显著方式告知购票人所选航班的主要服务信息，至少应当包括：

（一）承运人名称，包括缔约承运人和实际承运人；

（二）航班始发地、经停地、目的地的机场及其航站楼；

（三）航班号、航班日期、舱位等级、计划出港和到港时间；

（四）同时预订两个及以上航班时，应当明确是否为联程航班；

（五）该航班适用的票价以及客票使用条件，包括客票变更规则和退票规则等；

（六）该航班是否提供餐食；

（七）按照国家规定收取的税、费；

（八）该航班适用的行李运输规定，包括行李尺寸、重量、免费行李额等。

承运人或者其航空销售代理人通过售票处或者电话等其他方式销售客票的，应当告知购票人前款信息或者获取前款信息的途径。

第十六条 承运人或者其航空销售代理人通过网络途径销售客票的，应当将运输总条件的全部内容纳入到旅客购票时的必读内容，以必选项的形式确保购票人在购票环节阅知。

承运人或者其航空销售代理人通过售票处或者电话等其他方式销售客票的，应当提示购票人阅读运输总条件并告知阅读运输总条件的途径。

第十七条 承运人或者其航空销售代理人在销售国际客票时，应当提示旅客自行查阅航班始发地、经停地或者目的地国的出入境相关规定。

第十八条 购票人应当向承运人或者其航空销售代理人提供国家规定的必要个人信息以及旅客真实有效的联系方式。

第十九条 承运人或者其航空销售代理人在销售客票时，应当将购票人提供的旅客联系方式等必要个人信息准确录入旅客定座系统。

第二十条 承运人或者其航空销售代理人出票后，应当以电子或者纸质等书面方式告知旅客涉及行程的重要内容，至少应当包括：

（一）本规定第十五条第一款所列信息；

（二）旅客姓名；

（三）票号或者合同号以及客票有效期；

（四）出行提示信息，包括航班始发地停止办理乘机登记手续的时间要求、禁止或者限制携带的物品等；

（五）免费获取所适用运输总条件的方式。

第二十一条 承运人、航空销售代理人、航空销售网络平台经营者、航空信息企业应当保存客票销售相关信息，并确保信息的完整性、保密性、可用性。

前款规定的信息保存时间自交易完成之日起不少于 3 年。法律、行政法规另有规定的，依照其规定。

第四章 客票变更与退票

第二十二条 客票变更，包括旅客自愿变更客票和旅客非自愿变更客票。

退票，包括旅客自愿退票和旅客非自愿退票。

第二十三条 旅客自愿变更客票或者自愿退票的，承运人或者其航空销售代理人应当按照所适用的运输总条件、客票使用条件办理。

第二十四条 由于承运人原因导致旅客非自愿变更客票的，承运人或者其航空销售代理人应当在有可利用座位或者被签转承运人同意的情况下，为旅客办理改期或者签转，不得向旅客收取客票变更费。

由于非承运人原因导致旅客非自愿变更客票的，承运人或者其航空销售代理人应当按照所适用的运输总条件、客票使用条件办理。

第二十五条 旅客非自愿退票的，承运人或者其航空销售代理人不得收取退票费。

第二十六条 承运人或者其航空销售代理人应当在收到旅客有效退款申请之日起 7 个工作日内办理完成退款手续，上述时间不含金融机构处理时间。

第二十七条 在联程航班中，因其中一个或者几个航段变更，导致旅客无法按照约定时间完成整个行程的，缔约承运人或者其航空销售代理人应当协助旅客到达最终目的地或者中途分程地。

在联程航班中，旅客非自愿变更客票的，按照本规定第二十四条办理；旅客非自愿退票的，按照本规定第二十五条办理。

第五章 乘　　机

第二十八条 机场管理机构应当在办理乘机登记手续、行李托运、安检、海关、边检、登机口、中转通道等旅客乘机流程的关键区域设置标志标识指引，确保标志标识清晰、准确。

第二十九条 旅客在承运人或者其地面服务代理人停止办理乘机登记手续前，凭与购票时一致的有效身份证件办理客票查验、托运行李、获取纸质或者电子登机凭证。

第三十条 旅客在办理乘机登记手续时，承运人或者其地面服务代理人应当将旅客姓名、航班号、乘机日期、登机时间、登机口、航程等已确定信息准确、清晰地显示在纸质或者电子登机凭证上。

登机口、登机时间等发生变更的，承运人、地面服务代理人、机场管理机构应当及时告知旅客。

第三十一条 有下列情况之一的，承运人应当拒绝运输：

（一）依据国家有关规定禁止运输的旅客或者物品；

（二）拒绝接受安全检查的旅客；

（三）未经安全检查的行李；

（四）办理乘机登记手续时出具的身份证件与购票时身份证件不一致的旅客；

（五）国家规定的其他情况。

除前款规定外，旅客的行为有可能危及飞行安全或者公共秩序的，承运人有权拒绝运输。

第三十二条 旅客因本规定第三十一条被拒绝运输而要求出具书面说明的，除国家另有规定外，承运人应当及时出具；旅客要求变更客票或者退票的，承运人可以按照所适用的运输总条件、客票使用条件办理。

第三十三条 承运人、机场管理机构应当针对旅客突发疾病、意外伤害等对旅客健康情况产生重大影响的情形，制定应急处置预案。

第三十四条 因承运人原因导致旅客误机、错乘、漏乘的，承运人或者其航空销售代理人应当按照本规定第二十四条第一款、第二十五条办理客票变更或者退票。

因非承运人原因导致前款规定情形的，承运人或者其航空销售代理人可以按照本规定第二十三条办理客票变更或者退票。

第六章　行李运输

第三十五条　承运人、地面服务代理人、机场管理机构应当建立托运行李监控制度，防止行李在运送过程中延误、破损、丢失等情况发生。

承运人、机场管理机构应当积极探索行李跟踪等新技术应用，建立旅客托运行李全流程跟踪机制。

第三十六条　旅客的托运行李、非托运行李不得违反国家禁止运输或者限制运输的相关规定。

在收运行李时或者运输过程中，发现行李中装有不得作为行李运输的任何物品，承运人应当拒绝收运或者终止运输，并通知旅客。

第三十七条　承运人应当在运输总条件中明确行李运输相关规定，至少包括下列内容：

（一）托运行李和非托运行李的尺寸、重量以及数量要求；

（二）免费行李额；

（三）超限行李费计算方式；

（四）是否提供行李声明价值服务，或者为旅客办理行李声明价值的相关要求；

（五）是否承运小动物，或者运输小动物的种类及相关要求；

（六）特殊行李的相关规定；

（七）行李损坏、丢失、延误的赔偿标准或者所适用的国家有关规定、国际公约。

第三十八条　承运人或者其地面服务代理人应当在收运行李后向旅客出具纸质或者电子行李凭证。

第三十九条　承运人应当将旅客的托运行李与旅客同机运送。

除国家另有规定外，不能同机运送的，承运人应当优先安排该行李在后续的航班上运送，并及时通知旅客。

第四十条　旅客的托运行李延误到达的，承运人应当及时通知旅客领取。

除国家另有规定外，由于非旅客原因导致托运行李延误到达，旅客要求直接送达的，承运人应当免费将托运行李直接送达旅客或者与旅客协商解决方案。

第四十一条　在行李运输过程中，托运行李发生延误、丢失或者损坏，旅客要求出具行李运输事故凭证的，承运人或者其地面服务代理人应当及时提供。

第七章　航班超售

第四十二条　承运人超售客票的，应当在超售前充分考虑航线、航班班次、时间、机型以及衔接航班等情况，最大程度避免旅客因超售被拒绝登机。

第四十三条　承运人应当在运输总条件中明确超售处置相关规定，至少包括下列内容：

（一）超售信息告知规定；

（二）征集自愿者程序；

（三）优先登机规则；

（四）被拒绝登机旅客赔偿标准、方式和相关服务标准。

第四十四条　因承运人超售导致实际乘机旅客人数超过座位数时，承运人或者其地面服务代理人应当根据征集自愿者程序，寻找自愿放弃行程的旅客。

未经征集自愿者程序，不得使用优先登机规则确定被拒绝登机的旅客。

第四十五条　在征集自愿者时，承运人或者其地面服务代理人应当与旅客协商自愿放弃行程的条件。

第四十六条　承运人的优先登机规则应当符合公序良俗原则，考虑的因素至少应当包括老幼病残孕等特殊旅客的需求、后续航班衔接等。

承运人或者其地面服务代理人应当在经征集自愿者程序未能寻找到足够的自愿者后，方可根据优先登机规则确定被拒绝登机的旅客。

第四十七条　承运人或者其地面服务代理人应当按照超售处置规定向被拒绝登机旅客给予赔偿，并提供相关服务。

第四十八条　旅客因超售自愿放弃行程或者被拒绝登机时，承运人或者其地面服务代理人应当根据旅客的要求，出具因超售而放弃行程或者被拒绝登机的证明。

第四十九条　因超售导致旅客自愿放弃行程或者被拒绝登机的，承运人应当按照本规定第二十四条第一款、第二十五条办理客票变更或者退票。

第八章　旅客投诉

第五十条　因公共航空运输旅客服务发生争议的，旅客可以向承运人、机场管理机构、地面服务代理人、航空销售代理人、航空销售网络平台经营者投诉，也可以向民航行政机关投诉。

第五十一条　承运人、机场管理机构、地面服务代理人、航空销售代理人、航空销售网络平台经营者应当设置电子邮件地址、中华人民共和国境内的投诉受理电话等投诉渠道，并向社会公布。

承运人、机场管理机构、地面服务代理人、航空销售代理人、航空销售网络平台经营者应当设立专门机构或者指定专人负责受理投诉工作。

港澳台地区承运人和外国承运人应当具备以中文受理和处理投诉的能力。

第五十二条 承运人、机场管理机构、地面服务代理人、航空销售代理人、航空销售网络平台经营者收到旅客投诉后，应当及时受理；不予受理的，应当说明理由。

承运人、机场管理机构、地面服务代理人、航空销售代理人、航空销售网络平台经营者应当在收到旅客投诉之日起 10 个工作日内做出包含解决方案的处理结果。

承运人、机场管理机构、地面服务代理人、航空销售代理人、航空销售网络平台经营者应当书面记录旅客的投诉情况及处理结果，投诉记录至少保存 3 年。

第五十三条 民航局消费者事务中心受民航局委托统一受理旅客向民航行政机关的投诉。

民航局消费者事务中心应当建立、畅通民航服务质量监督平台和民航服务质量监督电话等投诉渠道，实现全国投诉信息一体化。

旅客向民航行政机关投诉的，民航局消费者事务中心、承运人、机场管理机构、地面服务代理人、航空销售代理人、航空销售网络平台经营者应当在民航服务质量监督平台上进行投诉处理工作。

第九章 信息报告

第五十四条 承运人应当将运输总条件通过民航服务质量监督平台进行备案。

运输总条件发生变更的，应当自变更之日起 5 个工作日内在民航服务质量监督平台上更新备案。

备案的运输总条件应当与对外公布的运输总条件保持一致。

第五十五条 承运人应当将其地面服务代理人、航空销售代理人的相关信息通过民航服务质量监督平台进行备案。

前款所述信息发生变更的，应当自变更之日起 5 个工作日内在民航服务质量监督平台上更新备案。

第五十六条 承运人、机场管理机构、地面服务代理人、航空销售代理人、航空销售网络平台经营者应当将投诉受理电话、电子邮件地址、投诉受理机构等信息通过民航服务质量监督平台进行备案。

前款所述信息发生变更的，应当自变更之日起 5 个工作日内在民航服务质量监督平台上更新备案。

第五十七条 承运人、机场管理机构、地面服务代理人、航空销售代理人、航空销售网络平台经营者、航空信息企业等相关单位，应当按照民航行政机关要求报送旅客运输服务有关数据和信息，并对真实性负责。

第十章 监督管理及法律责任

第五十八条 有下列行为之一的，由民航行政机关责令限期改正；逾期未改正的，依法记入民航行业严重失信行为信用记录：

（一）承运人违反本规定第六条、第七条、第八条，未按照要求制定、修改、适用或者公布运输总条件的；

（二）承运人或者其地面服务代理人违反本规定第四十四条、第四十五条、第四十六条第二款、第四十七条，未按照要求为旅客提供超售后的服务的；

（三）承运人、机场管理机构、地面服务代理人、航空销售代理人、航空销售网络平台经营者违反本规定第五十一条第一款、第二款，第五十二条第一款、第二款，未按照要求开展投诉受理或者处理工作的。

第五十九条 有下列行为之一的，由民航行政机关责令限期改正；逾期未改正的，处 1 万元以下的罚款；情节严重的，处 2 万元以上 3 万元以下的罚款：

（一）承运人、航空销售网络平台经营者、机场管理机构违反本规定第九条第一款、第十条第二款、第十一条、第十二条，未采取有效督促措施的；

（二）承运人、航空销售代理人违反本规定第九条第二款，未按照要求准确提供相关服务规定或者擅自更改承运人相关服务规定的；

（三）航空信息企业违反本规定第十三条，未按照要求完善信息系统功能的；

（四）承运人或者其航空销售代理人违反本规定第十九条，未按照要求录入旅客信息的；

（五）承运人、航空销售代理人、航空信息企业违反本规定第二十一条，未按照要求保存相关信息的；

（六）承运人违反本规定第三十二条，未按照要求出具被拒绝运输书面说明的；

（七）承运人、机场管理机构违反本规定第三十三条，未按照要求制定应急处置预案的；

（八）承运人、地面服务代理人、机场管理机构违反本规定第三十五条第一款，未按照要求建立托运行李监控制度的；

（九）承运人或者其地面服务代理人违反本规定第四十一条，未按照要求提供行李运输事故凭证的；

（十）承运人或者其地面服务代理人违反本规定第四十八条，未按照要求出具相关证明的；

（十一）港澳台地区承运人和外国承运人违反本规定第五十一条第三款，未按照要求具备以中文受理和处理投诉能力的；

（十二）承运人、机场管理机构、地面服务代理人、航空销售代理人、航空销售网络平台经营者违反本规定第五十二条第三款，未按照要求保存投诉记录的；

（十三）承运人、机场管理机构、地面服务代理人、航空销售代理人、航空销售网络平台经营者违反本规定第五十三条第三款，未按照要求在民航服务质量监督平台上处理投诉的；

（十四）承运人违反本规定第五十四条、第五十五条，未按照要求将运输总条件、地面服务代理人、航空销售代理人的相关信息备案的；

（十五）承运人、机场管理机构、地面服务代理人、航空销售代理人、航空销售网络平台经营者违反本规定第五十六条，未按照要求将投诉相关信息备案的；

（十六）承运人、机场管理机构、地面服务代理人、航空销售代理人、航空销售网络平台经营者违反本规定第五十七条，未按照要求报送相关数据和信息的。

第六十条 航空销售网络平台经营者有本规定第十条第一款规定的行为，构成《中华人民共和国电子商务法》规定的不履行核验义务的，依照《中华人民共和国电子商务法》的规定执行。

第六十一条 承运人、机场管理机构、地面服务代理人、航空销售代理人、航空销售网络平台经营者、航空信息企业违反本规定第十四条，侵害旅客个人信息，构成《中华人民共和国消费者权益保护法》规定的侵害消费者个人信息依法得到保护的权利的，依照《中华人民共和国消费者权益保护法》的规定执行。

承运人或者其航空销售代理人违反本规定第二十三条、第二十四条、第二十五条、第二十六条、第二十七条，未按照要求办理客票变更、退票或者未履行协助义务，构成《中华人民共和国消费者权益保护法》规定的故意拖延或者无理拒绝消费者提出的更换、退还服务费用要求的，依照《中华人民共和国消费者权益保护法》的规定执行。

第六十二条 机场管理机构违反本规定第二十八条，未按照要求设置标志标识，构成《民用机场管理条例》规定的未按照国家规定的标准配备相应设施设备的，依照《民用机场管理条例》的规定执行。

第十一章　附　　则

第六十三条　本规定中下列用语的含义是：

（一）承运人，是指以营利为目的，使用民用航空器运送旅客、行李的公共航空运输企业。

（二）缔约承运人，是指使用本企业票证和票号，与旅客签订航空运输合同的承运人。

（三）实际承运人，是指根据缔约承运人的授权，履行相关运输的承运人。

（四）机场管理机构，是指依法组建的或者受委托的负责机场安全和运营管理的具有法人资格的机构。

（五）地面服务代理人，是指依照中华人民共和国法律成立的，与承运人签订地面代理协议，在中华人民共和国境内机场从事公共航空运输地面服务代理业务的企业。

（六）航空销售代理人，是指依照中华人民共和国法律成立的，与承运人签订销售代理协议，从事公共航空运输旅客服务销售业务的企业。

（七）航空销售网络平台经营者，是指依照中华人民共和国法律成立的，在电子商务中为承运人或者航空销售代理人提供网络经营场所、交易撮合、信息发布等服务，供其独立开展公共航空运输旅客服务销售活动的企业。

（八）航空信息企业，是指为公共航空运输提供旅客订座、乘机登记等相关系统的企业。

（九）民航行政机关，是指民航局和民航地区管理局。

（十）公共航空运输旅客服务，是指承运人使用民用航空器将旅客由出发地机场运送至目的地机场的服务。

（十一）客票，是运输凭证的一种，包括纸质客票和电子客票。

（十二）已购票，是指根据法律规定或者双方当事人约定，航空运输合同成立的状态。

（十三）客票变更，是指对客票改期、变更舱位等级、签转等情形。

（十四）自愿退票，是指旅客因其自身原因要求退票。

（十五）非自愿退票，是指因航班取消、延误、提前、航程改变、舱位等级变更或者承运人无法运行原航班等情形，导致旅客退票的情形。

（十六）自愿变更客票，是指旅客因其自身原因要求变更客票。

（十七）非自愿变更客票，指因航班取消、延误、提前、航程改变、舱位等级变更或者承运人无法运行原航班等情形，导致旅客变更客票的情形。

（十八）承运人原因，是指承运人内部管理原因，包括机务维护、航班调配、机组调配等。

（十九）非承运人原因，是指与承运人内部管理无关的其他原因，包括天气、突发事件、空中交通管制、安检、旅客等因素。

（二十）行李，是指承运人同意运输的、旅客在旅行中携带的物品，包括托运行李和非托运行李。

（二十一）托运行李，是指旅客交由承运人负责照管和运输并出具行李运输凭证的行李。

（二十二）非托运行李，是指旅客自行负责照管的行李。

（二十三）票价，是指承运人使用民用航空器将旅客由出发地机场运送至目的地机场的航空运输服务的价格，不包含按照国家规定收取的税费。

（二十四）计划出港时间，是指航班时刻管理部门批准的离港时间。

（二十五）计划到港时间，是指航班时刻管理部门批准的到港时间。

（二十六）客票使用条件，是指定座舱位代码或者票价种类所适用的票价规则。

（二十七）客票改期，是指客票列明同一承运人的航班时刻、航班日期的变更。

（二十八）签转，是指客票列明承运人的变更。

（二十九）联程航班，是指被列明在单一运输合同中的两个（含）以上的航班。

（三十）误机，是指旅客未按规定时间办妥乘机手续或者因身份证件不符合规定而未能乘机。

（三十一）错乘，是指旅客搭乘了不是其客票列明的航班。

（三十二）漏乘，是指旅客办妥乘机手续后或者在经停站过站时未能搭乘其客票列明的航班。

（三十三）小动物，是指旅客托运的小型动物，包括家庭饲养的猫、狗或者其他类别的小动物。

（三十四）超售，是指承运人为避免座位虚耗，在某一航班上销售座位数超过实际可利用座位数的行为。

（三十五）经停地点，是指除出发地点和目的地点以外，作为旅客旅行路线上预定经停的地点。

（三十六）中途分程地，是指经承运人事先同意，旅客在出发地和目的地间旅行时有意安排在某个地点的旅程间断。

第六十四条 本规定以工作日计算的时限均不包括当日，从次日起计算。

第六十五条 本规定自 2021 年 9 月 1 日起施行。原民航总局于 1996 年 2 月 28 日公布的《中国民用航空旅客、行李国内运输规则》（民航总局令第 49 号）、2004 年 7 月 12 日公布的《中国民用航空总局关于修订〈中国民用航空旅客、行李国内运输规则〉的决定》（民航总局令第 124 号）和 1997 年 12 月 8 日公布的《中国民用航空旅客、行李国际运输规则》（民航总局令第 70 号）同时废止。

本规定施行前公布的涉及民航管理的规章中关于客票变更、退票以及旅客投诉管理的内容与本规定不一致的，按照本规定执行。

参 考 文 献

[1] 马广岭，王春．民航旅客运输［M］．北京：国防工业出版社，2011.

[2] 本书编写组．国家职业技能标准（民航客运员）［M］．北京：中国劳动社会保障出版社，2010.

[3] 张晓明．民航旅客运输［M］．北京：旅游教育出版社，2007.